UTB **3297**

Eine Arbeitsgemeinschaft der Verlage

Böhlau Verlag · Köln · Weimar · Wien
Verlag Barbara Budrich · Opladen · Farmington Hills
facultas.wuv · Wien
Wilhelm Fink · München
A. Francke Verlag · Tübingen · Basel
Haupt Verlag · Bern · Stuttgart · Wien
Julius Klinkhardt Verlagsbuchhandlung · Bad Heilbrunn
Lucius & Lucius Verlagsgesellschaft · Stuttgart
Mohr Siebeck · Tübingen
Orell Füssli Verlag · Zürich
Ernst Reinhardt Verlag · München · Basel
Ferdinand Schöningh · Paderborn · München · Wien · Zürich
Eugen Ulmer Verlag · Stuttgart
UVK Verlagsgesellschaft · Konstanz
Vandenhoeck & Ruprecht · Göttingen
vdf Hochschulverlag AG an der ETH Zürich

Guido Thiemeyer

Europäische Integration

Motive – Prozesse – Strukturen

BÖHLAU VERLAG KÖLN WEIMAR WIEN · 2010

Guido Thiemeyer ist Hochschuldozent für Neuere Geschichte an der Universität Kassel.

Bibliografische Information der Deutschen Bibliothek:

Die Deutsche Nationalbibliothek verzeichnet diese Publikation in der Deutschen Nationalbibliografie; detaillierte bibliografische Daten sind im Internet über http://dnb.ddb.de abrufbar.

ISBN 978-3-8252-3297-9 (UTB)
ISBN 978-3-412-20411-2 (Böhlau)

Einbandgestaltung: Atelier Reichert, Stuttgart
Satz: Peter Kniesche Mediendesign, Tönisvorst
Druck und Bindung: AALEXX Buchproduktion GmbH, Großburgwedel
Gedruckt auf chlor- und säurefreiem Papier. Das eingesetzte Papier
stammt aus nachhaltig bewirtschafteten Wäldern.
Printed in Germany

ISBN 978-3-8252-3297-9

Inhalt

Vorwort

Die Europäische Union ist ein umstrittenes Gebilde. Nicht erst seit dem Scheitern des Europäischen Verfassungsvertrags in Referenden in Frankreich und den Niederlanden im Frühsommer 2005 wird die Kritik immer lauter. Auch die holprige und demokratietheoretisch zweifelhafte Ratifizierung des Vertrages von Lissabon trug nicht dazu bei, die Kritik verstummen zu lassen. Die Europa-Skepsis der Bevölkerung wird auch an der seit Jahrzehnten sinkenden Wahlbeteiligung an Europäischen Parlamentswahlen deutlich. Kein Zweifel also daran, dass die Europäische Union in einer Legitimitätskrise steckt.

Auf der anderen Seite gibt es allerdings kaum Forderungen nach einer Auflösung oder einem Austritt von Mitgliedstaaten aus der Gemeinschaft. Im Gegenteil, immer mehr Staaten streben die Mitgliedschaft an, seien es Kroatien, Mazedonien, die Türkei oder zuletzt Island. Die dort verantwortlichen Regierungen erwarten von einer Mitgliedschaft in der EU die Lösung von Problemen, die sie auf nationaler Ebene nicht oder nur unter Schwierigkeiten bewältigen können.

Vor diesem Hintergrund hat der vorliegende Band drei Ziele. Zum ersten fragt er, warum es die Europäische Integration – nicht nur im Rahmen der EU – eigentlich gibt. Es geht also aus geschichtswissenschaftlicher Perspektive um die Motive und Antriebskräfte der Europäischen Integration. Warum entschließen sich Staaten und Gesellschaften in Europa zu trans- und supranationalen Zusammenschlüssen? Zweitens soll der Band eine Einführung in die Europäische Integrationsforschung aus historischer Perspektive für Studierende und Lehrer sein. Aus diesem Grunde werden erstmals in einer Überblicksdarstellung die wesentlichen Ergebnisse der Europäischen Integrationsforschung aus politik-, gesellschafts- und kulturgeschichtlicher Perspektive gleichberechtigt dargestellt. Schließlich geht es in diesem Band um eine Historisierung der Europäischen Integration. Es wird die These aufgestellt, dass die Europäische Integration nicht, wie oft angenommen, erst 1945 beginnt, sondern dass politische, gesellschaftliche und kulturelle Integration ein Phänomen ist, das ein Charakteristikum der Geschichte Europas in der Moderne ist. Sie begann um die Wende vom 18. zum 19. Jahrhundert und ist bis heute nicht abgeschlossen.

Die Motive und Antriebskräfte der Europäischen Integration bilden das strukturelle Gerüst dieses Bandes. Im Hauptkapitel werden zunächst die politischen, dann wirtschaftliche und gesellschaftliche und schließlich kulturelle Motive und Antriebskräfte der Europäischen Integration vorgestellt. Dem wurde zum besseren Verständnis ein knapper Überblick über den Gang der Forschung aus historischer Perspektive und ein knapper chronologischer Überblick vorangestellt. Jedes Hauptkapitel endet mit einer Liste weiterführender Literatur, die keinerlei Anspruch auf Vollständigkeit erhebt, sondern lediglich zur Weiterarbeit einladen soll. Auch in der Darstellung werden Experten fragen, warum nicht der eine oder der andere Aspekt deutlicher hervorgehoben wurde, warum überhaupt manches gar nicht erwähnt wird. Dies ist der Preis für das strenge, von den oben skizzierten Fragestellungen geprägte Konzept.

Schließlich gilt es zu danken. Zunächst den Studierenden an den Universitäten in Kassel, Siegen und Köln, mit denen ich die hier zu Grunde liegenden Ideen diskutierte und die mich immer wieder zwangen, das Konzept zu überarbeiten. Dr. Christian Henrich-Franke und Isabel Tölle haben weite Teile des Manuskriptes gelesen, ihnen verdanke ich kritische Rückfragen und zahlreiche Hinweise. Dorothee Rheker-Wunsch vom Böhlau-Verlag schließlich hat das Projekt angeregt und seine Entstehung mit Geduld und Verständnis begleitet.

Kassel, im November 2009   *Guido Thiemeyer*

I. Was ist Europäische Integration?

Es gibt keine wissenschaftlich befriedigende Kurzdefinition dessen, was als Europäische Integration bezeichnet wird. Ebenso ist umstritten, wann der mit dem Begriff „Europäische Integration" bezeichnete Prozess begann. Das Phänomen entzieht sich der exakten Definition, selbst über die Bedeutung des Begriffes „Europa" besteht keineswegs Einigkeit. Hinzu kommt, dass sich die Vorstellung dessen, was unter Europäischer Integration verstanden wird, im Laufe der Zeit verändert hat. Die Europäische Integrationsforschung kann geradezu als Beispiel dafür gelten, wie stark wissenschaftliche Forschung von politischen, gesellschaftlichen und kulturellen Strömungen ihrer Zeit beeinflusst wird.

In diesem Buch wird, aufbauend auf der bisherigen Forschung, zwischen einem politischen, einem gesellschaftlichen und einem kulturellen Begriff der Europäischen Integration unterschieden. Alle drei haben ihre spezifischen Eigenarten, die sie von den anderen abgrenzen. Dennoch darf diese analytische Abgrenzung der Begriffe nicht darüber hinwegtäuschen, dass sie alle drei auf das engste miteinander verknüpft sind und sich zum Teil sogar gegenseitig bedingen.

Unter politischer Integration (Kap. III.1) sollen alle die Prozesse beschrieben werden, die zu einer formellen Institutionalisierung und einer damit verbundenen Konzentration von politischer Macht führten. Hinter der Gründung einer europäischen Organisation standen immer politische Entscheidungen und die Interessen der Beteiligten. Europäische Organisationen wurden immer gegründet durch einen internationalen Vertrag, das heißt durch einen Rechtsakt. Mit der politischen Integration beschäftigt sich daher auch das Völkerrecht, insbesondere das Europarecht. Das Ergebnis des Integrationsprozesses sind sowohl intergouvernementale Organisationen, wie zum Beispiel der Europarat oder die OECD, in deren Rahmen souveräne Nationalstaaten nach festgelegten Regeln miteinander kooperieren, als auch die supranationale Europäischen Union (EU), die in festgelegten Sektoren der Politik selbst Recht setzen kann. Europäische Integration bedeutet also aus politischer Perspektive die Gründung einer internationalen Organisation zwischen europäischen Staaten. Die Hauptakteure des Prozesses sind aus politikgeschichtlicher Perspektive die nationalen Regierungen und die verschiedenen internationalen Organisationen.

Aus wirtschaftlicher und gesellschaftlicher Sicht bedeutet Europäische Integration (Kap. III.2) die Verflechtung von Märkten (Wirtschaft) und Gesellschaften. Ergebnis der Integration ist der freie Austausch von Gütern, Dienstleistungen, Personen und Kapital (Wirtschaft) und die Herstellung von zivilgesellschaftlichen Kontakten über politische Grenzen hinweg. Hauptprotagonisten des gesellschaftlichen Integrationsprozesses sind Individuen aus Wirtschaft (Unternehmen, Konsumenten) und Gesellschaft (z.B. Studenten, Schüler, Sportvereine, etc.). Wirtschaftliche und gesellschaftliche Integration führt daher zu einer Angleichung der europäischen nationalen Gesellschaften, etwa in Verhaltens- und Konsummustern oder durch das Erlernen von Sprachen. Europäische Integration ist aus dieser Sicht nicht durch politische Entscheidungen primär auf Regierungsebene entstanden, sondern durch zivilgesellschaftliche Prozesse der Verflechtung. Gleichwohl muss berücksichtigt werden, dass es auch in Wirtschaft und Gesellschaft politische Integration im oben genannten Sinne gibt. Daher wird im Abschnitt über die wirtschaftliche Integration auch von politischen Integrationsprozessen die Rede sein.

In kultureller Hinsicht schließlich bedeutet Europäische Integration (Kap. III.3) die Definitionen der politischen, gesellschaftlichen und kulturellen Besonderheiten Europas durch die Europäer, so wie sie in der historischen Rückschau erschlossen werden können. Was betrachteten die Europäer selbst als europäisch? Es geht also um die Identität Europas. Diese entstand zum einen dadurch, dass der Begriff „Europa" mit konkreter Bedeutung gefüllt wurde, indem man zum Beispiel das Christentum oder die Aufklärung als wesentlich für den Charakter des Kontinents erklärte. Zum anderen definierten die Europäer sich selbst durch die Konfrontation mit anderen Kulturen, auch das führte zur Definition dessen, was „europäisch" ist. Es geht hierbei also um kollektive Denkmuster, die Europa eine – wie auch immer geartete – Identität zuschrieben und damit als Einheit konstruierten.

Um es noch einmal zu betonen: Diese heuristische Trennung in einen politischen, gesellschaftlichen und kulturellen Europa-Begriff darf nicht darüber hinwegtäuschen, dass alle drei Prozesse als Gesamtvorgang zu betrachten sind. Sie laufen nicht parallel und getrennt voneinander, sondern beeinflussen und bedingen einander, erst in der Gesamtschau nähert man sich dem an, was Europäische Integration ist. Auch die hier vorgenommene Abgrenzung zwischen Politik, Gesellschaft und Kultur ist keineswegs zwingend, sondern sogar in einem gewissen Maße willkürlich, aber das gilt für alle Versuche, Geschichte analytisch zu erfassen. Dennoch ist es sinnvoll, die oben vorgenommene analytische Trennung der verschiedenen Begriffe von Europäischer Integration beizubehalten, denn, das ist eine zentrale These dieses Buches, alle drei werden durch jeweils spezifische Motive und Kräfte vorangetrieben.

Es ist schon implizit deutlich geworden, dass Europäische Integration in starkem Maße durch den Prozess geprägt ist. Zwar könnte man im politischen Sektor argumentieren, dass dieser Prozess mit der Gründung einer Europäischen Organisation seinen Abschluss gefunden hat, die historische Praxis jedoch zeigt, dass dies eine zu einfache Vorstellung wäre. Europäische politische Organisationen, die Europäische Union, der Europarat oder die Westeuropäische Union zum Beispiel, entwickelten schnell eigene Interessen und Aktivitäten, die dazu führten, dass es neue politische Integrationsbemühungen, manchmal auch in anderen Bereichen gab. Beim gesellschaftlichen und kulturellen Begriff der Europäischen Integration ist klar, dass es sich mehr um einen sich perpetuierenden Prozess handelt. Dieser kann zwar durch politische Maßnahmen unterbrochen werden, aber entscheidend für den Charakter der gesellschaftlichen und kulturellen Integrationsprozesse ist die Permanenz.

Doch auch andere Aspekte gilt es zu berücksichtigen, die sich allerdings einer strengen Systematik entziehen: Die Geschichte der europäischen Integration wird in der Regel chronologisch als progressive Entwicklung dargestellt. Man begann im kleinen Kreis der „Sechs" und erweiterte sich schrittweise auf 27 Mitgliedstaaten der Europäischen Union in der Gegenwart. Dem entspricht auch eine wirtschaftliche

Entwicklung: Aus den Trümmern des Zweiten Weltkriegs ging ein Kontinent hervor, der heute wieder zu den wohlhabendsten der Welt zählt.[1] Die Argumentation ist nicht von der Hand zu weisen, zweifellos war die Entwicklung von der Montangemeinschaft hin zur Europäischen Union eine Erfolgsgeschichte. Doch hat Geschichtswissenschaft nicht die Aufgabe, die Gegenwart zu legitimieren, sondern auch Alternativen aufzuzeigen, zu fragen, welche anderen Möglichkeiten der Entwicklung es gab und warum gerade die dann realisierte sich durchsetzte. Damit ist die Frage gestellt, inwieweit der gegenwärtige Stand der europäischen Integration denn den Vorstellungen jener entsprach, die einst die europäische Einigungsbewegung initiierten. Wichtige Vordenker der europäischen Integration, etwa Jean Monnet oder Walter Hallstein, würden sich mit der heutigen Europäischen Union kaum identifizieren können; zu weit klaffen ihre Vorstellungen und das heutige Resultat auseinander. Daraus entsteht die Frage, inwieweit die europäische Integration tatsächlich als intendiertes politisches Projekt betrachtet werden kann. War die Europäische Integration tatsächlich das Produkt weitsichtiger politischer Entscheidungen, oder war sie möglicherweise das nicht beabsichtigte Ergebnis von gesellschaftlichen und politischen Entwicklungen, die nicht planbar waren?[2] Zudem muss aus geschichtswissenschaftlicher Sicht darauf verwiesen werden, dass die europäische Integration keineswegs so kontinuierlich verlief, wie das die klassische Perspektive oft suggeriert. Vielmehr war sie ein Prozess, der sich bisweilen schubartig beschleunigte, um dann wieder fast zum Stillstand zu kommen, bis es einen erneuten Schub gab. Auch darf die europäische Einigung nicht als teleologischer Prozess dargestellt werden. Ob diese Entwicklung so weiter gehen wird, wissen wir nicht, auch wenn am Ende des Buches ein Ausblick aus der Perspektive des

---

1   Jost Dülffer, Europäische Zeitgeschichte. Narrative und historiographische Perspektiven, in: Ders. Frieden stiften. Deeskalations- und Friedenspolitik im 20. Jahrhundert, Köln, Weimar, Wien 2008, S. 38–53. Mark Gilbert, The Treaties of Rome in Narratives of European Integration, in: Michael Gehler (Hrsg.), Vom Gemeinsamen Markt zur europäischen Unionsbildung. 50 Jahre Römische Verträge 1957–2007, Wien, Köln, Weimar 2009, S. 721–730.
2   Peter Krüger, Das unberechenbare Europa. Epochen des Integrationsprozesses vom späten 18. Jahrhundert bis zur Europäischen Union, Stuttgart 2006.

Historikers gewagt wird. Die Ziele der Integration, die so genannte „Finalität" des Einigungsprozesses, sind völlig offen. Zudem bedeutete europäische Integration oft auch Desintegration in anderen Bereichen. So war die westeuropäische Integration im Rahmen von Montanunion und Europäischer Wirtschaftsgemeinschaft auch ein Instrument, mit dem sich Westeuropa vom kommunistisch beherrschten Osteuropa abgrenzen wollte. Ähnliches lässt sich für die europäische Integration seit den 1960er-Jahren sagen, die immer auch dazu diente, sich von den USA in ökonomischer und politischer Hinsicht unabhängiger zu machen. Integration und Desintegration gingen also oftmals Hand in Hand.

Ziele dieses Buches

Die Leitfrage dieser Darstellung lautet: Warum gibt es die Europäische Integration, warum entwickelte sie sich so, wie wir sie heute kennen und wie könnte sie sich weiterentwickeln? Die Beantwortung dieser Fragen kann auch dazu beitragen, die immer wieder diskutierte „Finalität" der europäischen Integration zu klären. Jenseits der Vorstellungen vom Föderalstaat oder der Konföderation soll pragmatisch gefragt werden: Welchem Zweck diente europäische Integration in der Geschichte, wozu kann und soll sie heute dienen? Europäische Integration war selten ein Selbstzweck, sondern wurde von Menschen zur Lösung konkreter politischer, wirtschaftlicher und gesellschaftlicher Probleme genutzt. Daher werden verschiedene politische, gesellschaftliche und kulturelle Motive und Triebkräfte für den europäischen Zusammenschluss in ihrer historischen Dimension vorgestellt. Dem liegt die Hypothese zu Grunde, dass es seit Beginn des 19. Jahrhunderts mehrere unterscheidbare Motive und Kräfte aus diesen Sektoren gibt, die die europäische Integration (nicht nur im Rahmen der EWG/EU) vorantreiben. Das Konzept baut auf dem von Wilfried Loth erstmals entwickelten Modell der „Vier Antriebskräfte" auf, geht aber in wesentlichen

Punkten darüber hinaus.[3] Der strukturellen Darstellung wird zum besseren Verständnis ein chronologischer Überblick vorangestellt, der die Epochen der europäischen Integrationsgeschichte seit 1815 in knapper Form umreißt. Hier sollen die von der Forschung herausgearbeiteten verschiedenen Phasen der Integrationsgeschichte mit ihren Charakteristika vorgestellt werden. Dabei werden immer im eingangs genannten Sinne die politische, gesellschaftliche und die kulturelle Dimension der europäischen Integration berücksichtigt.

Was ist unter diesen Motiven und Antriebskräften der Europäischen Integration zu verstehen? Der französische Politikwissenschaftler Pierre Renouvin hat in diesem Kontext den Begriff der „Forces Profondes" geprägt, der „tiefen Kräfte", die der Geschichte zu Grunde liegen.[4] Er verstand darunter materielle und geistige Kräfte, die die Rahmenbedingungen für menschliches Handeln bilden. Hierzu gehören nach Renouvin geographische Gegebenheiten, demographische Entwicklungen, wirtschaftliche Marktkräfte, geistige Strömungen und kollektive Denkmuster wie beispielsweise der Militarismus oder der Pazifismus. Man könnte also auch von materiellen und geistigen Strukturen sprechen, die menschliches Handeln prägen und die von den Menschen selbst nicht oder nur mittelfristig geändert werden können. Sie wirken daher, ohne dass dies dem handelnden Individuum immer bewusst ist, als Antriebskräfte und Motive für sein Handeln, können aber ebenso restriktiv sein. Eben diese langfristig wirksamen Kräfte sollen hier in Bezug auf die Europäische Integration herausgearbeitet werden. Langfristig wirksam bedeutet, dass sich die Strukturen innerhalb der letzten 200 Jahre über

---

3　Wilfried Loth, Beiträge der Geschichtswissenschaft zur Deutung der europäischen Integration, in: Ders. Wolfgang Wessels (Hrsg.), Theorien europäischer Integration, Opladen 2001, S. 87–106.

4　Pierre Renouvin, L´histoire contemporaine des relations internationales. Orientation de recherches, in : Revue Historique, Bd. 211 (1954), S. 233–255. Pierre Renouvin, Jean Baptiste Duroselle. Introduction à l´histoire des Relations Internationales, Paris 1970, S. 2–4. Jacques Thobie, La dialectique forces profondes-décision dans l'histoire des relations internationales, in: Relations internationales No. 41 (1985), S. 29–38. Georges Henri Soutou, Die französische Schule der internationalen Beziehungen, in: Wilfried Loth, Jürgen Osterhammel (Hrsg.), Internationale Geschichte. Themen, Ergebnisse, Aussichten, München 2000, S. 31–45, hier S. 36.

einen längern Zeitraum nachweisen lassen. Es ist selbstverständlich, dass es darüber hinaus noch andere Motive und Antriebskräfte für die Europäische Integration gab; sie können aber hier nicht berücksichtigt werden. Auch wenn die Motive und Antriebskräfte über einen längeren Zeitraum wirksam waren, heißt das nicht, dass sie immer gleich stark wirkten. Es bedeutet auch nicht, dass sie immer in die gleiche Richtung wiesen.[5] Die Motive und Antriebskräfte der Europäischen Integration werden, wie diese selbst, in politische, gesellschaftlich-ökonomische und kulturelle Antriebskräfte eingeteilt. Alle drei funktionieren in diesen Bereichen nach eigenen spezifischen Regeln, die in den einzelnen Kapiteln beschrieben werden.

Gerade wenn man die langfristig wirksamen Motive und Antriebskräfte in den Mittelpunkt der Analyse der Europäischen Integration stellt, bedeutet das, dass man diese nicht erst seit 1945 betrachten kann. Viele der Motive und Antriebskräfte lassen sich bereits im 19. Jahrhundert finden, einzelne reichen sogar bis in die Antike oder das Mittelalter zurück. Dennoch erscheint es sinnvoll, die Darstellung und Analyse mit dem frühen 19. Jahrhundert zu beginnen, weil hier die wesentlichen Voraussetzungen für die Europäische Integration im oben genannten Sinne geschaffen wurden. Der Wiener Kongress legte die Grundlagen für das moderne Völkerrecht, die Französische Revolution hatte die politischen Werte neu bestimmt, die (kontinentaleuropäische) Industrialisierung begann ebenfalls im frühen 19. Jahrhundert. Dies ist der Kontext, in dem auch die Europäische Integration zu betrachten ist, und daher sollen die Motive und Antriebskräfte der Europäischen Integration seit dem frühen 19. Jahrhundert bis in die Gegenwart verfolgt werden.

Ein Forschungsüberblick

Die europäische Integrationsforschung kann in verschiedene Phasen eingeteilt werden, wobei in jeder Phase verschiedene Leitbilder für

---

5   Wilfried Loth, Explaining European Integration. The Contributions from Historians, in: Journal of European Integration History, Bd. 14 (2008), S. 9–26, hier S. 18.

„Europa" maßgebend waren.[6] Die frühe politikwissenschaftliche Be-
schäftigung mit der europäischen Integration war sehr stark normativ
geprägt, das heißt, es ging weniger darum, empirisch zu beobachten
und zu analysieren, wie sich Integration vollzieht, als vielmehr darum,
Konzepte zu entwerfen, wie ein künftiges vereinigtes Europa aussehen
sollte. Die ersten politikwissenschaftlichen Konzeptionen hierzu entstanden schon während des Zweiten Weltkriegs. Von Bedeutung waren
hier der Föderalismus und der Funktionalismus. Ausgangspunkt beider
theoretischer Ansätze war die Vorstellung, dass der klassische Nationalstaat des 19. Jahrhunderts als politische Ordnung versagt habe, die
Rivalität zwischen den Nationen habe zu zwei Weltkriegen geführt. Um
kriegerische Konflikte dieser Art auszuschließen, müsse die Vorstellung
vom Nationalstaat als primärem Ordnungssystem aufgegeben werden.
Den Föderalisten schien dies nur möglich zu sein, wenn durch einen
konstitutionellen Akt, d.h. durch eine demokratisch gewählte, verfas-
sunggebende Versammlung, ein europäischer Bundesstaat gegründet
würde. Die Nationalstaaten würden hierin ihre staatliche Souveränität
behalten, aber wesentliche Kompetenzen an eine Bundesregierung delegieren. Dem stand der funktionalistische Ansatz gegenüber. Hier wurde
argumentiert, dass die europäische Integration nicht durch politische
Entscheidungen von oben, sondern durch die zunehmend intensivere
Verflechtung der europäischen Gesellschaften entstehen würde. Wichtig sei eine transnationale Kooperation zwischen politischen, gesellschaftlichen und kulturellen Eliten. Hauptvertreter dieses Ansatzes war
der US-amerikanische Politikwissenschaftler David Mitrany.[7]

Diese frühen normativen Interpretationsansätze wurden seit der
Mitte der 1950er-Jahre in einer zweiten Phase der Forschung von
empirischen Theorie-Angeboten abgelöst. Von großer Bedeutung waren hier die Arbeiten von Ernst B. Haas, der vor allem am Beispiel der

---

6   Morten Kelstrup, Integration Theories. History, Competing Approaches and
    New Perspectives, in: Anders Wivel (Hrsg.), Explaining European Integration,
    Copenhagen 1998, S. 15–55. Claus Giering, Europa zwischen Zweckverband und
    Superstaat. Die Entwicklung der politikwissenschaftlichen Integrationstheorie
    im Prozeß der europäischen Integration, Bonn 1997.
7   David Mitrany, A working Peace System. An argument for the Functional Devel-
    opment of International Organization, London 1944.

Europäischen Gemeinschaft für Kohle und Stahl zeigen konnte, dass der von Mitrany propagierte Verflechtungsprozess tatsächlich funktionierte.[8] Entscheidend war aber, dass Haas seinen Ansatz nicht mehr als normativ verstand, sondern als analytisches Konzept, das erklären sollte, warum es zur regionalen Integration kommt. Dieses Konzept erwies sich als paradigmatisch für die weitere Forschung, die sich als „Neo-Funktionalismus" bezeichnete. Die zentrale Aussage war, dass der Integrationsprozess sich auf der gesellschaftlichen Ebene vollzieht und hier von einem Politikbereich zum anderen „überschwappt". Man sprach daher auch vom „spill-over". Die Entwicklung der Integration von den Märkten für Kohle und Stahl zur allgemeinen wirtschaftlichen Integration im Binnenmarkt (EWG und EURATOM 1958) schien dies zu bestätigen. Die Krise der europäischen Integration durch die gaullistische Herausforderung der 1960er-Jahre führte daher in einer dritten Phase der Forschung auch dazu, dass die neo-funktionalistische Integrationstheorie in Frage gestellt wurde, und zwar von drei Seiten. Zum einen fragte der US-amerikanische Politologe Stanley Hoffmann, ob die Theorie nicht nur für bestimmte Politikbereiche zutreffe, nämlich jene, die primär ökonomisch-technischen Charakter hätten („Low Politics"). Für die „High Politics", Außen- und Sicherheitspolitik etwa, gelten die hier beschriebenen theoretischen Annahmen nicht.[9] Zum anderen gewannen marxistisch inspirierte Ansätze an Bedeutung, die die Integration als Reaktion auf die sich zuspitzende Krise des Kapitalismus erklärten.[10] Schließlich stellte der „Erfinder" des Neo-Funktionalismus, Ernst B. Haas, selbst fest, dass sein theoretischer Ansatz der komplexen Realität der europäischen Integration nicht gerecht werde.[11] Eine vierte Phase der integrationstheoretischen Entwicklung setzte erst in der Mitte der 1980er-Jahre ein, als die europäische politische Integration mit der so genannten „Einheitlichen Europäischen Akte" in eine neue Phase trat.

---

8   Ernst B. Haas, The Uniting of Europe. Political, Social, and Economic Forces 1950–1957, Stanford 1958.

9   Stanley Hoffmann, Obstinate or Obsolete? The Fate of the Nation-State and the Case of Western Europe, in: Daedalus, Vol. 59/3 (1966), S. 862–915.

10 Frank Deppe (Hrsg.), Europäische Wirtschaftsgemeinschaft (EWG). Zur politischen Ökonomie der westeuropäischen Integration, Reinbek 1975.

11 Ernst B. Haas, The Obsolescence of Regional Integration Theory, Berkeley 1975.

Große Bedeutung erlangte nun der von Andrew Moravcsik begründete „Liberale Intergouvernementalismus".[12] Diese Theorie setzt beim klassischen Intergouvernementalismus an und versteht die europäische Integration vor allem als ein Produkt des Handelns von nationalen Regierungen, deren Entscheidungen jedoch von innenpolitischen Akteuren, insbesondere jenen der Wirtschaft, bestimmt werden. Europäische Integration ist aus dieser Perspektive ein Mittel ökonomisch determinierter, nationalstaatlicher Machtstrategien. Der „Liberale Intergouvernementalismus" war bislang der letzte Versuch der Politikwissenschaft, eine große Theorie der Europäischen Integration zu entwerfen. Seit der Mitte der 1990er-Jahre hat sich die politikwissenschaftliche Europa-Forschung erheblich ausdifferenziert. Im Mittelpunkt stand nun nicht mehr so sehr die Frage, wann und warum es zur Europäischen Integration kommt, sondern wie Politik auf europäischer Ebene gemacht wird. Der von der Politikwissenschaft vorgeschlagene Begriff des „Mehrebenensystems" hat hier breite Resonanz gefunden.[13] Hierauf aufbauend entstanden viele Studien, die die Strukturen, Prozesse und Inhalte einzelner Politikfelder der europäischen Integration systematisch untersuchten. Gleichzeitig erlebte die politikwissenschaftliche Europa-Forschung auch eine methodische Erweiterung und öffnete sich gegenüber anderen Disziplinen, insbesondere der Geschichtswissenschaft, der Rechtswissenschaft und der Soziologie.[14]

Auch die geschichtswissenschaftliche Europa-Forschung kann inzwischen auf eine gewisse Tradition zurückblicken.[15] Die Anfänge lie-

---

12 Andrew Moravcsik, Negotiating the Single European Act. National Interests and Conventional Statecraft in the European Community, in: International Organization, Vol. 45 (1991), S. 19–56. Andrew Moravcsik, The Choice for Europe. Social Purpose and State Power from Messina to Maastricht, London 1998.
13 Markus Jachtenfuchs, Beate Kohler-Koch, Regieren in dynamischen Mehrebenensystemen, in: Dies. (Hrsg.), Europäische Integration, Opladen 1996, S. 15–44. Vgl. auch die stark überarbeitete Neuauflage: Markus Jachtenfuchs, Beate Kohler-Koch (Hrsg.), Europäische Integration, Wiesbaden 2006.
14 Wilfried Loth, Wolfgang Wessels (Hrsg.), Theorien europäischer Integration, Opladen 2001.
15 Neuere Forschungsüberblicke bei: Jost Dülffer, The History of European Integration: From Integration History to the History of Integrated Europe, in: Wilfried Loth (Hrsg.), Experiencing Europe. 50 years of European Construction, 1957–2007, Baden-Baden 2008, S. 17–32. Wilfried Loth, Explaining Euro-

gen in den 1970er-Jahren und sind eng mit dem Namen des Saarbrückener Historikers Walter Lipgens verbunden. Der erste Band seines unvollendet gebliebenen Werkes über die „Anfänge der europäischen Einigungspolitik" fungierte ebenso wie das Werk von Pierre Gerbet lange Zeit als Paradigma geschichtswissenschaftlicher Europa-Forschung.[16] Beide betonten die Bedeutung der Europa-Ideen und Pläne in den Widerstandsbewegungen gegen den Nationalsozialismus während des Zweiten Weltkriegs für die europäische Einigung. In der Tat entstand in diesem Kontext eine Vielzahl sehr verschiedener Konzepte zur Einigung Europas, die vor allem darauf abzielten, den aus dem 19. Jahrhundert stammenden Nationalstaat zu überwinden. Die frühe europäische Integration entstand aus dieser Perspektive vor allem durch den europäischen Idealismus der Europa-Bewegung. Diesem idealistischen Ansatz stand bald eine andere Interpretation entgegen, die vom britischen Historiker Alan Milward vertreten wurde.[17] Er wies die These zurück, dass der europäische Idealismus der frühen Europa-Bewegung entscheidend für die Anfänge der europäischen Einigung gewesen sei, und argumentierte dagegen, dass die Regierungen zentrale Teile ihrer Souveränität abgaben, weil dies im wirtschaftlichen und politischen Interesse der europäischen Nationalstaaten war. Die seit dem Ende des 19. Jahrhunderts sich verändernde Rolle des Staates im Wirtschaftsprozess habe zu einer Überforderung des klassischen Nationalstaates geführt, der dadurch in eine tiefe Krise geraten sei. Um die Handlungsfähigkeit des Nationalstaates vor allem auf wirtschaftlicher Ebene wiederherzustellen, hätten die Regierungen wesentliche Kompetenzen auf eine neue, supranationale, europäische Ebene delegiert. Dort sei das ökonomische und politische Potential sehr viel größer gewesen und die wirtschaft-

---

pean Integration: The Contributions from Historians, in: JEIH, Bd. 14, Nr. 1 (2008), S. 9–26. Pierre Gerbet, La France et l´intégration européenne. Essaie d´historiographie, Bern 1995. Morten Rasmussen, Anne Christina Lauring Knudsen, J. Poulsen (Hrsg.), The Road to a United Europe. Interpretations of the Process of European Integration, Bruxelles 2007.

16 Walter Lipgens, Die Anfänge der europäischen Einigungspolitik. Erster Teil 1945–1947, Stuttgart 1977. Pierre Gerbet, La Construction de l´Europe, 3. Auflage, Paris 1999. (Erste Auflage Paris 1983)

17 Alan Milward, The European Rescue of the Nation-State, London 1992.

lichen Probleme hätten gelöst werden können. Die Thesen Milwards wurden in der Forschung oft als Revision des Ansatzes von Lipgens verstanden. Während Lipgens den europäischen Idealismus zur Überwindung des Nationalstaates nach dem Zweiten Weltkrieg als Motor der Integration betrachtete, sah Milward die wichtigste Antriebskraft im nationalen Egoismus der europäischen Regierungen. Bei Licht betrachtet jedoch sind die beiden Interpretationen so gegensätzlich nicht, sondern ergänzen einander. Während Lipgens seine Thesen vor allem auf der Basis der Dokumente der Widerstandsbewegungen im Zweiten Weltkrieg und der frühen Europa-Bewegung aufbaute, basierte Milwards Argument auf der Basis der Akten der nationalen Regierungen. Tatsächlich, so lässt sich bilanzieren, sind beide Ansätze wichtig zum Verständnis der frühen europäischen Integration und ergänzen einander mehr als sie sich widersprechen. Aufbauend auf dieser Kontroverse hat Wilfried Loth ein spezifisch geschichtswissenschaftliches Modell zur Erklärung der europäischen Integration vorgeschlagen, das inzwischen weiter modifiziert und ausgebaut wurde.[18] Dieser Ansatz wird auch dem vorliegenden Band zu Grunde gelegt.

Neben diesen grundlegenden Interpretationsansätzen hat sich die historische Europa-Forschung seit den 1990er-Jahren erheblich differenziert. Besondere Bedeutung vor allem für die politische Geschichte der Integration hat hier die 1982 von Raymond Poidevin ins Leben gerufene Historiker-Verbindungsgruppe bei der Europäischen Kommission. Ihr gehören führende Integrations-Historiker aus vielen EU-Mitgliedstaaten an, die auf alle zwei Jahre stattfindenden Konferenzen neue, auf Archivmaterial basierende Forschungsergebnisse diskutieren, die anschließend veröffentlicht werden.[19] Die Bände schufen jeweils eine

---

18 Wilfried Loth, Beiträge der Geschichtswissenschaft zur Deutung der europäischen Integration, in: Ders. Wolfgang Wessels (Hrsg.), Theorien europäischer Integration, Opladen 2001, S. 87–106. Darauf aufbauend: Guido Thiemeyer, Die europäische Union als neoliberales Projekt? Motive und Kräfte der Europäischen Integration, in: Gerd Steffens (Hrsg.), Politische und ökonomische Bildung in Zeiten der Globalisierung, Münster 2007, S. 195–212.
19 Zuletzt: Jan van der Harst (Hrsg.), Beyond the Customs Union. The European Community's Quest for Deepening, Widening and Completion, 1969–1975, Brussels 2007. Wilfried Loth (Hrsg.), Experiencing Europe. 50 Years of European Construction 1957–2007, Baden-Baden 2008.

wichtige Grundlage für weitere Forschungen. Die Historiker-Verbindungsgruppe gibt seit 1995 auch das „Journal of European Integration History" heraus, das einen ähnlichen inhaltlichen Schwerpunkt hat. Parallel zur Historiker-Verbindungsgruppe haben sich auch andere Netzwerke der europäischen Integrationsforschung gebildet, das „Réseau International des jeunes Chercheurs en Histoire de l'Intégration Européenne" (RICHIE) und die „History of European Integration History Society" (HEIRS), die vor allem Nachwuchswissenschaftler zusammenführten.[20] Gemeinsam ist allen diesen Ansätzen, dass sie ein breites Feld europäischer Integrationsforschung abdecken und primär politikhistorische Methoden zur Erforschung des Prozesses anwenden, die punktuell um andere Ansätze ergänzt werden. In diesem Kontext standen auch einzelne Persönlichkeiten der Europäischen Integration verstärkt im Interesse der Forschung, insbesondere die Gründergeneration der EGKS/EWG ist vergleichsweise gut erforscht worden. Über Alcide de Gasperi, Robert Schuman, Konrad Adenauer und Paul-Henri Spaak liegen umfangreiche biographische Studien vor. Auch Walter Hallstein und insbesondere Jean Monnet fanden das Interesse der historischen Forschung, auch wenn in diesem Kontext längst nicht alle Fragen geklärt sind.[21]

Neben der Politikgeschichte hat auch die gesellschaftsgeschichtliche Forschung sich in den letzten Jahrzehnten verstärkt der europäischen Dimension zugewandt. In diesem Kontext ist es sinnvoll zwischen wirtschaftlicher und zivilgesellschaftlicher Integration zu unterscheiden. Grundlage der wirtschaftshistorischen Forschung sind die Strukturen und Prozesse insbesondere auf internationalen Märkten.[22] Entscheidungen werden nicht zentral von Regierungen getroffen, sondern dezent-

---

20　Laurent Warlouzet, Katja Seidel (Hrsg.), Quelle Europe? Which Europe? Nouvelles Approches en Histoire de l'Intégration Européenne, Bruxelles 2006.

21　Methodisch innovativ: Sylvain Schirmann (Hrsg.), Robert Schuman et les Pères de l'Europe. Cultures politiques et années de formation, Bruxelles u.a. 2008. Andreas Wilkens (Hrsg.), Interessen verbinden. Jean Monnet und die europäische Integration der Bundesrepublik Deutschland, Bonn 1999. Gérard Bossuat, Andreas Wilkens (Hrsg.), Jean Monnet, l'Europe et les Chemins de la Paix, Paris 1999. Wilfried Loth (Hrsg.), Walter Hallstein. The Forgotten European ? London, New York 1998.

22　M.-S. Schulze (Hrsg.), Western Europe. Economic and Social Change since 1945, Harlow 1998. Gerold Ambrosius, Wirtschaftsraum Europa. Vom Ende der

ral von Millionen von Individuen und Unternehmen, die über nationale Grenzen hinweg Güter und Dienstleistungen kaufen oder verkaufen. Allgemein unterscheidet man in diesem Kontext die positive Integration über die Errichtung von internationalen Organisationen, die die Freiheit des Handels garantieren, und die negative Integration über den Abbau von bestehenden Handelshindernissen zwischen den Nationalstaaten. Ziel der Integration ist in beiden Fällen ein von Handelshemmnissen befreiter gemeinsamer Markt. Die wirtschaftswissenschaftliche Integrationsforschung hat vor allem zwei Aspekte der Integration betont: Zum einen wirkte wirtschaftliche Integration grundsätzlich wohlstandssteigernd, weil der Freihandel zu einer optimalen Allokation und Distribution von Gütern, Dienstleistungen und Arbeitskräften führte. Auch wenn dieses aus der neoklassischen Theorie stammende Argument immer wieder kritisiert worden ist, teilt doch die Mehrheit der Ökonomen diese grundsätzliche Ansicht. Zum Zweiten hat die Forschung auf die Dynamik des Integrationsprozesses verwiesen. Ein gemeinsamer Markt zieht, ist er erst einmal in Gang gesetzt, unweigerlich weitere Integrationsschritte nach sich. So argumentieren Wirtschaftswissenschaftler, dass die Errichtung der europäischen Währungsunion von 1999 nicht primär eine politische Entscheidung gewesen sei, sondern ein Ereignis, das aus der Logik des seit 1958 schrittweise etablierten gemeinsamen Marktes hervorgehe. Man spricht hier von der „Pfadabhängigkeit" von Integration, es gebe, so die These, eine innere Logik des wirtschaftlichen Integrationsprozesses, die ohne politisch motivierte Intervention von außen zu einem freien Markt mit gemeinsamer Währung führe. Auch dieses Argument ist umstritten, vor allem politikhistorisch orientierte Europa-Forscher haben auf die Bedeutung politischer Entscheidungen auch für wirtschaftliche Prozesse hingewiesen.

Die zivilgesellschaftliche Integration umfasst alle grenzüberschreitenden gesellschaftlichen Kontakte, die nicht primär wirtschaftliche oder politische Ziele verfolgen. Beispielhaft können Kontakte im Rahmen von Städtepartnerschaften genannt werden ebenso wie internationale

---

Nationalökonomien, Frankfurt 1996. René Leboutte, Histoire économique et sociale de la construction européenne, Bruxelles 2008.

Sportveranstaltungen, Schüler- und Studentenaustauschprogramme und ähnliches. Auch hier gilt, wie bei der wirtschaftlichen Integration, dass es sich um einen dezentral gesteuerten Prozess handelt, der seine eigene Dynamik entwickelt. Die gesellschaftsgeschichtliche Europa-Forschung hat in den vergangen Jahren insbesondere im deutschsprachigen Raum einen Boom erlebt, wobei sich vor allem der Begriff der „Europäisierung" als zentral herausgestellt hat. Hartmut Kaelble und Martin Kirsch haben in einer vorläufigen Bilanz dieser Forschungen den Begriff eingegrenzt und sechs Hauptentwicklungen unter dem Schlagwort der „Europäisierung" zusammengefasst.[23] Das betrifft erstens die politischen, wirtschaftlichen, gesellschaftlichen und kulturellen Konvergenzen zwischen Staaten und Regionen in Europa. Ein zweiter Entwicklungsstrang ist die zunehmende europäische Verflechtung zwischen den europäischen Ländern, nicht nur in ökonomischer Hinsicht, sondern auch (im weitesten Sinne) in gesellschaftlicher und kultureller Hinsicht. Drittens verweisen Kaelble und Kirsch auf die Erfahrung des europäischen Raumes durch die Europäer als Entwicklungsstrang der Europäisierung. Ein vierter Aspekt in diesem Kontext sind die kulturellen und politischen Besonderheiten Europas im Vergleich mit anderen Regionen der Welt, vor allem in historischer Perspektive. Begleitet wird dies – fünftens – von einer permanenten Debatte unter Europäern um das, was eigentlich „Europa" ist. Hier geht es nicht primär um die geografische Dimension des Kontinents, obwohl über diese durchaus auch diskutiert werden kann, sondern um die mit Europa verbundenen Wertvorstellungen und Ideale, um europäische Identität mithin. Schließlich spielen auch im sozialgeschichtlichen Kontext politische und rechtliche Institutionen eine wesentliche Rolle. Deswegen gehören sie auch zum Prozess der Europäisierung. Andere sozialhistorische Ansätze der jüngeren Zeit betonen den Netzwerkcharakter der Europäischen Inte-

---

23 Hartmut Kaelble, Sozialgeschichte Europas. 1945 bis zur Gegenwart, München 2007. Hartmut Kaelble, Martin Kirsch, Einleitung: Zur Europäisierung des Selbstverständnisses und der Gesellschaft der Europäer im 19. und 20. Jahrhundert, in: Dies. (Hrsg.), Selbstverständnis und Gesellschaft der Europäer. Aspekte der sozialen und kulturellen Europäisierung im späten 19. und 20. Jahrhundert, Frankfurt u.a. 2008, S. 11–28. Mary Fulbrook (Hrsg.), Europe since 1945, Oxford 2006.

gration. Jenseits von Regierungshandeln prägten transnationale soziale Netzwerke im Rahmen von Parteien, technischen Ausschüssen und Interessengruppen die gesellschaftliche Integration Europas.[24] Diese Netzwerke rekrutierten sich aus transnationalen Partei- und Gewerkschaftsorganisationen. Auch Technik- und Verkehrshistoriker haben sich in diesem Kontext in den vergangenen Jahren in starkem Maße der europäischen Dimension ihres Faches angenommen.[25] Im „Tensions of Europe" Netzwerk haben sich Technikhistoriker zusammengeschlossen, um die Bedeutung von Technik und Infrastrukturen für die europäische transnationale Geschichte zu erforschen.[26] Ähnlich ist das übergreifende Projekt „Inventing Europe" organisiert.[27]

Schließlich hat sich neben der politik- und sozialhistorisch orientierten Forschung in den letzten Jahren eine kulturhistorische Herangehensweise durchgesetzt. In diesem Kontext hat Silvio Vietta eine handbuchartige Einführung vorgelegt, in der die „Europäistik" als ein neues Paradigma der geschichtswissenschaftlichen Europa-Forschung propagiert wird.[28] Grundlegend sind hier zehn Prinzipien, die sich in der europäischen Kulturgeschichte seit der Antike entwickelt haben und bis heute relevant sind für das, was unter „Europa" in kultureller Hinsicht verstanden wird. Hierzu gehören Begriffe wie Demokratie und Freiheit, Öffentlichkeit, Argument und Diskurs, Soziabilität, Rechtssicherheit und Wehrhaftigkeit. Diese Werte hätten sich seit der Antike getragen durch zwei Hauptpfeiler der europäischen Geschichte, Logos und Pistis, bis in die Gegenwart entwickelt und machen daher die europäische

---

24 Wolfram Kaiser, Politiknetzwerke in der europäischen Integration: Zeitgeschichte und Politikwissenschaft im Dialog, in: Integration, Bd. 32 (2009), S. 123–135. Katja Seidel, „So ein Mix von Menschen." Gruppenbiografische Studien zu Beamten in der EWG-Kommission, in: Michael Gehler (Hrsg.), Vom Gemeinsamen Markt zur europäischen Unionsbildung. 50 Jahre Römische Verträge 1957–2007, Wien, Köln, Weimar 2009, S. 393–418. Hans Manfred Bock, Les Jeunes dans les Relations Internationales. L'Office Franco-Allemand pour la Jeunesse 1963–2008, Paris 2008.
25 Van der Vleuten, Erik; Arne Kaijser, Networking Europe. Transnational Infrastructures and the shaping of Europe 1850–2000, London 2006.
26 www.tensionsofeurope.eu (letzter Zugriff: 9.9.2009)
27 http://www.esf.org/activities/eurocores/programmes/inventing-europe.html (letzter Zugriff 9.9.2009)
28 Silvio Vietta, Europäische Kulturgeschichte. Eine Einführung, Paderborn 2007.

Identität aus. Diesem – methodisch gesehen – älteren Begriff der Kulturgeschichte steht ein neuerer gegenüber, der hinsichtlich der europäischen Integrationsforschung vor allem durch die Arbeiten von Wolfgang Schmale repräsentiert wird.[29] In diesem Ansatz wird der Begriff „Europa" vor allem als diskursives Konstrukt verstanden. Das bedeutet, dass jede Generation von Menschen in Europa sich immer wieder neu darauf verständigt, was unter Europa verstanden werden soll. Auch diese Geschichte der diskursiv konstruierten Europa-Bilder gehört zweifellos zu dem, was unter Europäischer Integration verstanden werden kann.

Zuletzt hat sich ein Forschungszweig in der Geschichtswissenschaft etabliert, der die Geschichte der Europäischen Integration in ihrer langfristigen Perspektive untersucht. So zeigt Wolfgang Schmale die Kontinuitäten der Europa-Bilder von der Antike bis in die Gegenwart hinein, Hartmut Kaelble hat die sozialhistorische Kontinuität seit dem 19. Jahrhundert betont und Peter Krüger auf die politischen Traditionen der europäischen Zusammenarbeit seit dem Wiener Kongress hingewiesen. Allerdings ist es zu einfach nur darauf hinzuweisen, dass es bereits vor 1914 das Phänomen der Europäischen Integration gab. Ist die Europäische Integration nach 1945 tatsächlich die Fortsetzung der Einigungsprozesse vor 1914?[30] Diese Frage ist keineswegs abschließend beantwortet und bedarf weiterer Forschung.

Bemerkenswert ist in der geschichtswissenschaftlichen Europa-Forschung die scharfe Trennung zwischen den Teildisziplinen der politischen Geschichte, der Wirtschafts- und Sozialgeschichte und der Kulturgeschichte. Nur sehr wenige Arbeiten beziehen alle drei Dimensionen der Europa-Forschung gleichberechtigt in die Analyse ein. Dabei kann kaum ein Zweifel daran bestehen, dass das Phänomen der Europäischen Integration nur durch die interdisziplinäre Forschung tatsächlich in seiner Breite und Tiefe erforscht und verstanden werden kann. Die scharfe

---

29 Wolfgang Schmale, Geschichte Europas, Wien, Köln, Weimar 2000. Wolfgang Schmale, Geschichte und Zukunft der Europäischen Identität, Stuttgart 2008. Ähnlich: Ute Frevert, Eurovisionen. Ansichten guter Europäer im 19. und 20. Jahrhundert, Frankfurt 2003.

30 Christian Henrich-Franke, Cornelius Neutsch, Guido Thiemeyer (Hrsg.), Internationalismus und Europäische Integration im Vergleich. Fallstudien zu Währungen, Landwirtschaft, Verkehrs- und Nachrichtenwesen, Baden-Baden 2007.

Trennung zwischen den Disziplinen allerdings entspricht der generellen Spaltung der Geschichtswissenschaft in den letzten Jahrzehnten.

Weiterführende Literatur

Altrichter, Helmut, Walter Bernecker, Geschichte Europas im 20. Jahrhundert, Stuttgart 2004.

Cini, Michelle, Angela K. Bourne (Hrsg.), Palgrave Advances in European Union Studies, Basingstoke 2006.

Dumoulin, Michel, u.a. (Hrsg.), Die Europäische Kommission 1958–1972. Geschichte und Erinnerungen einer Institution, Luxemburg 2007.

Dülffer, Jost, Anja Kruke, Von der Geschichte der Europäischen Integration zur Geschichte der Europäischen Gesellschaft? In: Archiv für Sozialgeschichte Bd. 49 (2009), S. 3–24.

Dülffer, Jost, The History of European Integration. From Integration History to the History of Integrated Europe, in: Wilfried Loth (Hrsg.), Experiencing Europe. 50 Years of European Construction, 1957–2007, Baden-Baden 2008.

Dülffer, Jost, Europäische Integration zwischen integrativer und dialektischer Betrachtungsweise, in: Archiv für Sozialgeschichte Bd. 42 (2002), S. 521–543.

Dülffer, Jost, Europa im Ost-West-Konflikt 1945–1991, München 2004.

Gehler, Michael, Vom Gemeinsamen Markt zur europäischen Unionsbildung. 50 Jahre Römische Verträge 1957–2007, Wien, Köln, Weimar 2009.

Gillingham, John, A Theoretical Vacuum. European Integration and Historical Research Today, in: Journal of European Integration History, Bd. 14 (2008), S. 27–34.

Gowan, P., P. Anderson (Hrsg.), The Question of Europe, London 1997.

Henrich-Franke, Christian, Cornelius Neutsch, Guido Thiemeyer (Hrsg.), Internationalismus und Europäische Integration im Vergleich. Fallstudien zu Währungen, Landwirtschaft, Verkehrs- und Nachrichtenwesen, Baden-Baden 2007.

Jachtenfuchs, Markus, Beate Kohler-Koch (Hrsg.), Europäische Integration, Wiesbaden 2006.

Kaelble, Hartmut, Martin Kirsch, Einleitung: Zur Europäisierung des Selbstverständnisses und der Gesellschaft der Europäer im 19. und 20. Jahrhundert, in: Dies. (Hrsg.), Selbstverständnis und Gesellschaft der Europäer. Aspekte der sozialen und kulturellen Europäisierung im späten 19. und 20. Jahrhundert, Frankfurt/Main u.a. 2008, S. 11–26.

Kohler-Koch, Beate, Berthold Rittberger, Review Article: The "Governance Turn" in EU Studies, in: Journal of Common Market Studies, Bd. 44 (2006), S. 27–49.

Laursen, Johnny, Towards a Supranational History, in: Journal of European Integration History, Bd. 8 (2002), S. 5–17.

Loth, Wilfried, Explaining European Integration. The Contributions from Historians, in: Journal of European Integration History, Bd. 14 (2008), S. 9–26.

Loth, Wilfried, Wolfgang Wessels (Hrsg.), Theorien europäischer Integration, Opladen 2001.

Loth, Wilfried, Experiencing Europe. 50 Years of European Construction 1957–2007, Baden-Baden 2009.

Milward, Alan S., The European Rescue of the Nation State. London 1992.

Moravcsik, Andrew, The Choice for Europe. Social Purpose and State Power from Messina to Maastricht, Ithaca 1998.

Persson, Hans-Ake, Bo Stråth (Hrsg.), Reflections on Europe. Defining a Political Order in Time and Space, Frankfurt u.a. 2007.

Rasmussen, Morten, Anne Christina Lauring Knudsen, J. Poulsen (Hrsg.), The Road to a United Europe. Interpretations of the Process of European Integration, Bruxelles 2007.

Thiemeyer, Guido, Die Motivstrukturen der Europäischen Integration seit 1945 und die Schwierigkeiten der Formierung einer europäischen Identität, in: Bernd Schönemann, Hartmut Voit (Hrsg.), Europa in historisch-didaktischen Perspektiven, Idstein 2007, S. 94–110.

Thiemeyer, Guido, Die Europäische Union als neoliberales Projekt? Motive und Kräfte der Europäischen Integration, in: Gerd Steffens (Hrsg.), Politische und ökonomische Bildung in Zeiten der Globalisierung. Eine kritische Einführung, Münster 2007, S. 195–212.

Warlouzet, Laurent, Katja Seidel (Hrsg.), Quelle Europe? Which Europe? Nouvelles Approches en Histoire de l'Intégration Européenne, Bruxelles 2006.

II. Ein Historischer Überblick

1. Internationalismus und Europäische Integration im 19. Jahrhundert 1815–1914

Die Geschichte der europäischen Integration begann nicht erst 1945, sondern muss eingebettet werden in eine lange Entwicklung. Ideengeschichtliche Darstellungen beginnen mit der Antike, mit dem Mythos der phönizischen Königstochter, die von Zeus nach Zypern entführt wurde, und mit dem damit verbundenen Hinweis, dass die Ursprünge Europas außereuropäisch waren. Bisweilen wird der griechische Sieg über die Perser in der Schlacht bei Salamis 449 v. Ch. als Geburtsstunde Europas bezeichnet, doch auch dies ist eine umstrittene These. Auch im Mittelalter und in der Frühen Neuzeit gab es den Europa-Begriff, aber er hatte kaum Gemeinsamkeiten mit den modernen Begrifflichkeiten von Europa. Die moderne Vorstellung von europäischer Integration in politischer, gesellschaftlicher und kultureller Hinsicht entstand zum Ende des 18. und Beginn des 19. Jahrhunderts, in jener Zeit des Umbruchs, in der zentrale Begriffe des politischen, gesellschaftlichen und kulturellen Lebens Europas neu gedeutet und besetzt wurden und die deswegen auch als „Sattelzeit" bezeichnet wird. Hier begann mit der europäisch-atlantischen „Doppelrevolution" die politische Moderne durch die Revolutionen in Frankreich und in Nordamerika. Sie führten zur Entstehung des modernen Nationalstaates zunächst in Westeuropa, der, auch wenn in politisch-kultureller Hinsicht zunächst das Nationale betont wurde, sich unmittelbar zur Kooperation mit anderen Nationalstaaten gezwungen sah. Insofern war die Entstehung des Nationalstaates Voraussetzung für die politische Integration. Zugleich begann die gesellschaftliche Modernisierung durch die industrielle Revolution, die sich von England aus über Europa ausbreitete. Ein Charakteristikum der industriellen Revolution war die dynamische Ausweitung von Handel und anderen gesellschaftlichen Kontakten über nationale Grenzen hinweg. Damit war ein weiteres Element europäischer Integration bedeutsam geworden. Insgesamt entstanden also in der Zeit zwischen 1780 und 1820 jene Voraussetzungen, die für die Prozesse europäischer Integration relevant werden sollten. Es spricht daher vieles dafür, auch die moderne Geschichte der europäischen Integration hier beginnen zu lassen.

In politischer Hinsicht setzte nach dem Sieg über die napoleonischen Hegemonieansprüche mit dem Wiener Kongress eine Institutionalisierung ein, die zumindest von der Idee her eine übernationale Ordnung vorsah, in die die europäischen Großmächte eingebettet werden sollten. Der Kongress schuf ein Netz völkerrechtlicher Verbindlichkeiten und wurde deswegen auch treffend als „Charta Europas" bezeichnet.[1] Wesentlich für die europäische politische Integration waren drei Elemente der „Wiener Ordnung" von 1815:[2] Zum einen das Prinzip der Solidarität der europäischen Großmächte, die beschlossen, europäische Angelegenheiten in einer institutionalisierten Konferenzdiplomatie gemeinsam zu regeln und damit jene Pentarchie der Mächte schufen, die das europäische Staatensystem in der ersten Hälfte des 19. Jahrhunderts prägen sollte.[3] Als „europäisch" empfundene Angelegenheiten sollten gemeinsam geregelt werden. Es entstand mit den Verträgen ein „Ius Publicum Europaeum", das in seinem Kern bis 1914 gelten sollte. Zum zweiten erkannte der Wiener Kongress die Existenz von Staaten und nicht von Herrschaftsformen an. Entscheidend für die hier interessierende Frage nach dem europäischen Charakter war, dass die Großmächte unabhängig von ihrer innenpolischen und

---

1   Ch. Webster, The Foreign Policy of Castalereagh, 1815–1822, 3. Aufl. London 1963. Andere Autoren betonen in stärkerem Maße die Rolle des Wiener Systems als Vorläufer des Völkerbundes und der UNO: Matthias Schulz, Normen und Praxis. Das Europäische Konzert der Großmächte als Sicherheitsrat 1815–1860, München 2009.

2   Paul W. Schroeder, The Vienna System and its Stability. The Problem of Stabilizing a State System in Transformation, in: Peter Krüger (Hrsg.), Das europäische Staatensystem im Wandel. Strukturelle Bedingungen und bewegende Kräfte seit der frühen Neuzeit, München 1996, S. 107–122.

3   Zusammenfassend: Anselm Doering-Manteuffel, Internationale Geschichte als Systemgeschichte. Strukturen und Handlungsmuster im europäischen Staatensystem des 19. und 20. Jahrhunderts, in: Wilfried Loth, Jürgen Osterhammel (Hrsg.), Internationale Geschichte. Themen – Ergebnisse – Aussichten, München 2000, S. 93–115.

gesellschaftlichen Ausgestaltung gleichberechtigt waren, das heißt es gab keine Hegemonialmacht. Obwohl dies nur für die Großmächte und nicht für alle Staaten Europas galt, war damit ein wichtiges rechtliches Prinzip formuliert worden, das für die europäische Integration Bedeutung erlangen sollte.[4] Schließlich, und von der Bedeutung her nicht zuletzt, gelang den Verantwortlichen in Wien ein Versöhnungsfrieden mit Frankreich, der sich als tragfähig und daher dauerhaft erweisen sollte.

Seit der Mitte des 19. Jahrhunderts entstand in Europa auf dieser Basis eine Vielzahl von internationalen Organisationen mit zum Teil sehr spezifischen Aufgaben. Hierzu gehörte beispielsweise die Zentralkommission für die Rheinschifffahrt, die bereits 1815 durch den Wiener Kongress geschaffen wurde. Sie hatte die Aufgabe, den Schiffsverkehr auf dem wichtigsten westeuropäischen Strom, dem Rhein, zu regeln. Zu diesem Zweck wurden in ihrem Rahmen technische, betriebliche und administrative Standards für die internationale Rheinschifffahrt geschaffen (vgl. Kap. III.2.b). Nach dem Pariser Kongress von 1856 entstand mit der europäischen Donaukommission eine ähnliche Organisation für die Donau. Damit wurde schon im frühen 19. Jahrhundert ein Muster von Integration geschaffen, das prägend werden sollte. Auch wenn die politische Kooperation zwischen den zunehmend rivalisierenden Nationalstaaten seit der Mitte des Jahrhunderts immer schlechter funktionierte, erlebte die ökonomisch-technische ebenso wie die gesellschaftlich-kulturelle Integration zwischen 1860 und 1914 eine erste Boomphase. Es ging darum, gemeinsame Wertvorstellungen sowie rechtliche und technische Standards durch multilaterale Vereinbarungen (zum Teil auch durch internationale Organisationen, wie im Bereich der Binnenschifffahrt) zu fixieren. Zeitgenössisch wurde diese wirtschafts- und gesellschaftspolitische Integration als „Internationa-

---

4   Peter Krüger, Das unberechenbare Europa. Epochen des Integrationsprozesses vom späten 18. Jahrhundert bis zur Europäischen Union, Stuttgart 2006, S. 35–102. Wilfried Baumgart, Europäisches Konzert und nationale Bewegung. Internationale Beziehungen 1830–1878. (Handbuch der Geschichte der Internationalen Beziehungen, Bd. 6), Paderborn 1999. Wolfram Pyta (Hrsg.), Das europäische Mächtekonzert. Friedens- und Sicherheitspolitik vom Wiener Kongress 1815 bis zum Krimkrieg, Köln, Weimar, Wien 2009.

lismus" bezeichnet.[5] Ab 1860 entstand eine Vielfalt internationaler Abkommen nach diesem Muster: Am 23.12.1865 wurde die erste internationale Währungsunion, die so genannte Lateinische Münzunion, zwischen Frankreich, Belgien, Italien und der Schweiz gegründet. Damit wurden die Währungssysteme der Mitgliedstaaten vereinheitlicht und die von ihnen herausgegebenen Münzen in allen Mitgliedstaaten akzeptiert. Am 18.12.1872 gründeten Dänemark, Schweden und Norwegen die so genannte Skandinavische Münzunion. Der internationale Goldstandard, der in der ersten Hälfte der 1870er-Jahre entstand, war das erste internationale Währungssystem, das die Austauschbarkeit von nationalen Währungen zu einem innerhalb gewisser Grenzen festen Verhältnis garantierte und damit – ähnlich wie die Währungsunionen – den Handel erheblich erleichterte.[6] Auch im Sektor der Infrastrukturen begann eine Epoche der internationalen Standardisierung, die in manchem der europäischen Integration nach 1945 ähnelte. Das gilt beispielsweise für die Post; 1874 wurde der Weltpostverein gegründet. Mit dem Vertrag, mit dem sich 22 zumeist europäische Staaten zusammenschlossen, wurde ein einheitliches Postgebiet geschaffen, das heißt, der freie Transit, einheitliche Gebühren, formelle Gewichtseinheiten und eine einheitliche Verrechnungswährung sorgten dafür, dass Postsendungen ungeachtet der nationalen politischen und wirtschaftlichen Grenzen frei zirkulieren konnten. Ein anderer Bereich intensiver Institutionalisierung war der Eisenbahnverkehr. Der rasante Ausbau des europäischen Eisenbahnnetzes in der zweiten Hälfte des 19. Jahrhunderts machte sehr bald verschiedene Regelungen im grenzüberschreitenden Verkehr notwendig. Das begann mit der Koordinierung von Fahrplänen zwischen den überwiegend privaten Eisenbahngesellschaften und

---

5   Martin Geyer, Johannes Paulmann (Eds.), The Mechanics of Internationalism. Culture, Society, and Politics from the 1840s to the First World War, Oxford 2001. Jürgen Osterhammel, Niels Petersson, Geschichte der Globalisierung. Dimensionen, Prozesse, Epochen, München 2003, Kap. 2, Madeleine Herren.

6   Guido Thiemeyer, Internationalismus und Diplomatie. Währungspolitische Kooperation im Europäischen Staatensystem 1865–1900, München 2008. Niels Kærgård, Ingrid Henriksen, Historical Experience with Monetary Unions: The Case of Scandinavia, 1875–1914, in: Mark Baimbridge, Philip Whyman, Economic and Monetary Union in Europe. Theory Evidence and Practice, Cheltenham u.a. 2003, S. 47–57.

hörte mit der technischen Vereinheitlichung (z.B. der Spurweite) keineswegs auf. 1893 wurde in Bern das „Zentralamt für internationalen Eisenbahnverkehr" gegründet mit dem Ziel, gemeinsame Standards im grenzüberschreitenden Eisenbahnverkehr zu etablieren. Ähnliche Formen internationaler Standardisierung ließen sich auch in anderen Bereichen finden: Intergouvernementale Organisationen entstanden im Sektor der Telekommunikation (1865) oder auch der Landwirtschaft (ab 1889).[7] Nicht nur im ökonomisch-technischen Sektor, auch in gesellschaftlich-kultureller Hinsicht waren die Jahrzehnte vor dem Ersten Weltkrieg das Zeitalter des „Internationalismus". Die ersten – von Europäern initiierten, durchgeführten und dominierten – Weltausstellungen fanden hier statt; eine Vielzahl internationaler Kongresse beschäftigte sich mit politischen, wirtschaftlichen und kulturellen Themen, und internationale Verträge regelten Fragen wie die Gültigkeit von Autorenrechten bei Übersetzung ihrer Werke in fremde Sprachen oder die Anzahl der Schwingungen des Kammertons A.[8]

Um diese erste Boomphase der Integration vor dem Ersten Weltkrieg zu verstehen, muss man sich den gesamtgesellschaftlichen Hintergrund der Zeit vor Augen führen. Er wurde geprägt durch die Industrielle Revolution, die, aus England kommend, in der ersten Hälfte des 19. Jahrhunderts Westeuropa erfasste und fundamental veränderte. Das betraf vor allem den Kommunikations- und Transportsektor, der durch technische Innovation (Telegraph, Funk, Eisenbahn) verändert wurde. Ebenso wichtig war die mit dem Cobden-Chevalier Vertrag von 1860 begonnene Liberalisierung des europäischen Handels, die zu einem gemeinsamen Markt für Güter und Kapital, bald auch für Personen und Dienstleistungen führte. Gewiss wurde der Freihandel im Zusammenhang mit der Agrarkrise der 1870er-Jahre durch Zölle ein-

---

7   Christian Henrich-Franke, Cornelius Neutsch, Guido Thiemeyer (Hrsg.), Internationalismus und Europäische Integration im Vergleich. Fallstudien zu Währungen, Landwirtschaft, Verkehrs- und Nachrichtenwesen, Baden-Baden 2007.
8   Madeleine Herren, Hintertüren zur Macht. Internationalismus und modernisierungsorientierte Außenpolitik in Belgien, der Schweiz und den USA 1865–1914, München 2000. Miloš Vec, Recht und Normierung in der Industriellen Revolution. Neue Strukturen der Normsetzung in Völkerrecht, staatlicher Gesetzgebung und gesellschaftlicher Selbstnormierung, Frankfurt 2006.

geschränkt, dennoch kann die Zeit zwischen 1860 und 1914 in Europa als die Hochzeit des Freihandels bezeichnet werden. Die europäische Verflechtung über Märkte nahm bis in die Mitte der 1870er-Jahre rasant zu, stagnierte ab dann auf einem hohen Niveau bis 1914, was sich beispielsweise an den hohen Außenhandelsquoten des Deutschen Reiches oder auch Großbritanniens zeigte.[9]

Die wirtschaftliche Integration wurde begleitet von gesellschaftlichen Integrationsprozessen, wobei die Zusammenhänge zwischen dem rein wirtschaftlichen und dem gesamtgesellschaftlichen Sektor bislang ungeklärt sind. Fest steht jedenfalls, dass die Entstehung moderner Massengesellschaften die gesamtgesellschaftlichen Rahmenbedingungen veränderte und zugleich neue Möglichkeiten grenzüberschreitender Kooperation und Integration schuf. Dies ist ein Thema, zu dem in den vergangenen Jahren intensiv geforscht wurde, so dass die Fülle der Forschungsarbeiten kaum noch zu überschauen ist. Die Möglichkeiten und Grenzen der nicht-wirtschaftlichen gesellschaftlichen Integration im späten 19. Jahrhundert können am Beispiel der transnationalen Kooperation von politischen Parteien vor dem Ersten Weltkrieg veranschaulicht werden. In allen westeuropäischen Ländern entstanden seit der Mitte des 19. Jahrhunderts politische Parteien, unter denen sich bald auch Parteifamilien mit ähnlicher politisch-ideologischer Ausrichtung ausmachen ließen. Die wichtigsten waren die christlich-katholischen, die sozialistisch-sozialdemokratischen und die liberalen Parteien. Gerade angesichts der ideologischen Verwandtschaft hätte eine enge transnationale Kooperation zwischen den Parteien aus heutiger Perspektive nahe gelegen, doch kam es hierzu allenfalls in Ansätzen. Die wichtigste unter diesen war zweifellos die Zweite Internationale der Arbeiterparteien, die 1889 in Paris gegründet wurde und

---

9   Gerold Ambrosius, Regulativer Wettbewerb und koordinative Standardisierung zwischen Staaten. Theoretische Annahmen und historische Beispiele, Stuttgart 2005. Paul Bairoch, Richard Kozul-Wright, Globalization Myths: Some Historical Reflections on Integration, Industrialization and Growth in the World Economy, Geneva 1996. Kritisch hierzu: Olivier Accominotti, Marc Flandreau, Bilateral Treaties and the Most-Favoured-Nation Clause. The Myth of Trade Liberalization in the Nineteenth Century, in: World Politics Bd. 60 (2008), S. 147–188.

in der Folgezeit zu verschiedenen Kongressen zusammentrat. Ab 1900 begann eine Institutionalisierung durch die Gründung des Internationalen Sozialistischen Büros in Brüssel mit Vollversammlung, Exekutivkomitee und Sekretariat. Das Hauptziel der Zweiten Internationalen, die Durchsetzung und Festigung von Demokratie und Frieden zwischen den Nationalstaaten, scheiterte jedoch im August 1914, als fast alle sozialistischen Parteien Europas (Ausnahmen: Die Sektionen Serbiens und Russlands) für die jeweils nationalen Kriegskredite stimmten. Deutlich schwächer in organisatorischer Hinsicht war die Kooperation der christdemokratischen Parteien Europas. Auch wenn bisweilen von der „Schwarzen Internationalen" gesprochen wurde, gab es nur eine schwache institutionelle Kooperation unter den europäischen Katholiken. Das 1899 gegründete „Internationale Sekretariat christlicher Gewerkschaften" in Köln konnte kaum politischen Einfluss gewinnen. Auch unter den Liberalen gab es keine institutionalisierte Form transnationaler Kooperation, die über die Initiativen einzelner Personen hinausging. Insgesamt blieben die Parteien des 19. Jahrhunderts trotz ideologischer Gemeinsamkeiten auf den Nationalstaat als Bezugsrahmen fixiert und engagierten sich wenig für die transnationale Verflechtung und Kooperation. Das lag auch daran, dass gerade Sozialdemokraten und katholische Parteien sich als „national zuverlässig" beweisen mussten, um Anerkennung zu erfahren. Unter den Liberalen spielte die Nation ohnehin eine viel stärkere Rolle, so dass sie die europäische Dimension nur am Rande interessierte.[10] Insgesamt kann nach gegenwärtigem Kenntnisstand gesagt werden, dass es zwar eine starke gesellschaftliche europäische Integration in der zweiten Hälfte des 19. Jahrhunderts gab, diese jedoch auf den wirtschaftlichen und wirtschaftspolitischen Sektor begrenzt blieb. Transnationale Kooperation von zivilgesellschaftlichen Akteuren gab es, etwa im Bereich der

---

10 Jürgen Mittag, Helga Grebing, Im Spannungsfeld von nationalstaatlicher Politik und internationaler Weltanschauung. Annäherungen an die europäische Parteienkooperation vor dem Ersten Weltkrieg, in: Jürgen Mittag (Hrsg.), Politische Parteien und europäische Integration. Entwicklung und Perspektiven transnationaler Parteienkooperation in Europa, Essen 2006, S. 165–196. Wolfram Kaiser, Christian Democracy and the Origins of European Union, Cambridge 2007. James Joll, The Second International, 1889–1914, 2. Aufl., London 1974.

Wissenschaft, unter Intellektuellen und in der Publizistik, sie blieb aber die Ausnahme.

Auch die kulturgeschichtliche Dimension Europas im 19. Jahrhundert ist erst ansatzweise erforscht worden. Von den Bildern, die zu dieser Zeit mit Europa assoziiert wurden, scheinen allerdings zwei herauszuragen: Das eine ist die Vorstellung von Europa als Instrument zur Überwindung von Kriegen, die andere ist die Metapher von der europäischen Familie. Beide vereint fanden sich auch in Artikel 1 des Vertrages über die „Heilige Allianz" zwischen Russland, Österreich-Ungarn und Preußen vom 26. September 1815. Die drei Monarchen verpflichteten sich gemäß christlichem Vorbild zur „wahren und unauflöslichen Brüderlichkeit" und gelobten sich gegenüber ihren Armeen und Untertanen „als Familienväter" zu betrachten.[11] Schon Napoleon hatte von der „Familie der europäischen Völker" gesprochen. Das entsprach zum Teil der Realität – immerhin waren die meisten der europäischen Monarchen miteinander verwandt. Doch betraf das Bild von der Familie nicht nur die konservative monarchische Seite, sondern auch die Republikanische: Der italienische Revolutionär Giuseppe Mazzini strebte mit seinem Geheimbund „Junges Europa" 1849 eine europäische Völkerfamilie an, die sich nicht auf das monarchische, sondern auf das nationale Prinzip stützen sollte. Nicht die Monarchen waren in dieser Vorstellung die Mitglieder der europäischen Familie, sondern die Nationen. Auch der Friedensgedanke spielte eine wichtige Rolle, nicht zuletzt durch Immanuel Kant, dessen Schrift „Zum ewigen Frieden" von 1795 dafür plädierte, dass alle europäischen Staaten die republikanische Staatsform annehmen sollten, da dies die beste Garantie für den Frieden sei. Hier spielte die Vorstellung von Europa als einer Gemeinschaft von Staaten mit gleichen Verfassungsprinzipien die dominierende Rolle. Auch die berühmte Rede des französischen Schriftstellers Viktor Hugo auf dem Pazifistenkongress 1849 in Paris argumentierte für „die höhere Einheit" des europäischen Kontinents um des Friedens willen. Weitere Beispiele für den Gebrauch dieser Metaphern ließen sich mühelos finden. Aller-

---

11 Vertrag über die Heilige Allianz vom 26.9.1815, in: Karl Strupp, Urkunden zur Geschichte des Völkerrechts, Bd. 1, Gotha 1911, S. 161.

dings war auch den Zeitgenossen bewusst, dass eine tiefe Kluft zwischen Realität und Utopie bestand: Insbesondere in der zweiten Hälfte des 19. Jahrhunderts setzte sich dann vor allem in Karikaturen und Satiren die Metapher vom innerlich zerrissenen Europa durch. Diese wurde – je nach Standpunkt – als Fehlentwicklung getadelt oder als ironischer Kommentar zu Plänen der politischen Neuordnung Europas, etwa durch Napoleon III., angesehen. Eine andere vielfach genutzte Variante des Europa-Bildes war die Einteilung des Kontinents in Nationen, denen je ein Stück gehöre. Sie wurden seit dem 19. Jahrhundert entweder wissenschaftlich-kartographisch oder mit der satirischen Überzeichnung von Stereotypen dargestellt. Hierhinter stand die Vorstellung, dass Europa durch seine Nationen gebildet werde. Wichtig als Element der europäischen Selbstdefinition war schließlich das Bild vom überlegenen Europa. Der kleinste Kontinent schien das Zentrum der Welt zu sein und war es in mancher Hinsicht auch. Das führte zu einem Überlegenheitsgefühl gegenüber anderen Kulturen, das nicht selten in Rassismus umschlug. Allerdings taucht auch schon die Metapher des bedrohten Europas auf; vor allem der wirtschaftliche Aufstieg der USA seit den 1870er-Jahren wurde von einigen Europäern als bedrohlich dargestellt ebenso wie die „gelbe Gefahr", die vermeintliche Bedrohung durch asiatische Kulturen.

Fasst man die Entwicklung im 19. Jahrhundert unter dem Aspekt der Integration zusammen, so ergeben sich drei wichtige Gesichtspunkte: Zum einen existierte eine politische Vorstellung von Europa, die sich seit 1815 im so genannten „Europäischen Konzert", im auf dem Wiener Kongress kodifizierten Völkerrecht und in verschiedenen intergouvernementalen Organisationen manifestierte. Dieses politische Bild von Europa wies aber im Vergleich zum 20. Jahrhundert einige Besonderheiten auf. Zum europäischen Konzert gehörten nur die Großmächte, nicht die kleineren Staaten. Gleichwohl war das Konzert dynamisch: Es konnten neue Staaten hinzukommen (Osmanisches Reich, Sardinien-Piemont/Italien 1856), andere verloren an Bedeutung (Österreich-Ungarn). Zusammengehalten wurden die Großmächte durch das gemeinsame Interesse daran, dass es keine Hegemonie eines Einzelstaates in Europa geben sollte. Dies war, neben den familiären

Bünden der Monarchen, das Element, welches zur Solidarität untereinander führte. Eng damit verbunden war das Interesse am Frieden
in Europa. Das bedeutete noch nicht die grundsätzliche Ächtung von
Krieg – es gab sehr wohl legitime Kriege, dann nämlich, wenn sie räumlich und zeitlich begrenzt blieben.

Auch in wirtschaftlicher und gesellschaftlicher Perspektive wurde
das Europa des 19. Jahrhunderts durch Besonderheiten charakterisiert.
Es wurde in wirtschaftlicher Hinsicht in starkem Maße durch die Idee
des internationalen Freihandels geprägt, auch wenn seit Beginn der
1880er-Jahre die Tendenz zum Protektionismus zunahm. Das führte
zu einer starken wirtschaftlichen Verflechtung zwischen den nationalen
Wirtschaftsräumen, die in der Epoche der Weltkriege seit 1914 zerstört
wurden. Erst in der Mitte der 1960er erreichten die Staaten der EWG
wieder einen etwa gleich hohen wirtschaftlichen Verflechtungsgrad. Es
ist typisch für die wirtschaftliche Integration im Zeitalter des Internationalismus, dass die Initiativen für europäische Integration in der Regel
von privatwirtschaftlicher und gesellschaftlicher Seite und selten vom
Staat kamen. Ein zweites wichtiges Charakteristikum wirtschaftlicher
Integration war die Standardisierung von Maßen, Gewichten und anderen technischen Einheiten, vor allem in der zweiten Hälfte des Jahrhunderts. In gesellschaftlicher Hinsicht war Europa im 19. Jahrhundert
eine Erfahrung der Eliten. Wissenschaftler, Journalisten, Literaten und
wirtschaftliche Eliten kommunizierten international. Für die breitere
Bevölkerung wurde Europa erst zum Ende des 19. Jahrhunderts langsam relevant, etwa im Kontext der Arbeitsmigration.

In kultureller Hinsicht schließlich wurde Europa durch drei Elemente geprägt: durch die Vorstellung von der europäischen Familie,
durch die vermeintliche Überlegenheit gegenüber anderen Kulturen
und Kontinenten, zugleich aber auch von der Bedrohung durch diese.
Insbesondere die USA auf dem wirtschaftlichen Sektor und Asien (vor
allem China) erschienen als Gefahren, derer man sich gemeinsam er-
wehren müsse.

2. Desintegration und Integration in der Epoche der Weltkriege 1914–1945

In der Epoche der Weltkriege zwischen 1914 und 1945 veränderten sich die Bedingungen für die europäische Integration in politischer, gesellschaftlicher und kultureller Hinsicht. Der Erste Weltkrieg unterbrach zunächst alle Vorstellungen von der europäischen Einheit und Kooperation. In der Zwischenkriegszeit, vor allem in den 1920er-Jahren, zeigte sich zwar, dass die europäische Verflechtung in ihrer politischen, gesellschaftlichen und kulturellen Dimension weiterhin existierte. Doch standen die intensiven gesellschaftlich-kulturellen, europäischen Beziehungen in deutlichem Gegensatz zu dem auf der politisch-diplomatischen Ebene zunehmend dominierenden Prinzip des „Sacro Egoismo". Spätestens seit der Weltwirtschaftskrise von 1929 wurde dieses auch auf die Wirtschaft übertragen. Insgesamt wirkte die Epoche der Weltkriege aus heutiger Perspektive allerdings wie ein Katalysator des Einigungsprozesses.

Der Erste Weltkrieg bedeutete einen tiefen Einschnitt für alle internationalen Organisationen. Sie wurden in der Regel nicht formal aufgelöst, sondern schlicht inaktiv. Alle Versuche der Vermittlung eines Friedens zwischen den europäischen Regierungen, etwa von US-amerikanischer Seite, scheiterten vollkommen. Erst nach dem Krieg wurde mit den Pariser Friedenskonferenzen erneut der Versuch unternommen, eine europäische Staatenordnung zu institutionalisieren, deren Kern der Völkerbund war. Auch wenn er globale Kompetenz beanspruchte, sein Zentrum lag unbestreitbar in Europa. Der Völkerbund mit Sitz in Genf war in starkem Maße eine europäische Organisation, zumal die USA, deren Präsident Woodrow Wilson das Projekt besonders gefördert hatte, nicht beitraten. Der Völkerbund war zudem in vielerlei Hinsicht die Fortsetzung und Weiterentwicklung des auf dem Wiener Kongress über hundert Jahre zuvor etablierten „Europäischen Konzerts" der Mächte, mithin auch aus dieser Sicht ein „eminent europäisches Gebilde" (Peter Krüger). Im Völkerbundrat, einem Lenkungsausschuss, in dem vornehmlich die europäischen Großmächte vertreten waren, sollten internationale Konflikte gemeinsam gelöst werden. Er tagte vierteljährlich und war eingebunden in die Vollversammlung des Völkerbundes, die einmal pro Jahr zusammentrat. Das war der wesentliche Unterschied zum Wiener System: Es gab nun eine permanente organisatorische Struktur, eine internationale Organisation. Auch wenn die Forschung mit Blick auf das Versagen des Völkerbundes angesichts der faschistischen und nationalsozialistischen Herausforderungen in den 1930er-Jahren die Genfer Organisation überwiegend negativ beurteilt hat, darf nicht übersehen werden, dass der Völkerbund nicht zuletzt in Bezug auf die europäische politische Integration große Bedeutung und auch Erfolge hatte. Letzteres galt in herausragender Weise für das Vertragswerk von Locarno vom 1.12.1925, der „wichtigsten und bedeutsamsten Entwicklung der europäischen Ordnung von 1919" (Theodor Schieder). Der Vertrag von Locarno wird in der Regel als Grundlage für den Ausgleich zwischen Frankreich und dem Deutschen Reich betrachtet, hatte darüber hinaus aber auch eine wesentliche europäische Dimension. Nicht nur, dass Italien und Großbritannien als Garantiemächte eintraten und damit ein multilaterales Abkommen entstand, sondern auch die Idee, die Beratungen von Locarno zu institutionalisieren und damit – im Rahmen des Völkerbundes – eine permanente Organisation zu schaffen, wiesen auf Kerngedanken der europäischen politischen Integration hin. Seit 1925 wurde im deutschen Auswärtigen Amt unter maßgeblicher Beteiligung von Außenminister *Gustav Stresemann* und dem Staatssekretär *Carl von Schubert* intensiv über eine europäische Zollunion mit dem Deutschen Reich und Frankreich als Kernländern diskutiert. Ganz ähnliche Gedanken entstanden im französischen Außenministerium, hier war *Aristide Briand* die treibende Kraft. Sein Vorschlag über die „Organisation einer europäischen Bundesordnung" im Rahmen des Völkerbundes vom 1.5.1930 kam jedoch zu spät. Stresemann war am 3. Oktober 1929 gestorben, und in Berlin hatte sich mit den Präsidialkabinetten eine andere Vorstellung von Außenpolitik durchgesetzt, in der der Gedanke einer Zollunion oder einer europäischen Föderation keine Rolle mehr spielte.[12] Denn auch wenn hier die integrativen Elemente

---

12 Jacques Bariéty, Aristide Briand, la Société des Nations et l'Europe, 1919–1932, Straßburg 2007. Gaynor Johnson (Hrsg.), Locarno revisited. European Diplomacy 1920–1929, London, New York 2004. Peter Krüger, Die Ansätze einer

des Völkerbundes betont werden, darf doch nicht übersehen werden, dass das europäische Staatensystem in der Zwischenkriegszeit insgesamt als anarchisch charakterisiert werden muss. Der Nationalstaat und seine Interessen standen für die Großmächte im Vordergrund; kooperative Lösungen nationaler Probleme wurden ab 1929 kaum noch relevant.

Die wirtschaftliche Integration der Märkte für Kapital und Güter, die vor 1914 eine Hochzeit erlebt hatte, brach mit Beginn des Krieges im August 1914 zusammen und konnte auch nach 1918 nicht mehr rekonstruiert werden. In den 1930er-Jahren erreichte die wirtschaftliche Verflechtung der europäischen Staaten einen Tiefpunkt. Der Handel wurde blockiert durch Devisenkontrollen, Zölle in bislang unbekannter Höhe, Ein- und Ausfuhrkontingente und anderes mehr. Damit scheiterten auch die britischen Versuche, den Goldstandard als internationales Währungssystem wieder zu errichten, weil dieser die Freiheit des Handels zwischen den Teilnehmerländern voraussetzte. Die Gründe für diese Entwicklung waren unterschiedlicher Natur: Zum einen konnten die nationalen Regierungen ihre Wirtschaft in der Phase der Rekonstruktion nach dem Krieg nicht der internationalen Konkurrenz aussetzen ohne gravierende innenpolitische Konflikte auszulösen. Zum Zweiten hatte der Krieg die wirtschaftspolitische Rolle des Staates verändert. Nationale Regierungen intervenierten nun sehr viel stärker in die Märkte, der Staat wurde ein Akteur im Wirtschaftsprozess. Statt einer allgemeinen Liberalisierung des Handels strebte man nun nach bilateralen Handelsverträgen. Die Weltwirtschaftskrise ab 1929 verstärkte die Tendenz zum Protektionismus noch einmal. In den 1930er-Jahren strebten das nationalsozialistische Deutschland und das faschistische Italien sogar die Autarkie, das heißt den völligen Verzicht auf Außenhandel, an. Es gab allerdings auch Sektoren, in denen die europäische wirtschaftliche Kooperation gut funktionierte. Es entstanden in der Zwischenkriegszeit verschiedene internationale Stahl-Kartelle, deren wichtigstes und

europäischen Wirtschaftsgemeinschaft in Deutschland nach dem Ersten Weltkrieg, in: Helmut Berding (Hrsg.), Wirtschaftliche und politische Integration in Europa im 19. und 20. Jahrhundert, Göttingen 1984, S. 147–168. Patricia Clavin, Europe and the League of Nations, in: Robert Gerwarth (Hrsg.), Twisted Paths. Europe 1914–1945, Oxford, New York 2007, S. 325–354.

bekanntestes die „Entente Internationale de l'Acier" war.[13] Hierbei ging
es um internationale Preisabsprachen für Stahl, auch das war eine Form
tarifärer Standardisierung in Europa.

Die transnationalen Kontakte zwischen den europäischen Zivilge-
sellschaften intensivierten sich in der Epoche der Weltkriege insbesondere in den 1920er-Jahren, stießen jedoch auch an Grenzen. Der Erste
Weltkrieg hatte die meisten zivilgesellschaftlichen Kontakte über die
Grenzen hinweg zerstört. Es blieben einzelne Intellektuelle, die sich
trotzig gegen die allgemeine Tendenz stemmten, Romain Rolland oder
Stefan Zweig beispielsweise. Erst nach 1918 intensivierten sich die
Kontakte wieder, nun aber auf vielen Ebenen. Bemerkenswert war, dass
die gesellschaftlichen Kontakte zwischen Deutschland und Frankreich
besonders intensiv waren; sie sind deswegen auch vergleichsweise gut
erforscht worden. Wichtig waren hier das „Deutsch-französische Studi-
enkomitee", das von 1926 bis 1939 existierte und vom luxemburgischen
Schwerindustriellen Emile Mayrisch und dem französischen Publizis-
ten Pierre Viénot als private Organisation ins Leben gerufen wurde. Es
führte Eliten beider Länder zusammen: Industrielle, Hochschullehrer,
hohe Beamte und Intellektuelle. Politische Funktionsträger waren ausdrücklich nicht zugelassen. Ein anderes Forum war die von Otto Grau-
toff gegründete „Deutsch-französische Gesellschaft" (DFG), in deren
Rahmen die Kulturbeziehungen zwischen beiden Ländern intensiviert
werden sollten. Besondere Bedeutung für die europäische Dimension
hatte der 1922 in Wien gegründete „Europäische Kulturbund". In seinem Rahmen wurde mit der „Europäischen Revue" auch eine Zeitschrift
herausgegeben mit dem Ziel, eine europäische Öffentlichkeit über nationale Grenzen hinweg zu schaffen.[14] Auch die Kontakte zwischen den

---

13 Clemens A. Wurm, Les Cartels internationaux de l'Acier de l'Entre-deux-
    guerres: Précourseurs du Plan Schuman? In: Andreas Wilkens (Hrsg.), Le Plan
    Schuman dans l'Histoire. Intérêts nationaux et projet européen, Bruxelles 2004,
    S. 53–80.
14 Hans Manfred Bock, Versöhnung oder Subversion? Deutsch-französische Ge-
    sellschafts- und Kulturbeziehungen 1919–1939, Opladen 2002. Ders., Die
    deutsch-französische Gesellschaft 1926–1934. Ein Beitrag zur Sozialgeschichte
    der deutsch-französischen Beziehungen in der Zwischenkriegszeit, in: Francia
    Bd. 17/3, (1990), S. 57–101. Guido Müller, Europäische Gesellschaftsbeziehun-
    gen nach dem Ersten Weltkrieg. Das deutsch-französische Studienkomitee und

nationalen Parteien in Europa wurden wieder geknüpft, nachdem sie im Weltkrieg weitgehend abgebrochen worden waren. Auf britische Initiative wurde die Zweite Internationale bald nach dem Ende des Krieges wieder ins Leben gerufen. In ihrem Rahmen wurden transnationale Diskussionen über die inhaltliche Ausrichtung der Sozialdemokratie geführt – die britische Labour-Party unterstützte die deutsche SPD sogar bei ihrem Kampf gegen die Bestimmungen des Versailler Vertrages. Auch unter den katholischen und liberalen Parteien Europas gab es eine sich intensivierende Kooperation.[15] Besondere Bedeutung hatte in diesem Kontext das „Europäische Manifest" des Grafen Richard Coudenhove-Kalergi vom 1. Mai 1924.[16] Drei der wesentlichen Motive und Antriebskräfte der europäischen Integration fanden sich hierin erstmals im Zusammenhang: Die Idee eines europäischen Staatenbundes zur Überwindung der „Erbfeindschaften", die Vorstellung eines einigen Europas als „Dritte Kraft" zwischen den USA und der aufsteigenden Sowjetunion und die von Coudenhove-Kalergi als Notwendigkeit empfundene Abwehr des Kommunismus als Bedrohung der bürgerlichen Kultur Europas. Dies sind nur Beispiele für eine im Vergleich zur Vorkriegszeit besonders intensive Phase transnationaler gesellschaftlicher Beziehungen in Europa; die Forschung in diesem Bereich steht erst am Anfang.

Kulturgeschichtlich dominierten in der Epoche der Weltkriege zwei Muster die Vorstellung dessen, was Europa sei: Zum einen, vor allem

---

der Europäische Kulturbund, München 2005. Ina Belitz, Befreundung mit dem Fremden. Die deutsch-französische Gesellschaft in den deutsch-französischen Kultur- und Gesellschaftsbeziehungen der Locarno-Ära, Frankfurt/M 1997.

15   Stefan Berger, Internationalismus als Lippenbekenntnis? Die transnationale Kooperation sozialdemokratischer Parteien in der Zwischenkriegszeit, in: Jürgen Mittag (Hrsg.), Politische Parteien und europäische Integration, S. 197–213. Martin Conway, Catholic Politics in Europe 1918–1945, London 1997. Wolfram Kaiser, Christian Domocracy and the Origins of the European Union, Cambridge 2007, S. 42–118. Alwin Hanschmidt, Anläufe zu internationaler Kooperation radikaler und liberaler Parteien Europas 1919–1923, in: Francia, Bd.16/3 (1989), S. 35–48.

16   Richard N. Coudenhove-Kalergi, Paneuropa 1922–1966, Wien, München 1966, S. 104–118. Anita Ziegerhofer-Prattenthaler, Botschafter Europas. Richard Nikolaus Coudenhove-Kalergi und die Paneuropa-Bewegung in den zwanziger und dreißiger Jahren, Wien u.a. 2004.

in Osteuropa, die Vorstellung vom demokratisch verankerten Selbstbe-
stimmungsrecht der Völker. Dies war eine Formel, die der amerikanische
Präsident Woodrow Wilson 1918 geprägt hatte, und die zumal in den
neu entstandenen Nationalstaaten Osteuropas großen Anklang fand.
Hier versprach man sich davon die gleichberechtigte Aufnahme in die
europäische Staatenwelt – Europa war damit also eine Gemeinschaft
von souveränen Nationalstaaten auf der Basis des demokratischen Prinzips. (Die Problematik des Begriffes, insbesondere für die ethnisch nicht
homogenen Gebiete Osteuropas und des Balkans, sollte erst später deutlich werden.) Etwas andere Denkmuster dominierten in Westeuropa,
insbesondere in Coudenhove-Kalergis Paneuropa-Bewegung. Hier
standen die Bedrohung durch den Bolschewismus in der Sowjetunion
einerseits, durch den amerikanischen Kapitalismus andererseits, als negative Wahrnehmungsmuster im Mittelpunkt, von denen sich „Europa"
abgrenzen müsse. „Europa", so die Überlegung, sei weder das eine noch
das andere, es repräsentiere vielmehr einen Mittelweg zwischen beiden
Gesellschaftsentwürfen. Schließlich spielte nach der Erfahrung des
Weltkrieges die Friedensidee eine wichtige Rolle. Europa galt Coudenhove-Kalergi als Überwindung des Nationalitätenprinzips und damit als
Garant für Frieden zwischen den Völkern.

Politische Europa-Initiativen gab es seit Beginn der 1930er-Jahre
keine mehr. Auch wenn das nationalsozialistische Deutschland seit
1940 große Teile West-, später auch Osteuropas direkt beherrschte, gab
es keine nationalsozialistische Europa-Politik, die über rassistisch motivierte, direkte gewaltsame Beherrschung des jeweiligen Territoriums
hinausging. Bemerkenswert ist allerdings, dass in nahezu allen Widerstandsbewegungen gegen die NS-Herrschaft Vorstellungen von europäischer Einheit eine wichtige, manchmal zentrale Rolle einnahmen. Das
galt für Westeuropa ebenso wie für den Osten des Kontinents und auch
für große Teile des deutschen Widerstands.[17]

---

17 Antoine Fleury, Robert Frank (Hrsg.), Le rôle des guerres dans la mémoire des
    Européens, Bern 1997. Hans Werner Neulen, Europa und das 3. Reich. Eini-
    gungsbestrebungen im Deutschen Machtbereich 1939–1945, München 1987.
    Walter Lipgens (Hrsg.), Documents on the History of European Integration,
    Vol. 1: Continental Plans for European Union, 1939–1945, Berlin, New York

Fasst man die Entwicklung in der „Epoche der Weltkriege" unter dem Aspekt der Integration zusammen, so ergibt sich ein ambivalentes Bild. In politischer Hinsicht gab es insbesondere nach dem Ende des Ersten Weltkriegs zahlreiche Europa-Initiativen. Hierzu gehörte der Völkerbund, aber auch das Vertragswerk von Locarno. Zudem entstanden in den Regierungen Frankreichs und des Deutschen Reichs umfassende Europa-Pläne, die durchaus Chancen zur Realisierung gehabt hätten, wenn es nicht ab 1930 in Berlin zu einem fundamentalen politischen Kurswechsel gekommen wäre, nach dem man an einer europäischen Einigung im Sinne Briands und Stresemanns kein Interesse mehr hatte. Ab 1930 gab es daher auf Regierungsebene keine politischen Einigungsentwürfe mehr. Erst in den verschiedenen Exil- und Widerstandsregierungen entstanden zwischen 1939 und 1945 wieder Europa-Konzepte, die für die Zeit nach 1945 auch bedeutsam werden sollten. Die gleiche Ambivalenz findet sich in ökonomischer Hinsicht. Einerseits konnte die vor 1914 erreichte Verflechtung der europäischen Märkte nach dem Krieg nicht wieder hergestellt werden – mit der Weltwirtschaftskrise ab 1929 ging sie erneut stark zurück. Andererseits gab es im Rahmen internationaler Stahl-Kartelle durchaus kooperative Ansätze einer transnationalen Wirtschaftspolitik. Dabei wiesen die kulturellen Denkmuster Europas durchaus auf eine Einigung hin: Die vermeintliche Bedrohung durch den Bolschewismus einerseits, den Kapitalismus US-amerikanischer Prägung andererseits, forderte geradezu zur europäischen Einigung heraus. Doch war das angesichts der politischen Entwicklung eine schwache Antriebskraft.

3. Die experimentelle Phase der Europäischen Integration 1945–1970

Die Epoche der Europäischen Integration zwischen 1945 und 1970 kann als experimentelle Phase bezeichnet werden. Vor allem in politischer

1985. Michel Dumoulin (Hrsg.), Plans de temps de guerre pour l´Europe d´après guerre, 1940–1947, Bruxelles, Paris, Mailand, Baden-Baden 1995.

Hinsicht gewann die Idee einer europäischen Einheit nun erheblich an Bedeutung: Es entstand eine Vielzahl europäischer Organisationen in sehr verschiedenen Bereichen; im Vergleich zur Zwischenkriegszeit kann geradezu von einem Boom der Integration gesprochen werden. Die Bemühungen um die europäische Einheit knüpften in mancher Hinsicht an die Entwicklung im 19. Jahrhundert und der Zwischenkriegszeit an; es entstanden aber auch völlig neue Elemente. Insgesamt entwickelte sich eine starke Konkurrenz zwischen supranationalen und intergouvernementalen Integrationsformen. Dennoch setzte sich erst ab 1969 die supranationale Europäische Gemeinschaft als wichtigstes Integrationsforum durch. Auch in gesellschaftlicher Hinsicht wird die Zeit zwischen 1945 und 1970 zunehmend als Einheit betrachtet. Das hängt teilweise mit der wirtschaftlichen Entwicklung zusammen: Alle westeuropäischen Staaten erlebten einen Wirtschaftsboom, der Westeuropa einen bislang unbekannten hohen Lebensstandard bescherte. Die westeuropäischen Gesellschaften glichen sich hinsichtlich der Konsum- und Lebensgewohnheiten zunehmend an. Der Beginn der 1970er-Jahre markiert eine Wende, zum einen, weil der Wirtschaftsboom endete und in eine Phase deutlich langsameren Wachstums überging, zum anderen weil sich mit der Europäischen Gemeinschaft (EG) unter verschiedenen Möglichkeiten eine Integrationsform in Europa durchsetzte, die in der Folgezeit bis heute eine herausragende Rolle spielt. Andererseits wurde Europa ab 1945 schrittweise gespalten. Die osteuropäischen Staaten nahmen unter dem Einfluss der sowjetischen Hegemonie eine völlig andere Entwicklung und wurden von der nunmehr westeuropäischen Einigung weitgehend abgeschnitten. In Osteuropa entwickelten sich eigenständige Integrationsmuster.

In politischer Hinsicht entstand zwischen 1945 und 1970 eine Vielzahl von westeuropäischen Organisationen, von denen hier nur die wichtigsten aufgezählt werden können. Sie alle existierten parallel, oft auch in Konkurrenz zueinander. Manche hatten einen umfassenden politischen Anspruch, andere beschränkten sich in ihrer Tätigkeit auf eng begrenzte technische Sektoren. Wichtig zum Verständnis dieser Phase der europäischen Integration ist, dass bis 1970 offen war, welche politische Form der Integration sich durchsetzen würde. Der Prozess war für die Zeitgenossen offen – die dominante Rolle, die die EWG/EG, die dann zur EU wurde, einnehmen würde, war keineswegs von Anfang an klar.

Der Integrationsprozess wurde entscheidend beeinflusst von zwei Rahmenbedingungen, unter denen er sich vollzog: Der erste Rahmen war der Kalte Krieg, die Konfrontation zwischen den USA und der Sowjetunion in politischer, wirtschaftlicher und ideologischer Hinsicht. Ein Brennpunkt dieses Konfliktes war in Europa, insbesondere in Deutschland und Berlin. Der Kalte Krieg führte dazu, dass in Ost- und Westeuropa grundsätzlich verschiedene Integrationsprozesse in Gang gesetzt wurden. Die zweite wesentliche Struktur der Zeit zwischen 1945 und 1970 war die überragende Dominanz der USA für Westeuropa in politischer, wirtschaftlicher und kultureller Hinsicht. Harm Schröter sprach daher von der zweiten Phase der Amerikanisierung Europas[18], Geir Lundestad von einem „Empire by Integration".[19] Zweifellos haben die politischen und wirtschaftlichen Vorstellungen der USA den Integrationsprozess Westeuropas stark beeinflusst. Gleichwohl nahm das Selbstbewusstsein der Westeuropäer nicht zuletzt wegen des wirtschaftlichen Erfolges rasch zu, so dass sich in mancher Hinsicht ein Konkurrenzverhältnis zwischen Westeuropa und den USA entwickelte (vgl. das Kapitel über die „Selbstbehauptung Europas in der Welt"). Auch in dieser Hinsicht markiert der Beginn der 1970er-Jahre einen Wendepunkt.

Die Gründung nahezu aller westeuropäischen Organisationen in den Jahren zwischen 1945 und 1955 wurde direkt oder indirekt von der US-amerikanischen Regierung gefördert. Den Anfang in dieser Hinsicht machte die Organisation of European Economic Cooperation (OEEC), die am 16. April 1948 auf direkte amerikanische Initiative in Paris von 16 westeuropäischen Staaten und den USA gegründet wurde. Ihre Aufgabe war nicht nur die Verteilung der amerikanischen Hilfszahlungen im Rahmen des Marshallplans für einzelne westeuropäische Staaten

---

18   Harm G. Schröter, Americanization of the European Economy. A Compact Survey of American Economic Influence in Europe since the 1880s, Dortrecht 2005.

19   Geir Lundestad, «Empire» by Integration. The United States and European Integration, 1945–1997, Oxford 1998. Beate Neuss, Geburtshelfer Europas? Die Rolle der Vereinigten Staaten im Europäischen Integrationsprozess 1945 bis 1958, Baden-Baden 2000.

von insgesamt 12,5 Mrd. US-Dollar bis 1952, sondern auch, als Bedingung für die Hilfe, ein handelspolitisches Liberalisierungsprogramm. Die OEEC bestand bis September 1961 und wurde dann zur OECD erweitert. Der Marshallplan war also nicht nur ein Hilfsprogramm, sondern auch ein Instrument, um das amerikanische Ideal des Freihandels in Westeuropa durchzusetzen, vor allem in Abgrenzung zu dem von der Sowjetunion kontrollierten Osteuropa.[20] In ähnlicher Weise wirkte das am 28. März 1947 gegründete regionale Wirtschaftskomitee der Vereinten Nationen für Europa, das United Nations Economic Council for Europe (UNECE). In diesem Rahmen entstanden vor allem Empfehlungen an die nationalen Regierungen zur Förderung der Integration von Infrastrukturen, Eisenbahn, Straßenbau und Kanalbau. Auch Standards wie gemeinsame Verkehrssignale, Umweltstandards und gemeinsame Regeln für Zollabfertigung im internationalen Handel wurden in diesem Rahmen errichtet.

Dies war die wirtschaftliche Seite; gleichzeitig wurden auch die Weichen für eine engere militärische Kooperation in Westeuropa gestellt. Auf einer Konferenz in Brüssel vereinbarten die Regierungen Großbritanniens, Frankreichs und der Benelux-Staaten am 27. März 1948 einen militärischen Beistandspakt gegen eine potentielle sowjetische Aggression, den so genannten „Brüsseler Pakt". Zugleich betonten sie, dass auch die Vereinigten Staaten ihr militärisches Potential zum Schutze Westeuropas einsetzen müssten. Dies wurde dann ein Jahr später, am 4. April 1949, in Washington mit der Gründung der „North Atlantic Treaty Organisation" (NATO) erreicht.[21]

Stärker von europäischen Vorstellungen geprägt war der am 5. Mai 1949 gegründete Europarat mit Sitz in Straßburg. An seinem Beispiel können die Probleme der frühen politischen Integration gezeigt werden. Unmittelbar nach dem Ende des Krieges gab es insbesondere unter der jüngeren Bevölkerung eine große Begeisterung für die europäische

---

20   Werner Bührer, Westdeutschland in der OEEC. Eingliederung, Krise, Bewährung 1947–1961, München 1997.

21   Raymond Poidevin (Hrsg.), Histoire des débuts de la construction européenne, mars 1948–mai 1950, Bruxelles u.a. 1986. Gustav Schmidt (Hrsg.), A History of NATO. The first Fifty Years, 3 Bde. Basingstoke 2001.

Einigung. Wie diese allerdings politisch verfasst sein sollte, darüber gingen die Meinungen weit auseinander: Die „Föderalisten" plädierten für einen europäischen Bundesstaat nach dem Vorbild der USA, in dem die Einzelstaaten ihre Souveränität mit einer europäischen Bundesregierung in einer genau zu beschreibenden Weise aufteilen würden. Sie versammelten sich hinter dem so genannten „Hertensteiner Programm", welches im September 1946 publiziert wurde. Dem standen die „Unionisten" gegenüber, die zwar für eine enge Kooperation der europäischen Regierungen untereinander plädierten, die Preisgabe nationaler Souveränität jedoch ablehnten.[22] Das waren keineswegs nur verschiedene staatstheoretische Auffassungen, hinter beiden standen politische Interessen: Während die französische Regierung unter Georges Bidault seit Sommer 1948 die föderalistische Konzeption vertrat, vor allem um das deutsche Problem zu lösen (vgl. Kap. III.1.b), plädierte die britische Regierung für die unionistische Konzeption, weil eine Einschränkung der nationalen Souveränität aus Londoner Perspektive mit der beanspruchten Rolle einer Weltmacht nicht vereinbar war. Der nach langen Verhandlungen von zehn westeuropäischen Staaten am 5. Mai 1949 gegründete Europarat wurde von der unionistischen Konzeption geprägt: Zentrale Organe sind der Ministerrat und eine von Vertretern der nationalen Parlamente beschickte parlamentarische Versammlung. Der Ministerrat kann Beschlüsse nur einstimmig fassen, so dass die nationale Souveränität der Mitgliedstaaten nicht tangiert wurde – der Europarat blieb eine intergouvernementale Organisation. Er entwickelte sich gleichwohl zu einer wichtigen europäischen Organisation: Am 4. November 1950 wurde in seinem Rahmen in Rom die Europäische Konvention der Menschenrechte verabschiedet, die alle Mitgliedstaaten zur Einhaltung der Menschenrechte verpflichtete und diese damit zu einem Bestandteil europäischer Identität erklärte. Bis in die Gegenwart spielen der Europarat und der ihm angegliederte Europäische Gerichtshof für Menschenrechte in dieser Hinsicht eine wichtige Rolle.[23]

---

22 Walter Lipgens, Die Anfänge der europäischen Einigungspolitik 1945–1950. Erster Teil: 1945–1947, Stuttgart 1977.
23 Marie-Thérèse Bitsch (Hrsg.), Jalons pour une Histoire du Conseil de l'Europe, Bern 1997. Uwe Holtz (Hrsg.), 50 Jahre Europarat, Baden-Baden 2000.

Gleichwohl hatte der Europarat aus französischer Sicht eine Schwäche: Er löste das deutsche Problem nicht, das sich für Frankreich als
die entscheidende außenpolitische Aufgabe dieser Zeit darstellte. Wie
konnte Frankreich nach drei Kriegen Sicherheit vor dem östlichen
Nachbarn erlangen? Zwar war die Bundesrepublik Deutschland im August 1950 in den Europarat aufgenommen worden, doch war das wegen
der intergouvernementalen Struktur dieser Organisation keine Lösung
des Problems. Außerdem drängte die US-Regierung Frankreich, endlich ein deutschlandpolitisches Konzept vorzulegen, das nicht auf eine
Zerstückelung des Landes hinauslief. Die Lösung bot der von Jean
Monnet erarbeitete, von Außenminister Robert Schuman am 9. Mai
1950 verkündete Plan einer „Europäischen Gemeinschaft für Kohle und
Stahl" (EGKS). Er sah vor, die deutsche und die französische Kohle-
und Stahlindustrie unter die Kontrolle einer „Hohen Behörde" zu stellen und einen gemeinsamen Markt für beide Schlüsselprodukte zu errichten. Mit dem so genannten Schuman-Plan verfolgte Frankreich ein
ganzes Bündel von Zielen. Zum einen sollte die kriegswichtige deutsche
Kohle- und Stahlindustrie dem deutschen nationalen Zugriff entzogen
werden, um Sicherheit vor Deutschland zu erhalten. Zum anderen sollte
die nicht wettbewerbsfähige französische Industrie in diesem Sektor
der leistungsfähigen deutschen Konkurrenz ausgesetzt werden, um die
Modernisierung der französischen Wirtschaft voranzutreiben. Schließlich ging es Schuman darum, eine deutsch-französische Verständigung
nach langen Jahren der Konfrontation einzuleiten als Basis für einen
dauerhaften Frieden in Europa. Die Bundesregierung ging sofort auf das
Konzept ein, weil es ihr Gleichberechtigung mit Frankreich versprach,
denn nicht nur die deutsche, sondern auch die französische Kohle- und
Stahlindustrie wurde der Hohen Behörde unterstellt. Der Vertrag über
die Europäische Gemeinschaft für Kohle und Stahl vom 18. April 1951
hatte zudem eine große Bedeutung, weil zum ersten Mal in der Geschichte der internationalen Beziehungen das Prinzip der Supranationalität angewandt wurde, das heißt, die beteiligten Nationalstaaten erklärten sich bereit, Teile ihrer nationalen Souveränität zu Gunsten einer
supranationalen Gemeinschaft aufzugeben. Der EGKS traten schließlich neben der Bundesrepublik Deutschland und Frankreich auch Italien

und die Benelux-Staaten bei, Großbritannien erklärte, dass es das Prinzip der Supranationalität nicht akzeptiere und blieb zunächst abseits.[24]

Die Montanunion löste eine starke Europa-Begeisterung aus. Bedeutsam erschien neben dem Ausgleich zwischen den früheren „Erbfeinden" Deutschland und Frankreich auch, dass es zum ersten Mal gelungen war, eine europäische Organisation mit konkreten politischen und wirtschaftlichen Kompetenzen in weit reichender Unabhängigkeit von den Nationalstaaten zu errichten. Doch zeigten sich auch bald die Grenzen des Konzeptes: Mit der Montanunion und ihrem Erfolg sollten auch andere Sektoren in die supranationale Integration aufgenommen werden. So verhandelte man ab 1950 unter anderem über eine supranationale Agrar-Union („Pool Vert"), über eine gemeinsame europäische Gesundheitspolitik („Pool Blanc"), über eine Europäische Politische Gemeinschaft (EPG) und über eine Europäische Verteidigungsgemeinschaft (EVG). Doch schien gerade im militärischen Sektor der Bogen überspannt worden zu sein. Am 30. August 1954 beschloss die französische Nationalversammlung die seit drei Jahren laufende Debatte über die EVG nicht mehr auf die Tagesordnung zu setzen und ließ das gesamte Projekt einer gemeinsamen europäischen Armee damit scheitern. Das war auch ein Signal für die anderen projektierten Gemeinschaften: Frankreich würde einer so weitreichenden Einschränkung seiner nationalen Souveränität in einem sensiblen Bereich wie der Verteidigung nicht zustimmen.[25] Zwar wurde dann durch die Aufnahme

---

24 Andreas Wilkens (Hrsg.), Le Plan Schuman dans l´Histoire. Intérêts nationaux et projet européen, Bruxelles 2004. Gilbert Trausch, Der Schuman-Plan zwischen Mythos und Realität. Der Stellenwert des Schuman-Plans, in: Rainer Hudemann, Hartmut Kaelble, Klaus Schwabe (Hrsg.), Europa im Blick der Historiker, HZ Beihefte NF Bd. 21, München 1995, S. 105–128. Guido Thiemeyer, Supranationalität als Novum in der Geschichte der internationalen Politik der fünfziger Jahre, in: Journal of European Integration History Vol 4 (1998), S. 5–21. Uwe Röndigs, Globalisierung und Europäische Integration. Der Strukturwandel des Energiesektors und die Politik der Montanunion 1952–1962, Baden-Baden 2000.

25 Gilbert Trausch (Hrsg.), Die Europäische Integration vom Schuman-Plan bis zu den Verträgen von Rom, Baden-Baden 1993. Hans Erich Volkmann, Walter Schwengler (Hrsg.), Die Europäische Verteidigungsgemeinschaft. Stand und Probleme der Forschung, Boppard 1985. Kim Seung-Ryeol, Der Fehlschlag des ersten Versuchs zu einer politischen Integration Westeuropas von 1951–1954, Frankfurt 2000.

der Bundesrepublik Deutschland und Italiens in den zur Westeuropäischen Union umgestalteten Brüsseler Pakt von 1948 und der Integration beider Länder in die NATO (5. Mai 1955) eine aus militärischer Sicht viel bessere Lösung erreicht, dennoch war das Scheitern der supranationalen Integration nach der durch den Erfolg der EGKS ausgelösten Euphorie ein Schock. Entscheidend war, dass die guten Beziehungen zwischen Frankreich und der Bundesrepublik, den Kernländern der EGKS, nicht abrissen. Auf wirtschaftlicher und kultureller Ebene entstand 1954 und 1955 eine Vielzahl von bilateralen Verträgen. Diese Rückkehr zum exklusiven deutsch-französischen Bilateralismus wollten die Partner in der EGKS, Italien und die Benelux-Staaten, nicht hinnehmen. Die niederländische Regierung versuchte mit der Konferenz von Messina vom 1.–3. Juni 1955 das mit dem Scheitern der EVG abgebrochene Projekt einer europäischen Zollunion im Rahmen der EGKS in einer so genannten „Relance européenne" wieder aufzunehmen. Trotz anfänglicher Zurückhaltung auf französischer Seite führte diese Initiative zu den Römischen Verträgen vom 25. März 1957. Der Vertrag über die Europäische Atomgemeinschaft (EURATOM), mit der eine gemeinsame europäische Politik in Bezug auf die friedliche Nutzung der Atomenergie angestrebt wurde, blieb zwar in ihrer Bedeutung weit hinter den Erwartungen zurück, dafür wurde die Europäische Wirtschaftsgemeinschaft um so wichtiger. Der Vertrag legte fest, dass zwischen den sechs Gründungsstaaten (Frankreich, Bundesrepublik Deutschland, Italien, Benelux) in drei Stufen bis 1968 eine Zollunion errichtet wird. Das bedeutete den Verzicht der nationalen Regierungen auf ihre Kompetenzen in der Außenhandelspolitik. Zudem sollte eine gemeinsame Agrarpolitik begründet werden. Aufbauend auf den Erfahrungen mit der EGKS wurden nun die bis heute zentralen Institutionen der Gemeinschaft geschaffen: Die Europäische Kommission als „Hüterin der Verträge" und Exekutive der Gemeinschaftsinteressen, der Ministerrat als Vertretung der nationalen Interessen, die Parlamentarische Versammlung (später das Europäische Parlament) als Vertretung der Bevölkerung und ein Europäischer Gerichtshof. Die Bedeutung der EWG wurde von vielen Zeitgenossen zunächst unterschätzt, weil sich ihre Zuständigkeit primär auf wirtschaftliche Probleme zu konzentrieren schien. Gerade der erste

Präsident der Europäischen Kommission, der deutsche Staatsrechtler Walter Hallstein, orientierte sich aber in starkem Maße am Leitbild eines europäischen Bundesstaates und entwickelte daher auch eminent politische Wirkung.[26]

Die britische Regierung hatte sich, wie schon 1950, aus den Verhandlungen herausgehalten mit dem Argument, dass das supranationale Prinzip nicht mit den Traditionen des britischen Staatsrechtes und der Außenpolitik des Landes vereinbar war. Stattdessen betrieb London ein Konkurrenzprojekt, eine Freihandelszone, in der zwar, wie in der Zollunion, die Zölle zwischen den Mitgliedstaaten schrittweise abgeschafft wurden. Man strebte aber keine gemeinsame Außenhandelspolitik gegenüber Drittstaaten an; diese wurde den nationalen Regierungen überlassen. Auch wenn die European Free Trade Area (EFTA) vom 21. Juli 1959 nicht erfolglos blieb, entwickelte sie nie die politische Dynamik der EWG. Nicht zuletzt aus diesem Grund orientierte sich auch die britische Regierung mehr und mehr an „Brüssel" und stellte am 10. August 1961 gemeinsam mit Dänemark und Irland einen Antrag auf Aufnahme in die EWG. Als diese Anträge am 14. Januar 1963 vom französischen Staatspräsidenten Charles de Gaulle abgelehnt wurden, deutete sich bereits eine Krise der Gemeinschaft an. De Gaulle, der Frankreich durch eine innenpolitische Fundamentalreform zu neuer Stabilität verholfen hatte, strebte auch für die EWG eine andere politische Konzeption an, die die Rolle der nationalen Regierungen innerhalb der Gemeinschaft stärken sollte (sog. Fouchet-Pläne 1961/62). Das Konzept ist unter dem Schlagwort vom „Europa der Vaterländer" bekannt geworden, das zwar nicht von de Gaulle selbst stammt, seine Vorstellungen aber prägnant zusammenfasst. Unter Berufung auf die republikanische Tradition Frankreichs lehnte der französische Staatspräsident einen weiteren Souveränitätstransfer von den Nationalstaaten auf eine europäische supranationale Organisation wie die EWG ab. Im Gegensatz zu den föderalistischen Vorstellungen des Präsidenten der EWG-Kommission,

---

26　Enrico Serra (Hrsg.), Il Rilancio dell´Europa e i Trattati di Roma. Actes du Colloque de Rome, Brüssel 1989. Michael Gehler (Hrsg.), Vom Gemeinsamen Markt zur europäischen Unionsbildung. 50 Jahre Römische Verträge 1957–2007, Wien, Köln, Weimar 2009.

Walter Hallstein, strebte er nach einer Stärkung der europäischen Nationalstaaten durch intergouvernementale Kooperation. Damit standen sich erneut die beiden grundsätzlich verschiedenen Vorstellungen darüber gegenüber, was das Ziel der europäischen Integration sein sollte: Ein supranationaler europäischer Bundesstaat mit einer genau definierten Kompetenzaufteilung zwischen Bundes- und Staatenebene (Hallstein) oder eine intensive politische und wirtschaftliche Kooperation zwischen den souveränen Nationalstaaten (de Gaulle). Der Konflikt eskalierte in der sog. „Krise des leeren Stuhls" am 6. Juli 1965, als die französische Regierung ihren Botschafter bei der EWG nach Paris zurückrief und damit den Ministerrat der EWG für ein halbes Jahr lang entscheidungsunfähig machte. Erst der sog. „Luxemburger Kompromiss" vom 29. Januar 1966 beendete die Blockade. Frankreich erhielt die Zusicherung, dass auch weiterhin in allen für die Mitgliedstaaten essentiellen Fragen das Einstimmigkeitsprinzip im Ministerrat gelten würde. Damit war zwar die Arbeitsfähigkeit der Gemeinschaft vorerst wieder hergestellt, der grundsätzliche Konflikt über die Finalität der Gemeinschaft jedoch nicht gelöst worden. Erst nach dem (innenpolitisch motivierten) Rücktritt de Gaulles vom Amt des französischen Staatspräsidenten am 27. April 1969 kehrte Frankreich langsam zu einer pragmatischeren Einstellung gegenüber der EWG zurück. Auf der Konferenz der Staats- und Regierungschefs in Den Haag im Dezember 1969 wurden konkrete Probleme der EWG gelöst und der Charakter der Gemeinschaft veränderte sich.[27]

Diese politische Integration vollzog sich in der Zeit von 1945 und 1970 vor dem Hintergrund eines raschen gesellschaftlichen Wandels und beispiellosen wirtschaftlichen Wachstums in Westeuropa, von dem alle Gesellschaftsschichten profitierten. Es kann davon ausgegangen

---

27 N. Piers Ludlow, The European Community and the Crisis of the 1960s. Negotiating the Gaullist Challenge, London 2006. Wilfried Loth (Hrsg.), Crises and Compromises: The European Project 1963–1969, Brüssel u.a. 2001. Antonio Varsori (Hrsg.), Inside the European Community. Actors and Policies in the European Integration from the Rome Treaties to the Creation of the "Snake" (1958–1972), Brüssel u.a. 2005. Anne Deighton, Alan Milward (Hrsg.), Widening, Deepening and Acceleration: The European Economic Community, 1957–1963, Brüssel u.a. 1999.

werden, dass der beeindruckende wirtschaftliche Erfolg der westeuropäischen Gesellschaften in den 1950er- und 1960er-Jahren die politische
Einigung des Kontinents begünstigte, so wie diese wiederum positive
Rückwirkungen auf die wirtschaftliche Entwicklung hatte. Die Zusammenhänge zwischen der gesellschaftlichen Entwicklung Westeuropas
und der politischen Einigung des Kontinents sind ein Forschungsdesiderat. Der wirtschaftliche Boom schuf die moderne Konsumgesellschaft,
die durch das Automobil und das Fernsehen symbolisiert wurde. Die
noch in der ersten Hälfte des 20. Jahrhunderts charakteristische Auftei-
lung der Gesellschaft in verschiedene Milieus mit klassischen Lebens-
und Konsumgewohnheiten löste sich langsam auf – die Unterschiede
zwischen Arbeitern, Bauern, Bürgertum, aber auch zwischen Stadt und
Land verringerten sich. Dies war auch eine Folge des intensiven Aus-
baus des Sozialstaates in den meisten westeuropäischen Ländern. Soziale Wohlfahrt, Gesundheit und Bildung wurden staatlich garantierte,
gesamtgesellschaftliche Aufgaben.

Zugleich intensivierten sich die transnationalen gesellschaftlichen
Verflechtungen in dieser Zeit erheblich. Das galt erneut vor allem für
Deutschland und Frankreich, zunehmend aber auch für die anderen
westeuropäischen Staaten – sieht man von Spanien, Portugal und Griechenland ab. Zahllose wirtschaftliche und zivilgesellschaftliche Kontakte
entstanden – zum Teil auch als Resultat der französischen Besatzungspolitik in Deutschland – zwischen beiden Ländern. Eine wichtige Rolle
spielte hier das „Comité français d´échanges avec l´Allemagne nouvelle"
in Frankreich oder auch das Deutsch-französische Institut Ludwigs-
burg als Multiplikatoren des Aussöhnungs- und Verständigungsprozes-
ses zwischen Deutschland und Frankreich. Wichtig war, dass nun nicht
mehr, wie noch in der Zwischenkriegszeit, die deutsch-französische
Verständigung ein Elitenprojekt blieb, sondern weite Teile der Bevölkerung beider Länder erfasste. Das betraf beispielsweise studentische Aus-
tauschprogramme, Schul- und Städtepartnerschaften und gemeinsame
Handelskammern, die in den 50er-Jahren vielfach gegründet wurden.
Integrativ wirkte auch die Migration. Seit der Mitte der 1960er-Jahre
warb die Bundesrepublik um Arbeiter vor allem aus der südlichen Peripherie Europas – Italiener und Portugiesen kamen auf diese Weise

nach Deutschland. In Frankreich arbeiteten vor allem Spanier und Portugiesen, zunehmend aber auch Menschen aus den früheren Kolonien
und Überseedepartements (Algerien) des Landes in Nordafrika. Der
steigende Wohlstand ermöglichte zudem Auslandsreisen; Italien und
Frankreich wurden zu bevorzugten Zielen der Deutschen – auch das
wirkte integrativ.

Der zunehmenden Verflechtung standen zwischen 1945 und 1970
durchaus auch Divergenzen gegenüber. Eine war die sich verschärfende
Trennung zwischen Ost- und Westeuropa. Seit dem Beginn der 1960er-
Jahre wurde Osteuropa systematisch von Westeuropa abgeschlossen,
auch wenn es wichtige Ausnahmen im wirtschaftlichen Bereich gab.
Zum Zweiten gilt die oben beschriebene Gesellschaftsentwicklung für
den westeuropäischen Kern, der Großbritannien, die Benelux-Staaten,
die Bundesrepublik Deutschland, die Schweiz, Österreich, Frankreich
und Norditalien umfasste (die bis heute gültige so genannte westeuropäische „Wohlstands-Banane"). Demgegenüber blieb die Peripherie dieses
Kernes (Griechenland, Süditalien, die iberische Halbinsel, Irland) in den
1950er- und 1960er-Jahren hinter der Entwicklung zurück. Wichtig war
auch, dass Westeuropa nach 1945 eine zweite Demokratisierungswelle
erlebte, nachdem diese Staatsform in den 1930er-Jahren keine Chance
mehr zu haben schien. Auch hier gab es signifikante Ausnahmen in der
südlichen Peripherie: Spanien, Portugal und zum Teil auch Griechenland
und ganz Osteuropa hielten an autoritären Staatsformen fest.[28]

Diese politische und gesellschaftliche Integration in Westeuropa
wurde ideologisch unterstützt von einem Europa-Diskurs, der in starkem Maße die Abendland-Vorstellung in den Mittelpunkt rückte.
Man griff dabei auf den ideengeschichtlich geprägten Kanon des Bil-
dungsbürgertums im späten 19. und frühen 20. Jahrhunderts zurück,
in dem die klassische Antike und die christliche Religion als spezifisch

28 Hartmut Kaelble, Sozialgeschichte Europas 1945 bis zur Gegenwart, München
    2007. Ders. Wege zur Demokratie. Von der französischen Revolution zur Euro-
    päischen Union, Stuttgart, München 2001. Heinz Fassmann, Migration and Mo-
    bility in Europe. Trends, Patterns and Control, Cheltenham 2009. Gerold Am-
    brosius, Wirtschaftsraum Europa. Vom Ende der Nationalökonomien, Frankfurt
    1996. Jörg Requate, Martin Schulze-Wessel (Hrsg.), Europäische Öffentlichkeit.
    Transnationale Kommunikation seit dem 18. Jahrhundert, Frankfurt/Main 2002.

europäisch erklärt und als „Zivilisation" definiert worden waren. Dies funktionierte als identitätsstiftende Herkunftserzählung, die nach der Katastrophe der Weltkriege insbesondere für Deutsche, aber nicht nur für diese, eine entlastende Wirkung hatte. Diese europäische Identitätskonstruktion hatte eine inkludierende und eine exkludierende Ebene: Inkludierend wirkte die nach wie vor dominierende Vorstellung, dass Europa die Wiege der Zivilisation sei, von der der Rest der Welt lernen könne. Allerdings nahm man durchaus wahr, dass Europa in der Epoche der Weltkriege einen Niedergang erlitten hatte und andere, als nicht-europäisch empfundene Wertesysteme, Bedeutung erlangten. Dies war der Moment, in dem exkludierende Identitätsstiftungen ihren Platz fanden: Europa grenzte sich ideologisch ab vom vermeintlich oberflächlichen Markt-Kapitalismus US-amerikanischer Prägung einerseits und dem realsozialistischen Zwangssystem der Sowjetunion andererseits.[29]

4. Integration und Abgrenzung in Osteuropa 1945–1989

Einem ganz anderen Entwicklungsmuster folgte das von der Sowjetunion beherrschte Osteuropa zwischen 1945 und 1989.[30] In sehr viel stärkerer Weise als die USA in Westeuropa begann die sowjetische Führung unter Josef Stalin schon in der Endphase des Zweiten Weltkriegs mit der politischen, wirtschaftlichen und gesellschaftlichen Durchdringung des ihr zufallenden Herrschaftsraumes. Die Motive dieser Politik sind umstritten. Während große Teile der älteren Forschung davon

---

29 Achim Trunk, Europa, ein Ausweg. Politische Eliten und europäische Identität in den 1950er Jahren, München 2007. Wolfgang Schmale, Geschichte und Zukunft der Europäischen Identität, Stuttgart 2008, S. 105–130. Vanessa Conze, Das Europa der Deutschen. Ideen von Europa in Deutschland zwischen Reichstradition und Westorientierung (1920–1970), München 2005. Axel Schildt, Intellektuelle Konstruktionen (West-)Europas 1950, in: Themenportal europäische Geschichte (2008), URL: http://www.europa.clio-online.de/2008/Article=284.

30 Jens Hacker, Der Ostblock. Entstehung, Entwicklung, Struktur, Baden-Baden 1983. Gregor Thum, „Europa" im Ostblock. Weiße Flecken in der Geschichte der europäischen Integration, in: Zeithistorische Forschungen Bd. 1 (2003), S. 379–395. Christian Domnitz, José M. Faraldo, Paulina Gulińska-Jurgiel (Hrsg.): Europa im Ostblock. Vorstellungen und Diskurse (1945–1991), Köln 2008.

ausgehen, dass die Expansion der Sowjetunion sich aus der Logik der bolschewistischen Ideologie ergab und zudem auf Traditionen des russischen Expansionswillens im 19. Jahrhundert aufbauen konnte, argumentierten Vojtech Mastny und Wilfried Loth, dass die eigentlichen Absichten, insbesondere Stalins, defensiv gewesen seien. Der sowjetische Diktator habe ein Sicherheitsvorfeld vor dem östlichen Teil der Sowjetunion schaffen wollen, um Überraschungsangriffe wie jenen vom Juni 1941 künftig ausschließen zu können.[31] Die sowjetische Europapolitik nach 1945 sei daher im Kern defensiv gewesen, habe aber aus der Perspektive von außen durchaus offensiv erscheinen können.

Die sowjetische Politik gegenüber Osteuropa nach 1945 beruhte im Kern auf drei Elementen. Zum einen wollte Moskau in politischer Hinsicht sichergehen, dass sich in diesen Staaten nur Regierungen etablieren, die die Sowjetunion als zuverlässige Verbündete betrachten konnte. Das bedeutete, dass kommunistische Parteien erhebliche Unterstützung erfuhren, während sozialdemokratische und bürgerliche politische Kräfte bekämpft und unterdrückt wurden. Die Sowjetisierung verlief aber keineswegs reibungslos. In Polen stieß diese Politik auf den Widerstand der bürgerlichen polnischen Exilregierung in London. Erst nach längeren Auseinandersetzungen gelang es Moskau auch in Warschau eine kommunistische Regierung zu etablieren. Das Amt des Verteidigungsministers wurde aber gleichwohl bis 1956 von einem sowjetischen General ausgeübt; auch führende Offiziere der polnischen Armee waren Sowjetrussen. Etwas anders verlief der Prozess in der Tschechoslowakei; hier dauerte es bis März 1948, bis der Kommunisten-Führer Klement Gottwald zum Ministerpräsidenten ernannt wurde. In Jugoslawien und Albanien setzten sich schon 1945 von Moskau unabhängige, kommunistische Parteien an die Spitze. Dies gab insbesondere Josip Broz Tito das Selbstbewusstsein bisweilen offen gegen die sowjetischen Machthaber zu protestieren. Gemeinsam mit dem bulgarischen Ministerpräsi-

---

31 Alexander Fischer, Sowjetische Deutschlandpolitik im Zweiten Weltkrieg 1941–1945, Stuttgart 1975. Richard C. Raack, Stalin´s Drive to the West, 1938–1945. The Origins of the Cold War, Stanford 1995. Wilfried Loth, Helsinki, 1. August 1975. Entspannung und Abrüstung, München 1998. Voytech Mastny, The Cold War and Soviet Insecurity. The Stalin Years, New York 1996.

denten Dimitroff strebte er eine Balkan-Föderation an, die jedoch von Stalin im Januar 1948 abgelehnt wurde. Im September 1947 wurde im polnischen Szklarska Poręba (Schreiberhau) durch die osteuropäischen kommunistischen Parteien (auch die italienischen und französischen Kommunisten waren beteiligt) das Kommunistische Informationsbüro als Nachfolger der 1943 aufgelösten Kommunistischen Internationale gegründet. Die Kominform war als Alternative zum US-amerikanischen Marshallplan gedacht, konnte aber die erhoffte Wirkung nicht erzielen und wurde 1956 wieder aufgelöst. Ab 1955 gewann für die osteuropäischen Staaten der am 14. Mai 1955 gegründete Warschauer Pakt an Bedeutung.[32] Auch er war in starkem Maße auf sowjetische Bedürfnisse abgestimmt; der Politische Beratende Ausschuss in Moskau unter sowjetischer Führung hatte die Möglichkeit in die Streitkräfte der Mitgliedstaaten unmittelbar einzugreifen. Obwohl zur Abwehr potentieller Angriffe von außen gegründet, wurde der Warschauer Pakt vor allem zur Niederschlagung von Aufständen innerhalb der eigenen Mitgliedstaaten in Ungarn und Polen (1956) sowie in der Tschechoslowakei (1968) eingesetzt.

Zweitens beruhte die sowjetische Politik auf einer wirtschaftlichen Ausbeutung dieser Staaten, insbesondere jener, die zuvor mit dem Deutschen Reich verbündet gewesen waren. Nachdem die sowjetischen Forderungen nach Reparationen auch aus den Westzonen Deutschlands von den Westalliierten im Juni 1946 abgelehnt worden waren, befriedigte Moskau seine wirtschaftlichen Bedürfnisse vor allem aus seiner Besatzungszone in Deutschland, aber auch aus den anderen osteuropäischen Staaten. Auch der am 25. Januar 1949 gegründete Rat für Gegenseitige Wirtschaftshilfe (RGW) war in starkem Maße auf sowjetische Bedürf-

---

32 Vojtech Mastny, Malcom Byrne (Hrsg.), A Cardboard Castle. An Inside History of the Warshaw Pact, 1955–1991, Budapest 2005. Klaus-Dietmar Henke, Die Trennung vom Westen. Der Zusammenbruch der Anti-Hitler-Koalition und die Weichenstellung für die kommunistische Diktaturdurchsetzung in Ostdeutschland, in: Rainer Behring, Mike Schmeitzner (Hrsg.), Diktaturdurchsetzung in Sachsen. Studien zur Genese der kommunistischen Herrschaft 1945–1952, Köln 2003, S. 413–458.

nisse zugeschnitten.[33] Neben der Sowjetunion gehörten ihm Bulgarien, die Tschechoslowakei, Ungarn, Rumänien und Polen als Gründungsmitglieder an, kurz darauf traten Albanien und die DDR (1950) bei. Die Volksrepublik Mongolei (1962), Kuba (1972) und Vietnam (1978) folgten. Neuere Studien über die Funktionsweise und die Bedeutung des RGW für die osteuropäischen Wirtschaften sind ein Forschungsdesiderat. Hauptaufgabe des RGW war die Koordination der Wirtschaft der Mitgliedstaaten. Das blieb aber wenig konkret; vor allem bilaterale Verträge zwischen Moskau und den übrigen Teilnehmerstaaten führten dazu, dass diese ihre Produktion in starkem Maße an sowjetischen Vorstellungen ausrichteten. Auch die internationale Arbeitsteilung wurde ab 1954 durch den RGW koordiniert; so wurden etwa Dieselmotoren in der DDR hergestellt, Busse in Ungarn und Straßenbahnen in der Tschechoslowakei. Auch wenn der RGW als osteuropäisches Pendant zu OEEC und EWG galt, erreichte er doch niemals die Bedeutung, die die westeuropäischen Organisationen für ihre Mitgliedstaaten hatten. Die Organisation löste sich am 28. Juni 1991 auf.

Drittens wirkten zumindest bis in die 1970er-Jahre hinein die Versprechungen der kommunistischen Regime unter sowjetischer Führung, das bessere politische und ökonomische System zu vertreten, sowie die perzipierte Gefahr eines westlichen Angriffs auf Osteuropa als einigendes Band der Volksdemokratien. Spätestens ab den 1970er- Jahren jedoch wurde offenbar, dass der Ostblock im Systemwettbewerb mit dem Westen vor allem hinsichtlich der ökonomischen Produktivität nicht mehr mithalten konnte. Nun wirkten vor allem die militärische Präsenz der Sowjetunion und die so genannte Breschnew-Doktrin systemerhaltend. Gleichwohl stieg die Unzufriedenheit der Bevölkerung. Seit Beginn der 1980er-Jahre wurde es auch für Moskau immer schwerer das System zu erhalten. Zunächst in Polen, dann auch in der Tschechoslowakei und in Ungarn erstarkten die Oppositionsbewegungen – auch unter dem Eindruck der im Rahmen der KSZE (siehe unten) vereinbarten Öffnung ihrer Staaten für wirtschaftliche und gesellschaftliche

---

33 Adam Zwass, Der Rat für gegenseitige Wirtschaftshilfe 1949 bis 1987, Wien 1988.

Einflüsse aus dem Westen. Seit 1985 zog sich auch die Sowjetunion zunehmend aus diesen Staaten zurück, so dass das System 1990/91 zusammenbrach.

5. Konsolidierung und Krise der westeuropäischen Integration 1970–2008

1970 begann in Westeuropa eine neue Phase der europäischen Integration. Zum einen setzte sich in politischer Hinsicht die EG, die ab 1992 in die EU umgewandelt wurde, als wichtigste europäische Organisation durch. Entscheidend war, dass Großbritannien beitrat („Erweiterung") und gleichzeitig die inhaltliche Weiterentwicklung der EG („Vertiefung") eingeleitet wurde. Andere europäische Organisationen, der Europarat, die Westeuropäische Union, die OECD und auch die EFTA, blieben bestehen, verloren jedoch gegenüber der EG an Bedeutung. Vor allem nach 1989, dem Ende des Kalten Krieges in Europa, erwies sich die EG/EU neben der NATO als wichtigster Stabilitätsanker, der die Transformation der ost-mitteleuropäischen Staaten zu Demokratie und Marktwirtschaft begleitete. Zugleich entwickelte sich mit der Konferenz für Sicherheit und Zusammenarbeit in Europa (KSZE) ein neues Forum europäischer Integration mit ganz anderen Zielsetzungen. Auch in gesellschaftlicher Hinsicht markiert der Anfang der 1970er-Jahre eine Zäsur. Die wirtschaftliche Boomphase der Nachkriegszeit ging zu Ende, Westeuropa schwenkte wieder auf einen normalen Wachstumskurs ein. Zugleich beschleunigte sich die transnationale Integration der westeuropäischen Gesellschaften. Dies hing einerseits mit der Vollendung des Binnenmarktes für Waren, Dienstleistungen, Kapital und Personen im Jahr 1992 zusammen, andererseits mit der technisch und politisch bedingten Vereinfachung und Beschleunigung von Kommunikation und Verkehr über nationale Grenzen hinweg. Im öffentlichen Diskurs über „Europa" verlor die Herkunftserzählung aus Antike und Christentum an Bedeutung zu Gunsten von zwei anderen Inhalten. „Europa" und die Europäische Integration wurden in offiziellen Verlautbarungen zunehmend mit wirtschaftlichem Wohlstand, Freiheit und Demokratie konnotiert. Insbesondere seit der Mitte der 1990er-Jahre gewann das gemeinsame Gedenken an den Mord an den europäischen Juden während des Zweiten Weltkriegs integrative Bedeutung.

In politischer Hinsicht war der so genannte „Haager Gipfel" der sechs EG-Staaten im Dezember 1969 von entscheidender Bedeutung. Hier gelang es, die EG, die durch die französische Blockade der 1960er-Jahre in wesentlichen Bereichen stagnierte, wieder zu beleben und damit zur dominierenden europäischen Organisation zu machen. In Den Haag wurden drei wesentliche Entscheidungen gefällt: Zum Einen wurde beschlossen, Beitrittsverhandlungen mit Großbritannien, Dänemark und Irland aufzunehmen. Zum Zweiten einigte man sich auf eine endgültige Finanzierung der gemeinsamen Agrarpolitik, was insofern wichtig war, als damit die Integration eines wesentlichen Politikfeldes der EG vollendet wurde. Der so genannte Eigenmittelbeschluss machte die Gemeinschaft in finanzieller Hinsicht unabhängig von den Mitgliedstaaten. Drittens beschloss man eine weitere Vertiefung der Gemeinschaft vor allem im Sektor der Währungspolitik. Der so genannte Werner-Plan sah die Gründung einer europäischen Währungsunion innerhalb von zehn Jahren vor. Der Haager Gipfel war ein entscheidender Wendepunkt in der Geschichte der europäischen Integration, weil nun die Regierungen Großbritanniens und Frankreichs akzeptierten, dass die EG das wichtigste Forum europäischer Integration wurde, und damit die Alternativen, Europarat, OECD und Westeuropäische Union, in ihrer Bedeutung zurücktraten. Auch in Bezug auf die „Verfassung" der Gemeinschaft war der Haager Gipfel von Bedeutung: Mit ihm setzte die Tradition ein, dass die Staats- und Regierungschefs der Mitgliedstaaten zu regelmäßigen Treffen zusammenkamen, um Grundsatzentscheidungen für die Entwicklung der Gemeinschaftspolitik zu fällen. Das führte zu einer Institutionalisierung im so genannten „Europäischen Rat" (nicht zu verwechseln mit dem Europarat) am 10.12.1974. Auch wenn dieser im formaljuristischen Sinne keine Institution der EG war, entwickelte er sich zum wichtigsten Impulsgeber der europäischen Integration im Rahmen der EG neben dem Europäischen Parlament und der Europäischen Kommission. Insofern wurde auch einem Teil der Kritik *de Gaulles* an der EG, die mangelhafte Repräsentation der Nationalstaaten, auf dem

Haager Gipfel Rechnung getragen. Trotz dieses politischen Durchbruchs in Den Haag entwickelte sich die EG in den 1970er-Jahren nicht so, wie sich die Staats- und Regierungschefs dies erhofft hatten. Das Projekt der Währungsunion wurde schon mit der Ölpreiskrise 1973/74 und den durch sie ausgelösten weltwirtschaftlichen Turbulenzen aufgegeben. Gleichwohl gelang 1979 die Gründung des Europäischen Währungssystems (EWS), das eine engere wirtschaftspolitische Kooperation der Mitgliedstaaten notwendig machte und aus heutiger Sicht als Vorstufe zur Europäischen Währungsunion gilt. Auch das Projekt der Europäischen Politischen Zusammenarbeit (EPZ) mit dem Ziel der engeren Kooperation in der Außenpolitik hatte zwar einige Erfolge, blieb aber insgesamt hinter den Erwartungen zurück. Wichtig für die Entwicklung des Institutionengefüges der EG war zudem die erste Direktwahl des Europäischen Parlamentes vom 7.-10. Juni 1979. Bis zu diesem Zeitpunkt waren die Abgeordneten jeweils nach Parteienproporz und grob gewichtet nach Bevölkerungszahl aus den nationalen Parlamenten delegiert worden. Die direkt gewählten und legitimierten Europa-Parlamentarier entwickelten ein sehr viel größeres Selbstbewusstsein, sowohl gegenüber dem Ministerrat als auch gegenüber der Europäischen Kommission, obwohl das Parlament zu diesem Zeitpunkt vor allem beratende Funktion hatte. Während in den 1960er-Jahren noch vor allem die Kommission die Institution gewesen war, welche auf eine Vertiefung und Erweiterung der EG-Kompetenzen gedrängt hatte, wurden nun auch die nationalen Regierungen, insbesondere Frankreich, die Bundesrepublik Deutschland und – in der Mitte der 1980er-Jahre – Italien zu vorantreibenden Kräften. Vor allem die erste Veränderung der Römischen Verträge, irreführend als „Einheitliche Europäische Akte" bezeichnet, leitete eine substanzielle Veränderung der Gemeinschaft ein. Sie wurde nach langen Diskussionen am 17. und 28. Februar 1986 von den Außenministern der Mitgliedstaaten unterzeichnet und sah vor allem die Realisierung des Binnenmarktes für Güter, Dienstleistungen, Kapital und Personen bis zum 31. Dezember 1992 vor. Erstmals wurde die Europäische Union (ohne Präzisierung des Begriffes) als Ziel der Integration genannt, der Europäische Rat als Institution in einen Vertrag aufgenommen und dem Parlament größerer Einfluss auf die Gemeinschaftspolitik eingeräumt.

Die Einheitliche Europäische Akte war der Auftakt zu einer ganzen
Reihe von Vertragsveränderungen und Ergänzungen, die nach den Or-
ten ihrer Unterzeichnung als Verträge von Maastricht (Inkrafttreten am
1. November 1993), Amsterdam (1. Mai 1999) und Nizza (1. Februar
2003) bezeichnet wurden. Tendenziell führten diese Verträge zu einer
Vertiefung der Gemeinschaft und zu einer deutlichen Aufwertung der
Kompetenzen des Europäischen Parlaments. Insbesondere in der weltpolitischen Umbruchphase der 1990er-Jahre entwickelte sich die Europäische Union rasant. Die Vollendung des Binnenmarktes und die Europäische Währungsunion, die mit der Einführung des Euro-Bargeldes
2002 ihren Abschluss fand, erwiesen sich als dynamische Kräfte. Insgesamt entstand ein, von vielen Akteuren als unübersichtlich empfundenes,
politisches „Mehrebenensystem", das gleichwohl eine hohe Attraktivität
ausübte. Schon 1981 war Griechenland aufgenommen worden, 1986
folgten Spanien und Portugal, drei Staaten, in denen zuvor autoritäre
Regime geherrscht hatten, und die sich nun auf dem Weg in eine parlamentarische Demokratie befanden. 1995 traten mit Schweden, Finnland
und Österreich Staaten bei, die bislang auf ihre Neutralität im Ost-West-
Konflikt bestehen mussten. 2004 erfolgte die große Osterweiterung um
weitere zehn Staaten des vormals von der Sowjetunion beherrschten Europa; 2007 schließlich wurden Bulgarien und Rumänien aufgenommen.
Der beschleunigte Wandel drohte das institutionelle Gefüge der Europäischen Union zu überfordern. Deswegen wurde seit Dezember 2001
(Europäischer Rat von Laeken) versucht, die Gemeinschaft durch einen
„Verfassungsvertrag" an die neuen Herausforderungen anzupassen, was
jedoch auf den Widerstand der Bevölkerung, insbesondere in den alten
Kernstaaten, stieß. Bei Referenden im Mai und Juni 2005 lehnte die
Mehrheit der Wähler in Frankreich und den Niederlanden den Verfassungsvertrag ab, eine Revision im sog. „Vertrag von Lissabon" scheiterte
am negativen Votum der irischen Bevölkerung am 12. Juni 2008. Erst
nachdem bei einem zweiten irischen Referendum im Oktober 2009 eine
Mehrheit der irischen Wähler dem Vertrag zugestimmt hatte, konnte er
am 1. Dezember 2009 in Kraft treten.

Trotz ihrer dominierenden Position war die Europäische Gemein-
schaft/Europäische Union nicht der einzige Rahmen europäischer politi-

scher Integration. Schon seit den frühen 1960er- Jahren war es vor allem auf gesellschaftlicher, wirtschaftlicher und kultureller Ebene zu vielfältigen Kontakten zwischen West- und Osteuropa gekommen, obwohl direkte politische Beziehungen zwischen Ost und West kaum existierten.[34] Vor allem die Kirchen, Journalisten und Gewerkschaften Westeuropas pflegten Kontakte in den östlichen Teil des Kontinents, insbesondere nach Polen und in die Tschechoslowakei. In diesem Kontext wurde manches vorbereitet, was ab 1973 im Rahmen der KSZE dann auch auf politischer Ebene vereinbart wurde. (vgl. hierzu Kap. III.1.a) Diese zum Teil intensiven, zivilgesellschaftlichen Kontakte sollten langfristige Folgen haben, weil hierdurch die Opposition in den kommunistischen Staaten unterstützt und gestärkt wurde. Die zivilgesellschaftlichen Oppositionsbewegungen spielten beim Zusammenbruch des Warschauer Pakts von 1989/90 eine wichtige Rolle.

Nimmt man die gesellschaftlichen Integrationsprozesse in dieser Phase insgesamt in den Blick, so sind zwei Faktoren entscheidend: Zum Einen war in wirtschaftlicher Hinsicht die Rekonstruktionsphase Westeuropas nach dem Zweiten Weltkrieg 1970 beendet. Das Wirtschaftswachstum in Westeuropa war seither nicht mehr überdurchschnittlich, sondern pendelte sich in einen Rhythmus von konjunkturellen Auf- und Abschwungsphasen ein. Zum anderen glichen sich die westeuropäischen Länder mehr und mehr an, die Unterschiede zwischen den Regionen wurden allmählich kleiner. Insbesondere die strukturschwachen Randgebiete des Kontinents holten gegenüber den wirtschaftlichen Kernzonen in der so genannten „Wohlstands-Banane" deutlich auf. Das galt zumal für Irland seit der Mitte der 1980er-Jahre aber auch für die südliche Peripherie, die iberische Halbinsel, Griechenland und – zu einem gewissen Grade – auch Süditalien. Seit der Mitte der 1990er-Jahre wurde auch Osteuropa in diesen Prozess integriert. Drei Gründe waren ausschlaggebend für diese Entwicklung: Zum Einen glichen sich die politischen und gesellschaftlichen Systeme Europas durch die dritte und

---

34   Einen guten Überblick über den Forschungsstand vermitteln: Archiv für Sozialgeschichte, Bd. 45 (2005), Bonn 2005. Antoine Fleury, Lubor Jilek (Hrsg.), Une Europe malgré tout, 1945–1990. Contacts et réseaux culturels, intellectuels et scientifiques entre Européens dans la Guerre Froide, Brüssel 2009.

vierte Demokratisierungswelle an.[35] Seit der Rückkehr Griechenlands
zur parlamentarischen Demokratie und zur Marktwirtschaft Ende der
1970er-Jahre und Portugals und Spaniens Transformation seit 1975
gab es in Westeuropa nur noch demokratisch und marktwirtschaftlich
verfasste Staaten. Dieser Trend setzte sich nach dem Zusammenbruch
des sowjetischen Imperiums zu Beginn der 1990er-Jahre auch in Osteuropa durch. Diese Angleichung der politischen, wirtschaftlichen und
gesellschaftlichen Systeme und Werte führte zu einer wirtschaftlichen
und gesellschaftlichen Homogenisierung. Das wurde – zweitens – verstärkt durch die Politik der Europäischen Wirtschaftsgemeinschaft.
Sie setzte nicht nur ordnungspolitische Standards, etwa im Rahmen
der europäischen Wettbewerbspolitik, sondern förderte die strukturelle
Angleichung randständiger Gebiete durch eine gezielte Regionalpolitik.
Seit Ende der 1960er-Jahre entwickelte die Gemeinschaft verschiedene
regionalpolitische Instrumente, deren Hauptziel es ist, die Lebensstandards innerhalb der EWG anzugleichen. Hierzu gehören beispielsweise
der Europäische Sozialfonds, der Europäische Ausgleichsfonds für die
Landwirtschaft, der Kohäsionsfonds für wirtschaftsschwache Mitgliedstaaten und einige andere. Schließlich spielten die rasant wachsenden
transnationalen gesellschaftlichen Transfers eine Rolle. Waren, Wissen,
Werte und Verhaltensweisen anderer Länder wurden in Europa zunehmend zwischen den Nationalstaaten ausgetauscht. Hierbei blieb es in
der Regel nicht bei der einfachen Imitation, sondern Verhaltensweisen
und Konsummuster wurden angeeignet und dabei verändert. So erfreut
sich beispielsweise die mediterrane Küche in ganz Europa inzwischen
großer Beliebtheit, wird aber oft mit einheimischen Ernährungsweisen
vermischt. Die Entwicklung der transnationalen Infrastrukturen („Trans-
europäische Netze") führte zu einem rasanten Anstieg der Reisen, sei
es aus privaten oder beruflichen Gründen. Anders als vor dem Zweiten
Weltkrieg, als transnationale Kontakte auf Eliten beschränkt blieben,
entstand seit den 1970er-Jahren auch ein breites europäisches Netzwerk ganz unterschiedlicher Berufsgruppen und nahezu aller sozialer

35   Wolfgang Merkel, Systemtransformation. Eine Einführung in die Theorie und
     Empirie der Transformationsforschung, Opladen 1999.

Schichten und Altersklassen. Das alles waren keine Entwicklungen, die auf Europa beschränkt waren, aber hier waren sie doch besonders intensiv. Hierzu trugen auch die insgesamt erheblich verbesserten Fremdsprachenkenntnisse der Europäer seit den 1970er-Jahren bei. Insgesamt kann daher gesagt werden, dass die europäischen Gesellschaften noch nie so eng miteinander verflochten waren, wie in den vergangenen zwanzig Jahren.

Die intensivierte Erfahrung Europas durch die Bürger seit den 1970er-Jahren führte mit einer gewissen Verzögerung auch zu einer Neuformulierung dessen, was als europäische Identität bezeichnet wird. Bis zum Beginn der 1980er-Jahre dominierte die europäische Selbstbeschreibung als Herkunftsgeschichte aus Antike und Christentum. Ergänzt wurde diese um die Vorstellung, dass „Europa" durch die Weltkriege einen selbst verschuldeten politisch-kulturellen Abstieg erlebt habe, den es überwinden müsse.[36] Seit 1973 begann sich auch die Europäische Gemeinschaft mit der Frage der europäischen Identität zu beschäftigen. Das so genannte „Dokument über die europäische Identität", das von den Außenministern der Gemeinschaft am 14. Dezember 1973 in Kopenhagen verabschiedet wurde, stellte recht vage drei Elemente in den Mittelpunkt: Das „gemeinsame Erbe, die eigenen Interessen" und „die besonderen Verpflichtungen" der damals neun Mitgliedstaaten, die gegenüber der restlichen Welt entstandene Verantwortung der Gemeinschaft und den dynamischen Charakter des Einigungswerkes.[37] Seit den 1980er-Jahren wurden diese Selbstbilder der Westeuropäer schrittweise abgelöst durch eine neue EG/EU-Identitätspolitik, die nach Wolfgang Schmale auf sechs Säulen ruhte:[38] Die erste Säule dieser Identitätskonstruktion sind die europäischen Symbole, die Fahne, die Hymne und

---

36 Zu diesen Europa-Narrativen: Jost Dülffer, Europäische Zeitgeschichte – Narrative und historiographische Perspektiven, in: Zeithistorische Forschungen. Heft 1 (2004) online-Ausgabe „http:www.zeithistorische-forschungen.de/16126041-Duelffer-1-2004"

37 Dokument über die Europäische Identität, angenommen von den Außenministern der Europäischen Gemeinschaften am 14. Dezember 1973 in Kopenhagen, in: Europa-Archiv (1974), D 50ff.

38 Wolfgang Schmale, Geschichte und Zukunft der Europäischen Identität, Stuttgart 2008, S. 127–130.

der Europa-Gedenktag am 9. Mai, dem Tag, an dem Robert Schuman 1950 den Plan für die Europäische Gemeinschaft für Kohle und Stahl verkündete. Mit dem Vertrag von Maastricht wurde 1993 zudem die Europäische Unionsbürgerschaft (zweite Säule) eingeführt, die die Angehörigen der Mitgliedstaaten berechtigt, die Abgeordneten für das europäische Parlament unabhängig von der eigenen Staatsbürgerschaft im Land des Erstwohnsitzes zu wählen und an kommunalen Wahlen auch im Ausland teilzunehmen. Zudem gehört der Euro (dritte Säule), auch wenn er nicht in allen Staaten der EU als gesetzliches Zahlungsmittel gilt, zu den identitätsstiftenden Elementen. Als vierte Säule sieht Schmale die Europäische Grundrechtecharta, in der gemeinsame Werte der europäischen Nationen formuliert wurden. Die Gemeinschaftspolitiken, der Gemeinsame Markt, das gemeinsame Recht und die (erst in Ansätzen realisierte) gemeinsame Außen- und Sicherheitspolitik werden als fünfte identitätsstiftende Säule interpretiert. Die sechste Säule schließlich umfasst die von der EU zunehmend betriebene eigene Geschichts- und Kulturpolitik, etwa die Planung eines „Hauses der Europäischen Geschichte" in Brüssel.

Neben dieser Identitätspolitik der Europäischen Union haben sich auch andere Selbstzuschreibungen Europas durchgesetzt, die in starkem Maße durch die Abgrenzung gegen andere charakterisiert sind. Gudrun Quenzel hat in diesem Kontext für die 1990er-Jahre bis in die Gegenwart verschiedene Modi dieser Selbstzuschreibungen identifiziert.[39] Wichtig war zum Einen weiterhin die Vorstellung von Europa als geographischer und kultureller Einheit, die sich vor allem in der gemeinsamen Geschichte und Kultur manifestiert. Insbesondere Begriffe wie Antike und Christentum, Aufklärung und Rationalismus, Zivilisation und technischer Fortschritt gehören in dieses Muster hinein. Es geht hierbei darum zu definieren, was Europa ausmacht, was es von anderen Kulturen und Kontinenten unterscheidet. Zu den in diesem Kontext genannten Argumenten gehört auch die kunsthistorische Entwicklung Euro-

---

39 Gudrun Quenzel, Konstruktionen von Europa. Die europäische Identität und die Kulturpolitik der Europäischen Union, Bielefeld 2005, S. 135f. Quenzel identifiziert elf verschiedene Modi, die hier vereinfachend zu dreien zusammengefasst werden.

pas in verschiedenen Epochen, von der Romanik über die Gotik, die Renaissance, den Barock bis in die Postmoderne. Auch die Vorstellung von Europa als dem Kontinent der freien Wissenschaft, der öffentlichen Diskussionsräume, des gemeinsamen Rechts sowie des Wettbewerbs und der Kritik ist eine gängige Selbstzuschreibung, die nach dem gleichen Muster funktioniert. Ein anderes Muster europäischer Selbstzuschreibung seit Beginn der 1990er-Jahre ist die Vorstellung von Europa als dem Hort des Sozialstaates. Die Klassengesellschaft, so dieses Muster, müsse überwunden werden durch sozialpolitische Maßnahmen; der Staat und die Gesellschaft hätten die Aufgabe, die materiellen Ressourcen möglichst gerecht zu verteilen. In diesen Kontext gehört auch die Vorstellung vom europäischen Ursprung der Menschenrechte. Schließlich spielt seither auch Europa als „negative Erinnerungsgemeinschaft" eine Rolle. Hier werden vor allem die negativen Ereignisse der europäischen Geschichte betont, die Verfolgung von Minderheiten, die Inquisition, Hexenverbrennungen der Frühen Neuzeit, die großen Kriege und schließlich der Mord an den europäischen Juden. Hieraus erwächst die gemeinsame Verantwortung für die Geschichte und damit auch für die Zukunft, der Wunsch aus der Geschichte zu lernen und alle diese negativen Entwicklungen in Zukunft zu vermeiden und zu bekämpfen. Identitätskonstruktionen dieser Art sind nicht selbstverständlich und daher umstritten. (Vgl. Kap. III.3) Beispielsweise wird der Vorwurf erhoben, Europa erhebe sich erneut über den Rest der Welt, diesmal in moralischer Hinsicht. Die Menschenrechte und auch die Demokratie seien keineswegs rein europäische Errungenschaften, sie hätten auch in anderen Kulturen ihre Tradition.

Weiterführende Literatur in Auswahl

Bitsch, Marie-Thérèse, Histoire de la Construction Européenne de 1945 à nos jours, Neuauflage, Brüssel 2006.

Blair, Alasdair, The European Union since 1945, Harlow 2005.

Brunn, Gerhard, Die Europäische Einigung von 1945 bis heute, Stuttgart 2002.

Clemens, Gabriele, Alexander Reinfeld, Gerhard Wille, Geschichte der europäischen Integration. Ein Lehrbuch, Paderborn 2008.

Dinan, Desmond, Europe Recast. A History of the European Union, Oxford 2006.

Domnitz, Christian, José M Faraldo, Paulina Gulińska-Jurgiel (Hrsg.), Europa im Ostblock. Vorstellungen und Diskurse (1945–1991), Köln 2008.

Dülffer, Jost, Europa im Ost-West-Konflikt, München 2004.

Elvert, Jürgen, Die europäische Integration, Darmstadt 2006.

Gasteyger, Curt, Europa zwischen Spaltung und Einigung. Darstellung und Dokumentation, Neuauflage, Baden-Baden 2006.

Gehler, Michael, Europa. Ideen, Institutionen, Vereinigung, München 2005.

Gerbet, Pierre, La Construction de l'Europe, 4. Aufl. Paris 2007.

Gilbert, Mark, Surpassing Realism. The Politics of European Integration since 1945, Lanham 2003.

Gillingham, John, European Integration 1950–2003. Superstate of New Market Economy? Cambridge 2003.

Hacker, Jens, Der Ostblock. Entstehung, Entwicklung, Struktur, Baden-Baden 1983.

Herz, Dietmar, Die Europäische Union, München 2002.

Judt, Tony, Die Geschichte Europas seit dem Zweiten Weltkrieg, München, Wien 2006.

Knipping, Franz, Rom, 25. März 1957. Die Einigung Europas, München 2004.

Krüger, Peter, Das unberechenbare Europa. Epochen des Integrationsprozesses vom späten 18. Jahrhundert bis zur Europäischen Union, Stuttgart 2006.

Mittag, Jürgen, Kleine Geschichte der Europäischen Union. Von der Europaidee bis zur Gegenwart, Münster 2008.

Roth, Harald, Studienhandbuch Östliches Europa. Bd. 1: Geschichte Ost- und Südosteuropas, Köln, Wien, Weimar 2009.

Seeler, Hans-Joachim, Geschichte und Politik der Europäischen Integration, Baden-Baden 2008.

Stirk, Peter, A History of European Integration since 1914, London 2001.

Thum, Gregor, „Europa" im Ostblock. Weiße Flecken in der Geschichte der Europäischen Integration, in: Zeithistorische Forschungen Bd. (2003), S. 379–395.

Varsori, Antonio, L'Italia nella costruzione Europea. Un Bilancio Storico 1957–2007, Milano 2009.

III. Motive und Antriebskräfte der Europäischen Integration

1. Politische Motive und Antriebskräfte der Europäischen Integration

Im Kontext der europäischen politischen Integration können vier verschiedene Antriebskräfte identifiziert werden, das Friedensmotiv, die Deutsche Frage, das europäische Bemühen um die Selbstbehauptung in der Welt und die nationale Selbstbehauptung durch die Europäische Integration. Die Motive sollen nacheinander vorgestellt werden.

a) Das Friedensmotiv

Eines der dominierenden Motive im europäischen Einigungsprozess war der Wunsch nach Frieden in Europa. Diese Argumentation konnte auf eine lange Tradition politischen Denkens zurückgreifen – sie begann schon im Spätmittelalter und war spätestens mit den Friedensentwürfen von Immanuel Kant oder Victor Hugo zum intellektuellen Allgemeingut geworden. Das Friedensmotiv hatte, wie bereits erwähnt, auch bei der Neuordnung Europas durch den Wiener Kongress eine wichtige Rolle gespielt. Die wichtigste Aufgabe des dort errichteten Völkerrechts war es, einen Krieg zu verhindern. Doch bezog sich das auf einen „großen Krieg" zwischen mehreren Großmächten – prinzipiell waren Kriege im 19. Jahrhundert legitim, sofern sie räumlich und zeitlich begrenzt blieben und das Gleichgewichtssystem grundsätzlich nicht gefährdeten.[1] Gemäß diesen Kriterien war nur der Krimkrieg (1853–1856) ein Krieg, weil (außer Preußen) alle europäischen Mächte involviert waren. Mit dem Wiener Kongress setzte sich in Europa eine im Vergleich zum

---

1 Jost Dülffer, Bismarck und das Problem des europäischen Friedens, in: Ders. Im Zeichen der Gewalt. Frieden und Krieg im 19. und 20. Jahrhundert, Köln 2003, S. 40–48.

18. Jahrhundert neue Friedenskultur durch, die gemäß Paul Schroeder auf zwei Elementen beruhte.[2] Das erste dieser Elemente war die kooperative Hegemonie der Flügelmächte Europas, Englands und Russlands, das zweite ein gegenüber dem 18. Jahrhundert neues Verständnis von Gleichgewicht zwischen den Mächten. Es ging nun nicht mehr mechanistisch um die Gleichheit der materiellen Kräfte, sondern auf Grundlage der Akzeptanz gemäßigter Ansprüche um gegenseitige Konzessionen. Auch die klassischen Instrumente der Diplomatie, Verträge, Allianzen und Konferenzen, erhielten eine neue Bedeutung. Die Gefahr eines allgemeinen Krieges wurde auf diese Weise erheblich reduziert. Neuere Forschungen haben zudem die Flexibilität und Dynamik des neuen Systems betont, das eine „Kultur der Friedenswahrung und Konfliktregulierung" geschaffen habe.[3] Das System ist daher durchaus bereits als Vorläufer der Europäischen Gemeinschaft interpretiert worden.[4] Gewiss veränderte sich das System vor allem in den Jahren ab 1870; der Berliner Kongress von 1978 war der letzte der großen europäischen Kongresse zur gemeinsamen Regelung strittiger europäischer Angelegenheiten. Die Rivalitäten zwischen den Großmächten wurden stärker. Dennoch blieben bis fast in den Ersten Weltkrieg hinein kooperative Elemente im Staatensystem erhalten.[5]

Aber nicht nur in der Diplomatie des 19. Jahrhunderts war der Frieden ein wesentliches Ziel, auch auf gesellschaftlicher Ebene gewann die Idee des Friedens eine eigene Bedeutung. Im frühen 19. Jahrhundert entstand die Friedensbewegung im modernen Sinne zunächst in den USA, dann auch in Europa, wo in London 1816 die „London Peace

2 Paul Schroeder, The Transformation of European Politics, 1763–1848, Oxford 1994. Das Buch löste eine umfangreiche Debatte aus, die hier nicht verfolgt warden soll. Vgl. kritisch zu Schroeder die Ausgabe der American History Review Bd. 97/3 (1992), passim.

3 Matthias Schulz, Normen und Praxis. Das Europäische Konzert der Großmächte als Sicherheitsrat 1815–1860, München 2009, S. 630

4 René Albrecht-Carrié, One Europe: The Historical Background of European Unity, New York 1965, S. 149. Jacques Delors, Le nouveau Concert Européen, Paris 1992.

5 Jost Dülffer, Martin Kröger, Rolf-Harald Wippich, Vermiedene Kriege. Deeskalation von Konflikten der Großmächte zwischen Krim-Krieg und Erstem Weltkrieg 1856–1914, München 1997.

Society" gegründet wurde. Ihr folgten ähnliche Vereinigungen in Paris, Genf und anderen europäischen Städten. Träger dieser frühen Friedensbewegung waren ursprünglich Quäker, die bald die Unterstützung des liberalen Bürgertums gewannen.[6] Dieses verknüpfte die Friedens-Idee sehr bald mit der Vorstellung von Freihandel und einer transnationalen politischen Vereinigung, bisweilen sogar mit einem europäischen Bundesstaat. Dies war die Perspektive, die der französische Romancier Victor Hugo ansprach, als er anlässlich der Eröffnung des Pariser Friedenskongresses am 21. August 1849 von den „Vereinigten Staaten von Europa", einem europäischen Bundesstaat nach dem Vorbild der eben gegründeten Schweiz, träumte: „Es wird einst ein Tag kommen, an dem die Waffen auch euch aus der Hand fallen werden, an dem der Krieg geradeso absurd erscheinen und ebenso unmöglich sein wird zwischen Paris und London, zwischen Petersburg und Berlin als er jetzt unmöglich ist zwischen Basel und Zürich, zwischen Glarus und Schwyz. Ein Tag wird kommen, an dem du Frankreich, du Russland, du England, du Deutschland, an dem ihr alle, ihr Länder des Festlands, euch eng zu einer höheren Einheit zusammenschließen werdet, wie die Kantone der Schweizerischen Eidgenossenschaft, die sich vereinigen zu unserer Schweiz, ohne ihre verschiedenen Eigenschaften und ihre rühmlichen Eigentümlichkeiten zu verlieren. Ein Tag wird kommen, an dem es keine anderen Schlachtfelder geben wird als die Märkte, die sich dem Handel und die Geister, die sich den Ideen öffnen." In den 1860er-Jahren entstand eine ganze Welle pazifistischer Organisationsversuche, die meistens französischen Ursprungs waren. Der Pazifismus wurde in Frankreich und Italien zum festen Bestandteil des politischen Liberalismus und des Republikanismus. Die 1863 in Paris von Edmond Potonié-Pierre gegründete „Ligue du Bien Public" strebte die Friedenserhaltung durch die Garantie der individuellen Freiheit einschließlich der Handelsfreiheit an; ihr gehörten Richard Cobden, Giuseppe Garibaldi und auch Victor Hugo an. Von europäischer Bedeutung war schließlich auch die 1867 in Genf gegründete „Ligue internationale de la Paix et de la Liberté". Sie vereinigte ursprünglich neben bürgerlichen Liberalen

---

6   Karl Holl, Pazifismus in Deutschland, Frankfurt 1988, S. 20–31.

auch die ersten Organisationen der Arbeiterbewegung, die sich allerdings bald abspaltete. Ihr in Bern erscheinendes Organ „Die Vereinigten Staaten von Europa" propagierte die Ziele des politischen und ökonomischen Pazifismus durch die europäische Integration. Insgesamt muss also festgehalten werden, dass die Vorstellung von europäischer Integration im Rahmen eines europäischen Bundesstaates aus dem 19. Jahrhundert stammt.[7] Dennoch war der europäische Pazifismus vor 1914 zu schwach, um die Katastrophe des Weltkriegs zu verhindern.

Besondere Bedeutung erlangte das Friedensmotiv erneut nach dem Ende des Ersten Weltkriegs, der auch in dieser Hinsicht die Urkatastrophe Europas im 20. Jahrhundert war (George F. Kennan). Nach 1918 erlebte der Friedensgedanke eine starke Konjunktur, und erneut wurde dies sehr schnell mit der Idee der Einigung Europas verknüpft. In der Zeit zwischen dem Ende des Weltkrieges 1918 und der Mitte der 1930er-Jahre entstanden hunderte von Entwürfen für eine europäische Einigung, in der das Motiv der Friedenserhaltung durch europäische Integration fast immer eine prominente Rolle spielte. Das berühmteste und wohl auch einflussreichste Europa-Konzept in der Zwischenkriegszeit, in der das Friedens-Motiv eine zentrale Rolle einnahm, war das bereits erwähnte „Europäische Manifest" von Richard Coudenhove-Kalergi vom 1. Mai 1924. Ein Jahr zuvor hatte der österreichische Graf die „Paneuropa-Union" gegründet, die in vielen europäischen Staaten Sektionen unterhielt, deren Mitglieder wiederum mit großem publizistischem Aufwand für sich warben.[8] In diesem Kontext entstand auch das „Europäische Manifest". „In europäischen Fabriken werden täglich Waffen geschmiedet, um europäische Männer zu zerreißen – in europäischen Laboratorien werden täglich Gifte gebraut, um europäische Frauen und Kinder zu vertilgen. (…) Europa steuert einem neuen Kriege zu. Zwei Dutzend neuer Elsaß-Lothringen sind entstanden. Eine Krise löst die andere ab. Täglich kann durch einen Zufall – etwa durch ein

---

7   Arthur Charles Frederick Beales, The History of Peace. A Short Account of the Organised Movements for International Peace, London 1931.
8   Anita Ziegerhofer-Prettenthaler, Richard Nikolaus Coudenhove-Kalergi und die Paneuropa-Bewegung in den zwanziger und dreißiger Jahren, Wien, Köln, Weimar 2004.

Attentat oder durch eine Revolte – der europäische Vernichtungskrieg ausbrechen, der unseren Erdteil in einen Friedhof wandelt." Nach diesem offenkundig durch den Ersten Weltkrieg geprägten Schreckensbild forderte Coudenhove die Einigung Europas in wirtschaftlicher und politischer Hinsicht: „Der Weg zur Vereinheitlichung Europas ist folgender: Erstens: Gruppierung der europäischen Staaten nach dem Muster Panamerikas (...), Zweitens: Abschluss obligatorischer Schiedsverträge und gegenseitiger Grenzgarantien zwischen den Staaten Europas."[9] Das knüpfte inhaltlich eng an die pazifistischen Forderungen des 19. Jahrhunderts an, erhielt durch die Erfahrung des Ersten Weltkriegs allerdings noch eine andere Bedeutung. Wie gesagt, das „Europäische Manifest" war nicht der einzige und auch nicht der erste Entwurf für ein europäisches Friedenskonzept in der Zwischenkriegszeit, aber es war bei weitem das einflussreichste. Auch wenn der utopische Charakter des Entwurfes offenkundig war, bekundeten einige verantwortliche Politiker ihre Sympathie mit den Vorstellungen der Paneuropa-Union. Hierzu gehörte beispielsweise der französische Außenminister Aristide Briand, der in einer Rede auf der Versammlung des Völkerbundes am 5. September 1929 direkt Bezug nahm auf die Ziele der Paneuropa-Union und eine europäische Organisation zur kooperativen Konfliktregelung vorschlug. „Ich bin der Auffassung, dass zwischen den Völkern, deren geographische Lage so ist wie die der Völker Europas, eine Art föderatives Band bestehen muss; diese Völker müssen jederzeit die Möglichkeit haben, miteinander in Verbindung zu treten, über ihre Interessen zu beraten, gemeinsam Entschließungen zu fassen, untereinander ein Band der Solidarität zu schaffen, das ihnen erlaubt, zu gegebener Zeit einer ernsten Lage, falls eine solche entsteht, gegenüberzutreten."[10] Doch fand ein solcher Vorschlag, hinter dem durchaus auch französische Hegemonialinteressen standen, keine Unterstützung.

---

9 Richard Coudenhove Kalergi, Paneuropa 1922–1966, Wien, München 1966, S. 118.
10 Auszug auf der Rede des französischen Außenministers Aristide Briand auf der 10. Versammlung des Völkerbundes am 5. September 1929, in: Forschungsinstitut der Deutschen Gesellschaft für Auswärtige Politik (Hg.), Europa. Dokumente zur Frage der europäischen Einigung, Bd. 1 München 1962, S. 27.

In der zweiten Hälfte der 1930er-Jahre nahmen die Vorschläge für eine völkerrechtlich-institutionell verankerte europäische Friedensorganisation ab – zu unrealistisch erschien ein solches Konzept angesichts der aggressiven Revisions- und Expansionspolitik des Deutschen Reiches und Italiens. Eine Renaissance erlebte die Vorstellung von Europa als einem Friedensinstrument dann allerdings im Zweiten Weltkrieg, wobei sich hier zwei verschiedene Zentren ausmachen lassen. Wichtig waren hier zum einen die verschiedenen Exil-Regierungen, die sich vorzugsweise in London einquartierten und dort in unterschiedlicher Weise Kontakt untereinander aufnahmen. Ein zweiter wesentlicher Rahmen europapolitischen Denkens im Zweiten Weltkrieg waren die nationalen Widerstandsbewegungen gegen die nationalsozialistische Besatzungspolitik, in denen zwar gleichzeitig, doch weitgehend unabhängig voneinander, europapolitische Konzeptionen entstanden, in denen das Friedensmotiv eine wichtige Rolle spielte.

Während im Kreis der Londoner Exilregierungen bezeichnenderweise die Selbstbehauptung Europas angesichts der sich abzeichnenden Dominanz der Sowjetunion und der Vereinigten Staaten von Amerika im Mittelpunkt stand, waren die zahllosen Manifeste der jeweils nationalen Resistance in starkem Maße vom Europagedanken als Friedensinstrument geprägt.[11] Der klassische Nationalstaat, so die in diesen Kreisen weitgehend geteilte Meinung, habe sich als unfähig erwiesen, den Frieden zu bewahren. Daher sei er einzubinden in eine europäische Organisation, wie auch immer diese völkerrechtlich ausgestaltet werden könnte. Das betraf den deutschen Widerstand etwa im Kreisauer Kreis um Helmuth James Graf von Moltke oder auch Carl Goerdeler, der für eine „organische Einheit" europäischer Staaten warb. Ähnliches ließ sich in einem der zentralen Dokumente der italienischen Resis-

---

11   Robert Frank, Images de l'Europe et des Européens chez les Résistants pendant la Seconde Guerre Mondiale, in: Antoine Fleury, Robert Frank (Hrsg.), Le Rôle des Guerres dans la Mémoire des Européens, Bern 1997, S. 71–81. Walter Lipgens, Die Anfänge der europäischen Einigungspolitik 1945–1950, Bd. 1: 1945–1947, Stuttgart 1977, S. 43–61. Walter Lipgens (Hg.), Documents on the History of European Integration, Vol. 1, Berlin New York 1986. Michel Dumoulin (Hg.), Plans de Temps de Guerre pour l'Europe d'après guerre 1940–1947, Brüssel, Mailand, Paris, Baden-Baden 1995.

tenza finden, dem „Manifest von Ventotene", welches Altiero Spinelli und Ernesto Rossi im Frühjahr 1941 publizierten. „Es gilt, einen Bundesstaat zu schaffen, der auf festen Füßen steht und anstelle nationaler Heere über eine europäische Streitmacht verfügt", wurde hier gefordert. Auch aus dieser Perspektive waren es also die Nationalstaaten und die von ihnen aufgebauten militärischen Mittel, welche in die Katastrophe geführt hatten. Eine europäische Armee versprach den militärischen Konflikt zwischen den europäischen Nationalstaaten langfristig zu vermeiden. Aus der Sicht des Chefs des „Combat", der bis kurz vor Kriegsende größten Gruppe der französischen Résistance, Henri Frenay, hatte hingegen der Widerstand gegen den Nationalsozialismus schon die europäische Einheit geschaffen, die es nun im Sinne einer Friedensgemeinschaft auszubauen galt: „Europa kämpft, Europa leidet, Europa hungert, vereinigt unter einem Gedanken, ausgedrückt in einem einheitlichen Willen: Zunächst den Krieg gewinnen und dann den Frieden."[12] Die Zitate ließen sich beliebig fortsetzen; nahezu zahllos sind die Aufrufe aus den verschiedenen Widerstandbewegungen für die europäische Einheit als Instrument des Friedens. Gewiss, oft handelte es sich um Schlagworte – selbst die Nationalsozialisten gaben vor, für den Frieden zu kämpfen. Dennoch kommt den Europa-Konzeptionen des Widerstandes im Zweiten Weltkrieg eine herausragende Bedeutung zu: Zum einen waren sie sich weitgehend darüber einig, dass die Nationalstaaten als Hauptakteure der internationalen Beziehungen durch den übersteigerten Nationalismus ihre Legitimation verloren hatten und durch ein neues, föderalistisches Ordnungsprinzip ersetzt werden müssten. Nur eine starke, mit exekutiven Vollmachen ausgestattete europäische Organisation, so die sehr weit verbreitete Meinung, könne den von vielen als europäischen Bürgerkrieg empfundenen Konflikt langfristig bändigen. Walter Lipgens hat schon frühzeitig auf die bemerkenswert breite Übereinstimmung der verschiedenen Widerstandsbewegungen in dieser Hinsicht hingewiesen.[13] Zum Zweiten war es wichtig, dass in fast allen europäischen Widerstandsbewegungen der Begriff „Europa" mit

---

12   Henri Frenay, Résistance... Espoir de l'Europe, Combat d'Alger, 12.12.1943, zit. nach Robert Frank, Images de l´Europe, S. 73.
13   Walter Lipgens, Die Anfänge der europäischen Einigungspolitik, S. 55.

Frieden, Freiheit und Demokratie assoziiert wurde. (Hinsichtlich der ökonomischen Ausgestaltung, Sozialismus oder Marktwirtschaft, gingen die Vorstellung hingegen schon während des Krieges weit auseinander.) Dies schuf die Voraussetzung dafür, dass die Vorstellung von der europäischen Einheit nach dem Krieg in weiten Teilen der Bevölkerung positiv besetzt war; Europa und die europäische Einigung galten unabhängig von der Unklarheit der Begriffe als friedenserhaltend, als Beispiel dafür, dass man gewillt war aus der Geschichte zu lernen. Damit war eine wesentliche Voraussetzung für die politische Umsetzung der noch diffusen Konzepte gegeben.

In der Tat war die unmittelbare Nachkriegszeit eine Hochphase der europäischen Einigung. Schüler und Studenten demonstrierten vor allem in Deutschland für die europäische Einheit, Grenzanlagen nach Frankreich wurden demonstrativ zerstört. Das Bekenntnis zur europäischen Einheit gehörte selbstverständlich zum Repertoire aller in den westlichen Besatzungszonen entstehenden politischen Parteien, in der Sowjetischen Besatzungszone dominierte allerdings das Bekenntnis zur engen Anbindung an die Sowjetunion. Es entstand fast so etwas wie eine Volksbewegung für die politische und wirtschaftliche Einheit Europas.[14] Man könnte also davon ausgehen, dass die Zeit unmittelbar nach dem Zweiten Weltkrieg die Zeit war, in der das Friedensmotiv eine herausragende Rolle für den europäischen Einigungsprozess spielte. Dem war auch so. Zugleich wurden aber auch die Grenzen dieses sehr grundlegenden, zugleich aber auch diffusen Konzeptes deutlich: Zum einen wandelte sich angesichts des sich nun zum Kalten Krieg entwickelnden Ost-West-Konfliktes der Begriff des Friedens, der schon in den Konzepten der Widerstandsbewegungen und Exilregierungen sehr unterschiedlich war. Nicht mehr die idealistische Überwindung des Nationalstaates durch politischen und wirtschaftlichen Zusammenschluss und die Ächtung des Militarismus standen im Mittelpunkt, sondern die militärische Abschreckung gegen den als bedrohlich wahrgenommenen Hegemonialanspruch der Sowjetunion im Westen, gegen den der Vereinigten Staaten im Osten. Unter diesen Bedingungen musste

---

14   Gerhard Brunn, Die Europäische Einigung, Stuttgart 2002, S. 52.

sich auch der Begriff des Friedens ändern. Während die Widerstandsbewegungen in ihrer Mehrheit hofften, den Frieden durch die Auflösung der Nationalstaaten und eine über diesen stehende, ihre Souveränität einschränkende Exekutive zu erhalten, entstand nun der Gedanke, ein neues, nun bipolares Gleichgewicht zwischen den beiden sich formierenden Blöcken zu errichten. Konkrete politisch-institutionelle Ausgestaltung fand dieser Friedensbegriff im so genannten Brüsseler Vertrag vom 17. März 1948, als die Regierungen Großbritanniens, Frankreichs und der Benelux-Staaten ein Abkommen über die Zusammenarbeit in wirtschaftlichen, kulturellen und sozialen Angelegenheiten sowie zur kollektiven Selbstverteidigung schlossen. Die so genannte „Westunion" hatte zu diesem Zeitpunkt noch eine deutliche anti-deutsche Spitze (vgl. hierzu das folgende Kapitel), richtete sich aber bald schon stärker gegen die Politik der Sowjetunion. Wichtiger wurde in diesem Kontext dann der transatlantisch organisierte NATO-Vertrag vom 4. April 1949.

Dennoch wurde der aus den Widerstandsbewegungen tradierte Friedenswunsch in Westeuropa nicht irrelevant. Entscheidend jedoch war, dass die durch den gemeinsamen Feind entstandene Einheit der europäischen Widerstandsbewegungen nach dem siegreichen Ende des Krieges schnell zerbrach. Simone de Beauvoir hat das in eindrucksvoller Weise in den „Mandarins von Paris" für das französische Beispiel beschrieben; es galt für ganz Westeuropa. Insgesamt spaltete sich die Europa-Bewegung in drei Hauptströmungen, die bald ihrerseits wieder in Fraktionen zerfielen. Es waren dies die europäischen Föderalisten, die europäischen Unionisten und diverse (Partei-) politisch und ökonomisch motivierte Gruppierungen. Für alle drei spielte das Friedensmotiv eine zentrale Rolle in ihrem Plädoyer für eine europäische Einheit; die politischen Konsequenzen, die daraus gezogen wurden, waren jedoch sehr unterschiedlich.

Die europäischen Föderalisten organisierten sich sehr schnell um das „Hertensteiner Programm", das im September 1946 entworfen worden war. Aus dieser Perspektive sollte die künftige europäische Einheit als Föderalstaat nach dem Vorbild der Schweiz oder der USA organisiert werden, indem die Nationalstaaten Teile ihrer Souveränität an einen europäischen Staat delegieren. Das Friedensmotiv fand sich im „Hertensteiner Programm" an zwei Stellen. Der zweite von insgesamt 12 Punkten hielt fest: „Entsprechend den föderalistischen Grundsätzen, die den demokratischen Aufbau von unten nach oben verlangen, soll die europäischen Völkergemeinschaft die Streitigkeiten, die zwischen ihren Mitgliedern entstehen könnten, selbst schlichten."[15] Hier deutete sich einerseits die seit Immanuel Kant diskutierte These an, der gemäß republikanisch regierte Staaten seltener in Konflikte geraten als Staaten mit autoritären Regierungsformen.[16] Andererseits sollte die europäische Völkergemeinschaft Streitigkeiten zwischen ihren Mitgliedern schlichten – das bedeutete die Verrechtlichung der internationalen Beziehungen mit dem Ziel der Friedenserhaltung. Punkt neun hielt fest: „Die Europäische Union richtet sich gegen niemand und verzichtet auf jede Machtpolitik, lehnt es aber auch ab, Werkzeug irgendeiner fremden Macht zu sein." Das Plädoyer zum Verzicht auf Machtpolitik entsprach ganz dem idealistisch-pazifistischen Geist der Resistance-Bewegungen. Der zweite Teil des Satzes, die Ablehnung der Instrumentalisierung der europäischen Organisation, richtete sich gegen die immer deutlicher hervortretenden Absichten der USA und der Sowjetunion, ihren Einfluss auf dem zerstörten Kontinent geltend zu machen.

Der zweite wichtige Flügel der Europa-Bewegung der unmittelbaren Nachkriegszeit waren die Unionisten, die keinen Bundesstaat anstrebten, an den die Teilstaaten wesentliche Elemente ihrer nationalen Souveränität abtreten sollten, sondern eine intergouvernementale (zwischenstaatliche) Kooperation weiterhin nationaler Regierungen. Hauptprotagonist dieser Richtung wurde schnell Winston Churchill, der in seiner berühmten Züricher Rede vom 19. September 1946 gewissermaßen die Grundsätze dieses Flügels der Europabewegung entworfen hatte. Der britische Oppositionsführer bezog sich ausdrücklich auf Richard Coudenhove-Kalergi, Aristide Briand und den gescheiterten Völkerbund, wenn er sagte: „Wir verfügen weiter über das unermessliche

---

15 Das Hertensteiner Programm, in Die Friedenswarte (1947), 1/2, S. 68. Wiederabdruck in: Europa-Archiv, 5. September 1951, S. 4246f.

16 Zur „Democratic Peace-These": Jost Dülffer, Internationale Geschichte und Historische Friedensforschung, in: Wilfried Loth, Jürgen Osterhammel (Hrsg.), Internationale Geschichte. Themen – Ergebnisse – Aussichten. München 2000, S. 247–266.

Gedankengut und die Verfahrenstechnik, die nach dem Ersten Weltkrieg inmitten großer Hoffnungen in Form des Völkerbundes ins Leben gerufen und entwickelt wurden. Der Völkerbund versagte nicht wegen seiner Grundsätze oder Ideen. Er versagte, weil diese Grundsätze von den Staaten aufgegeben wurden, die ihn begründet hatten. Er versagte, weil die Regierungen jener Tage sich fürchteten, den Tatsachen ins Auge zu sehen und zu handeln, solange noch Zeit dazu war. Dieses Unheil darf sich nicht wiederholen. Wir verfügen also über große Kenntnisse und das Material, mit dem wir bauen können; und außerdem über die teuer erkaufte Erfahrung."[17] Auch hier spielte also das Friedensmotiv eine zentrale Rolle. Der Friede sollte aber nicht durch eine supranationale Organisation erreicht werden, die das Aggressionspotential der europäischen Nationalstaaten zähmen würde, sondern durch intergouvernemental organisierte „Vereinigte Staaten von Europa" nach dem Vorbild des Völkerbundes. Dieses Konzept mündete nach drei Jahren in die Gründung des Europarates, dessen Satzung am 5. Mai 1949 von zehn westeuropäischen Regierungen unterzeichnet wurde.[18] Die westdeutsche Regierung war hier noch nicht präsent – die Bundesrepublik trat erst am 5. Mai 1951 als vollwertiges Mitglied bei. Auch der Europarat verzichtete in seiner Satzung keineswegs auf das Friedensmotiv: „In der Überzeugung, dass die Festigung des Friedens auf den Grundlagen der Gerechtigkeit unter internationaler Zusammenarbeit für die Erhaltung der menschlichen Gesellschaft und der Zivilisation von lebenswichtigem Interesse ist (…)", werde dieses Bündnis geschlossen, so hieß es in der Präambel.[19]

Doch hatte das Friedensmotiv als Antrieb für die europäische Integration zu diesem Zeitpunkt seinen Höhepunkt überschritten. Während

---

17 Winston Churchill, Rede an die akademische Jugend, Zürich 19.9.1946, in: Forschungsinstitut der Deutschen Gesellschaft für Auswärtige Politik (Hrsg.), Europa. Dokumente zur Frage der europäischen Einigung, München 1962, S. 113–115.

18 Die Geschichte des Europarates ist nach wie vor ein Stiefkind der Forschung. Erste Ansätze bei: Marie-Thérèse Bitsch (Hrsg.), Jalons pour une Histoire du Conseil de l'Europe. Actes du Colloque de Strasbourg (8–10 Juin 1995), Bern 1997. Otto Schmuck (Hrsg.), Vierzig Jahre Europarat. Renaissance in gesamteuropäischer Perspektive? Bonn 1990.

19 Satzung des Europa-Rates, in: Europa-Archiv (1949), S. 2241–2244.

des Zweiten Weltkrieges, vor allem in den letzten Kriegsjahren, war Frieden zum wichtigsten politischen Ziel in Europa geworden, das dann im Mai 1945 auch tatsächlich erreicht werden konnte. Noch bis Ende 1946 spielte das Friedensmotiv die dominierende Rolle in der Europa-Rhetorik, bevor es dann ab Mitte 1947 durch andere Motive, vor allem die „Deutsche Frage", aber auch das Motiv der „Dritten Kraft", in dieser Rolle abgelöst wurde. Das bedeutete nicht, dass das Friedensmotiv nun irrelevant wurde, es verlor lediglich die herausragende Bedeutung für die Europäische Integration, die es im Krieg und unmittelbar nach dem Mai 1945 gehabt hatte. Das lag, wie bereits angedeutet, auch daran, dass Frieden nun eine etwas andere Bedeutung bekam. Es wurde deutlich, dass es zur Erhaltung des Friedens nicht ausreichen würde, eine europäische Organisation zu schaffen, weil ein Krieg zwischen westeuropäischen Staaten nach 1945 sehr unwahrscheinlich wurde. Schnell zeigte sich, dass sich die weltpolitischen Strukturen fundamental verändert hatten: Europa hatte seine Funktion als Zentrum der Welt verloren; Weltpolitik wurde nun in Moskau und Washington gestaltet. Wenn es eine zuverlässige Friedensorganisation geben sollte, dann nur unter Beteiligung dieser beiden außereuropäischen Mächte. Davon war man aber trotz der Gründung der UNO gegen Ende der 1940er-Jahre weit entfernt. Eine allein westeuropäische Integration schien aus vielen Gründen sinnvoll, um den Frieden zu erhalten, jedoch hatte sie manches an ihrer Bedeutung eingebüßt.[20]

Dies blieb auch in den 1950er- und 1960er-Jahren so. Gewiss beschwor auch Robert Schuman in der berühmten Pressekonferenz vom 9. Mai 1950 den Frieden in Europa, doch standen hinter diesem Konzept vorrangig andere Motive (vgl. dazu das folgende Kapitel). Gleiches galt für die Gründung der Europäischen Wirtschaftsgemeinschaft und Euratom. Frieden blieb ein wichtiges Ziel, vor allem in Kontext der deutsch-französischen Beziehungen, wurde aber, je länger man sich vom Ende des Zweiten Weltkrieges entfernte, immer selbstverständlicher.

---

20 Klaus Voigt (Hrsg.), Friedenssicherung und europäische Einigung. Ideen des deutschen Exils 1939–1945, Frankfurt 1988, S. 20.

Dafür gewann das Motiv zu Beginn der 1970er-Jahre an Bedeutung, wenn auch in einem anderen Rahmen. Schon seit der Mitte der 1960er-Jahre hatte sich im Kalten Krieg ein Entspannungsprozess angedeutet, der dann gegen Ende der Dekade in konkrete politische Schritte übergeleitet wurde. Nach der Hochrüstungsphase der 1950er-Jahre und der Konfrontation der Supermächte in den Krisen um Kuba und Berlin 1961/62 setzte sich in Ost und West die Einsicht durch, dass man angesichts der Hochrüstung zu neuen Formen der Sicherheitspolitik kommen musste, wenn man den globalen Frieden erhalten wollte. Ein kollektives Sicherheitssystem war von Seiten des Warschauer Paktes schon seit Mitte der 1950er-Jahre gefordert worden, allerdings unter der Bedingung der Anerkennung des territorialen Status quo, so wie er sich nach dem Zweiten Weltkrieg entwickelt hatte. Auf westlicher Seite hatte man gerade dies abgelehnt; vor allem die deutsche Teilung und die Existenz der DDR wurden vom Westen nicht anerkannt. Nachdem dieses Problem durch die seit Ende 1969 eingeleitete „Neue Ostpolitik" gelöst worden war, war auch der Weg frei geworden für eine gesamteuropäische Sicherheitskonferenz. Die Konferenz für Sicherheit und Zusammenarbeit in Europa (KSZE) sollte eine stabile Sicherheitslage in Europa schaffen, die auf der gegenseitigen Anerkennung beruhte.[21] Der Westen akzeptierte die „Unverletzlichkeit" der bestehenden Grenzen und die Nichteinmischung in die inneren Angelegenheiten der Staaten (Korb I), der Osten die Intensivierung der wirtschaftlichen, gesellschaftlichen und kulturellen Kontakte über die Systemgrenzen hinweg (Korb III). Korb II stellte Regeln auf für die blockübergreifende Zusammenarbeit in den Sektoren der Wirtschaft, Wissenschaft, Technik und Umwelt. Gemeinsam war beiden Seiten der Wunsch nach einer stabilen Friedensordnung. Das zentrale Dokument, die Schlussakte von Helsinki

---

21 Die Konferenz für Sicherheit und Zusammenarbeit ist erst ansatzweise erforscht. Einführend im Gesamtkontext des Ost-West-Konfliktes: Wilfried Loth, Helsinki, 1. August 1975. Entspannung und Abrüstung, München 1998. Oliver Bange, Gottfried Niedhart (Hrsg.), Helsinki 1975 and the Transformation of Europe, New York 2008. Angela Romano, From Détente in Europe to European Détente. How the West shaped the Helsinki CSCE, Brüssel 2009. Thomas Fischer, Neutral Power in the CSCE. The N+N states and the Making of the Helsinki Accords 1975, Baden-Baden 2009.

vom 1. August 1975, nahm daher an verschiedenen Stellen Bezug auf den Frieden als Hauptziel der Entspannungspolitik: Die Akte wurde von den Regierungen unterschrieben „unter Bekräftigung ihrer vollen und aktiven Unterstützung für die Vereinten Nationen und für die Stärkung ihrer Rolle und Wirksamkeit bei der Festigung des internationalen Friedens sowie der internationalen Sicherheit und Gerechtigkeit und bei der Förderung und Lösung internationaler Probleme sowie bei der Entwicklung freundschaftlicher Beziehungen und der Zusammenarbeit zwischen den Staaten (…).“ Frieden sollte hier erreicht werden durch permanente blockübergreifende Kooperation zwischen den Regierungen. Eine weitere Bedingung war die gegenseitige Anerkennung der territorialen Integrität der Teilnehmerstaaten (Kapitel IV). Kapitel V lautete: „Die Teilnehmerstaaten werden Streitfälle zwischen ihnen mit friedlichen Mitteln auf solche Weise regeln, dass der internationale Frieden und die internationale Sicherheit sowie die Gerechtigkeit nicht gefährdet werden.“[22] Dieser Aspekt wurde dann noch detaillierter ausgeführt. Die KSZE-Schlussakte von Helsinki war das erste völkerrechtliche Abkommen seit dem Vertrag über den Europarat, in dem der Frieden als Ziel eine dominante Rolle spielte. Das Kernziel dieses Vertrages war es, den Friedenszustand zwischen den Blöcken in Europa zu erhalten. Damit tauchte das Friedensmotiv in der Europäischen Integration, das, wie bereits erwähnt, seit 1949 keine dominante Rolle mehr gespielt hatte, erneut in hervorragender Weise auf.

Doch hatte sich der hier zu Grunde liegende Friedensbegriff mit der gesamtpolitischen Situation verändert. Während die Widerstandsbewegungen gegen den Nationalsozialismus während des Zweiten Weltkrieges in ihrer Mehrheit an die Abschaffung oder enge Einbindung der europäischen Nationalstaaten gedacht hatten, ging man in Helsinki realistischerweise davon aus, dass die Nationalstaaten und ihre Blockbildung nicht aufzulösen waren. Im Gegenteil, die Anerkennung des Status quo war vielmehr Voraussetzung für die KSZE-Akte. Daher spielte der Begriff „Frieden“ zwar eine wichtige Rolle im KSZE-Prozess, wurde

---

22 Schlussakte der Konferenz über Sicherheit und Zusammenarbeit in Europa vom 1. August 1975, in: Europa-Archiv 1975, D 437f.

aber ergänzt und zunehmend dominiert durch die Begriffe „Sicherheit und Stabilität". Hierhinter stand die Erkenntnis, dass der Antagonismus zwischen Ost und West sich zumindest kurzfristig nicht auflösen werde. Zugleich bedeutete der Begriff von der „Stabilität" der internationalen Ordnung, dass Krisen, die insbesondere im Ost-West-Verhältnis zu einem die Menschheit in ihrer Existenz bedrohenden Konflikt führen konnten, durch zuvor vereinbarte Konfliktregelungsmechanismen verhindert werden sollten. Mit anderen Worten: Die Friedensbewegungen des Zweiten Weltkrieges hatten an ein kollektives Friedenssystem gedacht; mit der KSZE war ein bipolares, antagonistisches System entstanden, das auf dem Prinzip des Kräftegleichgewichtes beruhte. Ein weiterer wichtiger Unterschied war die dominante Rolle, die die Sowjetunion und die Vereinigten Staaten nun für die europäische Politik eingenommen hatten. Ohne die Zustimmung und die Kooperation von Washington und Moskau wäre der KSZE-Prozess undenkbar gewesen – beide waren Vertragspartner in der Schlussakte von Helsinki. Die Friedens-Entwürfe des europäischen Widerstandes und des Europarates waren von einer rein europäischen Angelegenheit ausgegangen. Das lag daran, dass zu diesem Zeitpunkt noch Deutschland als das Kernproblem Europas galt; eine Konfrontation zweier außereuropäischer Mächte in Europa lag jenseits der Vorstellungswelt. Die Bedeutung des KSZE-Prozesses für die Stabilisierung Europas und damit für den Erhalt des europäischen Friedens ist unbestritten. Diskutiert wird bis heute die Bedeutung der KSZE für die Überwindung des Ost-West-Konfliktes.[23]

---

23 Wilfried Loth, Helsinki, und Gottfried Niedhardt, Ostpolitik, Phases, Short-Term Objectives, and Grand Design, in: David C. Geyer, Bernd Schaefer (Hrsg.), American Détente and German Ostpolitik, 1969–1972. Bulletin of the German Historical Institute, Supplement No. 1, Washington 2004, S. 118–136, sehen eine bedeutende Rolle der KSZE für das Ende des Kalten Krieges, dagegen Helmut Kohl, der vor allem die entschlossene Nachrüstung der NATO 1982/83 als entscheidend für die Wende in Osteuropa ansieht. Gespräch des Bundeskanzlers Kohl mit Präsident Bush, Laeken bei Brüssel, 3.12.1989, in: Deutsche Einheit. Sonderedition aus den Akten des Bundeskanzleramtes 1989/90. Dokumente zur Deutschlandpolitik, Sonderedition, München 1998, S. 602/603. Vgl. auch: Andreas Wenger, Vojtech Mastny, Christian Nuenlist (Hrsg.), Origins of the European Security System. The Helsinki Process Revisited, 1965–1975, London 2008. Leopoldo Nuti (Hrsg.), The Crisis of Détente in Europe. From Helsinki to Gorbachev, 1975–1985, London 2009.

Noch einmal gewann das Friedensmotiv für die europäische Einigung an Bedeutung, und zwar im Kontext der deutschen Wiedervereinigung und des Zusammenbruchs des Ostblocks 1989/90. Auch hier
dominierte der Begriff der Stabilität der internationalen Ordnung, die
durch den Zusammenbruch der DDR, den Mauerfall und das Ende
des Sowjetimperiums instabil wurde. Europäische Integration in gewiss
sehr unterschiedlichen Rahmen und Formen wurde nun erneut als Instrument zur Wiederherstellung der Stabilität propagiert. Dies geschah
in der von Michael Gorbatschow geprägten Metapher vom „Europäischen Haus" ebenso wie in den Bemühungen Helmut Kohls und François Mitterrands[24] für eine europäische Währungsunion. Erneut rückte
damit der Kerngedanke der Friedensentwürfe der Widerstandsbewegungen des Zweiten Weltkrieges in den Mittelpunkt. Der „Gesamt-
gesprächsführungsvorschlag", den der Kanzlerberater Horst Teltschik
am 17. November 1989, also kurz nach dem Fall der Berliner Mauer,
als Vorbereitung für ein Treffen zwischen Helmut Kohl und François
Mitterrand entwarf, hielt fest: „Betonung der Perspektiven zur Überwindung der Teilung Europas, um zu einer neuen und dauerhaften Stabilität in ganz Europa zu kommen. Dies schließt für uns die Perspektive ein, im Rahmen einer europäischen Friedensordnung die Teilung
Deutschlands zu überwinden." Europäische Integration, nun im ge-
samteuropäischen Rahmen unter Einschluss Osteuropas, sollte erneut
dazu dienen, einen stabilen Frieden zu garantieren. Im Zentrum stand
hierbei aus deutscher Sicht selbstverständlich die Wiedervereinigung
der beiden deutschen Staaten: „Wir wollen eine gerechte und dauerhafte europäische Friedensordnung erreichen, in der auch das deutsche
Volk in freier Selbstbestimmung seine Einheit wiedererlangt."[25] Erneut
wurde damit die Integration Europas im Rahmen der KSZE sowie in
dem der EWG in wesentlicher Weise mit dem Motiv verknüpft, um
eine stabile Friedensordnung in Europa zu schaffen.

---

24 Tilo Schabert, Wie Weltgeschichte gemacht wird. Frankreich und die deutsche
    Einheit, Stuttgart 2002. François Mitterrand, Über Deutschland, Frankfurt 1998.
25 Zitate aus: Vorlage des Ministerialdirektors Teltschik an Bundeskanzler Kohl,
    Bonn, 17. November 1989, Gesamtgesprächsführungsvorschlag, in: Deutsche
    Einheit. Dokumente zur Deutschlandpolitik, Dok. Nr. 94a, S. 542, 543.

Seit den 1970er-Jahren gewann das Friedensmotiv eine stärkere Bedeutung, auch im Rahmen der symbolischen Politik auf europäischer Ebene. Dies lässt sich gut an einem Erinnerungsort zeigen, der seither paradigmatisch für europäische Verständigung zur Erhaltung des Friedens steht: Verdun. An dem Ort, an dem im Jahr 1916 eine der größten Schlachten zwischen Deutschen und Franzosen stattgefunden hatte, und der seither in Frankreich immer symbolisch für den Widerstandswillen der Nation gegen die deutsche Aggression gestanden hatte, wurde seit Mitte der 1970er-Jahre die deutsch-französische Verständigung und die europäische Integration als Instrument des Friedens inszeniert. Das begann 1975 mit einem internationalen wissenschaftlichen Kolloquium über die Schlacht von Verdun. 1979 erhielt der deutsche Schriftsteller und Weltkriegsveteran Ernst Jünger als Ehrengast der Stadt die „Medaille de la Paix"; Verdun selbst bezeichnete sich nun als „Ville de la Paix". Besondere Bedeutung erlangte in diesem Kontext die Inszenierung von deutsch-französischer Verständigung und europäischer Integration durch die Handreichung zwischen dem deutschen Bundeskanzler Helmut Kohl und dem französischen Staatspräsidenten François Mitterrand über den Gräbern von Verdun am 22. September 1984.[26] Damit wurde Verdun zu einem europäischen Gedächtnisort, der die europäische Integration bis in die Gegenwart mit der Botschaft des Friedens verbindet. Im französischen Präsidentschaftswahlkampf des Jahres 2007 besuchte der konservative Kandidat und spätere Staatspräsident Nicolas Sarkozy die Schlachtfelder von Verdun und verband dies mit einem pathetischen Aufruf für die europäische Integration: „An diesem Ort, dem Höhepunkt des Schreckens aber auch des Mutes, beschwöre ich Sie alle Europäer zu sein, das heißt Männer und Frauen, die den Frieden wollen. (…) In Verdun sind Menschen gestorben, weil Europa zu spät gekommen ist."[27] Verdun hat sich seit der Mitte der

---

26 Zu Verdun: Antoine Prost, Verdun, in: Pierre Nora (Hrsg.), Erinnerungsorte Frankreichs, München 2005, S. 253–178. Gerd Krumeich, Verdun: un lieu de mémoire commune? In: Jacques Morizet, Horst Möller (Hrsg.), Allemagne-France. Lieux de mémoire d'une histoire commune, Paris 1995, S. 121–139.
27 www.anciencombattant.com/article.cfm?id=103980 (25.9.2009)

1970er-Jahre zu einem europäischen Gedächtnisort entwickelt, der eng mit dem Friedensmotiv verknüpft wurde.

Ein letzter Aspekt des Friedensmotives soll noch erwähnt werden: Europäische Integration war nicht allein ein Instrument, um Frieden nach außen, d.h. in den zwischenstaatlichen Beziehungen zu schaffen, sondern diente auch der inneren Befriedung von Staaten und Gesellschaften. Dies zeigt sich beispielsweise am Demokratiegebot. Staaten, die Mitglieder in der Europäischen Union oder im Europarat werden wollen, müssen eine demokratische Grundordnung haben und die Menschenrechte achten. Die Auseinandersetzungen zwischen dem Europarat und der Türkei nach dem Militärputsch vom 12. September 1980 oder mit Russland nach der Intervention in Tschetschenien zeigen, dass dieses Gebot ernst genommen wird, zugleich aber auch Grenzen hat. In diesen Kontext gehört auch die Abschaffung der Todesstrafe in allen europäischen Ländern, ein Prinzip, das keineswegs in allen parlamentarischen Demokratien der westlichen Welt gilt.

Das Friedensmotiv spielte also eine bedeutende Rolle in der Geschichte der europäischen Einigung. Schon im 19. Jahrhundert war es das übergeordnete Ziel der Diplomatie im Rahmen des „Europäischen Konzertes", einen großen Krieg zu verhindern. Nach dem Ersten Weltkrieg wurde aus dem Friedens-Gebot ein Kriegs-Verbot, das allerdings angesichts der nationalsozialistischen Herausforderung nicht aufrecht erhalten werden konnte. Von herausragender Bedeutung war das Friedensmotiv während des Zweiten Weltkrieges, als in fast allen europäischen Widerstandsbewegungen zum großen Teil unabhängig voneinander Friedensordnungen für die Nachkriegszeit entworfen wurden. Insbesondere der Gedanke einer supranationalen europäischen Gemeinschaft zur Einbindung und Zähmung des aggressiven Nationalismus fand sich in fast allen Friedenskonzeptionen der Widerstandsbewegungen. In der unmittelbaren Nachkriegszeit, zwischen 1945 und 1947, blieb es bedeutend, büßte aber angesichts des beginnenden Kalten Krieges und der zunehmenden Unwahrscheinlichkeit eines militärischen Konfliktes zwischen westeuropäischen Staaten an Bedeutung ein. Die Einigungsprozesse in den 1950er- und 1960er-Jahren wurden stark von anderen Motiven geprägt. Erst im Kontext europäischer Integration im Rahmen der KSZE gewann das Friedensmotiv für Europa wieder an Bedeutung, nun im Sinne einer friedlichen Koexistenz zweier Blöcke von Nationalstaaten, deren Existenz nicht in Frage gestellt wurde. „Stabilität" war der hierfür gebräuchliche Ausdruck der Zeit. Im Zusammenhang mit dem Ende des Ost-West-Konfliktes und der deutschen Wiedervereinigung 1989/90 gewann der Gedanke erneut an Bedeutung, nun wieder in ähnlicher Weise wie in den Widerstandsbewegungen. Europa sollte die destruktive Kraft der souveränen Nationalstaaten einbinden. Die Europäische Union ist heute das wichtigste Konsultations- und Regulierungsinstrument zwischenstaatlicher Konflikte unter ihren Mitgliedstaaten. Sie gibt den europäischen Staaten einen völkerrechtlich fixierten Rahmen, innerhalb dessen Konflikte friedlich auf der Basis des Gemeinschaftsrechts geregelt werden. Insofern spielt das Friedensmotiv, auch wenn es nicht immer auf der Tagesordnung steht, eine herausragende Rolle für die europäische Integration der Gegenwart.

b) Die Lösung der „Deutschen Frage"

Die „Deutsche Frage" bis zum Zweiten Weltkrieg

Die „Deutsche Frage" ist ein Problem, das die europäische Geschichte nicht erst in der zweiten Hälfte des 20. Jahrhunderts beschäftigte. Doch hat die hinter diesem Begriff stehende Problematik seit Beginn des 19. Jahrhunderts immer wieder neue Variationen erfahren, die Inhalte der Metapher wechselten. Im 19. Jahrhundert gab es viele offene „Fragen": Neben der deutschen existierten spätestens seit 1815 auch eine „polnische Frage" und eine „italienische Frage". Diese Begriffe standen im 19. Jahrhundert für ungelöste nationale Probleme. In Bezug auf Deutschland hieß dies zweierlei: Zum einen war unklar, welche politische Form ein möglicher deutscher Nationalstaat annehmen sollte. Hier war nach 1815 ein konservatives, nach dem monarchischen Prinzip organisiertes Staatswesen ebenso denkbar wie ein republikanisches, das beispielsweise von der Linken des Paulskirchenparlamentes gefordert wurde. Zwischen diesen Extremen gab es zahllose andere Konzepte.

Zum Zweiten war offen, welche territoriale Form der deutsche Nationalstaat annehmen sollte. Auch hier gab es viele Konzepte, die zwischen groß- und kleindeutsch sowie verschiedenen nationalen Vorstellungen (Kulturnation, Staatsnation) unterschieden. Dies implizierte auch die Frage, welche Rolle ein möglicher deutscher Nationalstaat in Europa einnehmen würde. Gerade das letzte Problem bewog die Verantwortlichen des Wiener Kongresses dazu, die „Deutsche Frage" offen zu lassen. Zwar wurde mit dem „Deutschen Bund" eine lockere Konföderation der deutschen Staaten geschaffen, von einem Nationalstaat nach französischem oder britischem Vorbild jedoch war dieser weit entfernt.[28]

Die beiden zentralen Elemente der deutschen Frage, die verfassungspolitische Ausgestaltung eines deutschen Nationalstaates und die geographisch-politische Lage dieses Staates in Europa, blieben bis 1871 offen. Mit der kleindeutschen Reichsgründung „von oben" wurde ein Teil der „Deutschen Frage" im 19. Jahrhundert gelöst. Zum ersten Mal in der Geschichte gab es einen deutschen Nationalstaat und auch seine innere Verfassung (monarchisch-konstitutionell-föderalistisch) blieb zumindest für die nähere Zukunft unbestritten. Der zweite Teil der „Deutschen Frage" jedoch blieb und stellte sich mit höherer Dringlichkeit. Wie würde sich dieser neue Nationalstaat mit seinem außergewöhnlichen Machtpotential in politischer, wirtschaftlicher und militärischer Hinsicht in das europäische Staatensystem einordnen lassen? Otto von Bismarck, als Reichskanzler damals für die Außenpolitik verantwortlich, war sich dieses Problems sehr wohl bewusst und reagierte darauf mit dem Konzept der „Saturiertheit". Er verkündete wiederholt, dass das Reich auf weitere territoriale Expansion verzichten werde, was in der Staatenwelt des 19. Jahrhunderts keineswegs selbstverständlich war. Es war eine Politik der Selbstbeschränkung, aber sie war notwendig, um die Existenz des Reiches in Europa zu sichern. Die europäischen Regierungen, das war in der Phase der Reichsgründung klar geworden, würden einen weiteren Machtzuwachs des Deutschen Reiches nicht akzeptieren. Die Selbstbeschränkung der neuen Großmacht war daher eine ihrer Existenzbedingungen.

---

28 Wolf Dieter Gruner, Die deutsche Frage in Europa 1800 bis 1990, München 1993. Otto Dann (Hrsg.), Die deutsche Nation. Geschichte, Probleme, Perspektiven, Vierow 1994.

Diese Erkenntnis verlor nach dem Rücktritt Bismarcks als Reichskanzler im März 1890 an Einfluss auf die deutsche Politik. Teils getrieben von machtpolitischen Ambitionen der neuen Führung, teils als Reflex auf innenpolitische Auseinandersetzungen betrieb das Reich zunehmend „Weltpolitik" und forderte damit nicht nur die europäische Staatenwelt, sondern auch die damals dominierende Weltmacht Großbritannien heraus. Die vor dem Ersten Weltkrieg als bedrohlich wahrgenommene „Einkreisung" des Reiches war eine Reaktion der Herausgeforderten auf die deutsche Politik. Im Ersten Weltkrieg wurden die Vorstellungen von einer deutschen Hegemonie auf dem Kontinent im Rahmen der Kriegszieldebatte dann ins Maßlose hineingetrieben.

Aus dieser Perspektive war auch der Versailler Vertrag von 1919 ein Versuch, die „Deutsche Frage" zu lösen. Das Reich wurde territorial erheblich verkleinert, ihm wurden Rüstungsbeschränkungen auferlegt, und nicht zuletzt wurde es wirtschaftlich geschwächt durch die Reparationszahlungen an die Siegermächte. Doch erwies sich diese Regelung der „Deutschen Frage" als untauglich. Auch wenn die neuere Forschung zu Recht betont, dass die Vertragsbedingungen nicht so hart waren, wie sie von den Zeitgenossen empfunden wurden, so führten sie doch dazu, dass die Revision von „Versailles" das parteiübergreifende außenpolitische Programm aller politischen Gruppierungen der Weimarer Republik wurde. Der Vertrag schuf zudem in der deutschen Bevölkerung eine Stimmung, von der die NSDAP in besonderem Maße profitierte. Die Entfesselung des Zweiten Weltkrieges durch das nationalsozialistische Deutschland zeigte dann der Welt, dass dieses Reich unter dieser Führung nicht friedensfähig war, dass es eine dauernde Gefahr für Europa und die Welt sein würde.

Die Deutsche Frage in den Überlegungen der europäischen Widerstandsorganisationen

Die Deutsche Frage spielte daher auch eine prominente Rolle in den Konzeptionen der Widerstandsbewegungen gegen die deutsche Besatzungsherrschaft im Zweiten Weltkrieg. Zu ihrer Lösung dominierten in diesem Kontext zwei Konzepte: Zum einen die Forderung, dass es einen deutschen Nationalstaat nach dem Ende des Krieges nicht mehr geben dürfe, die Idee einer Zerstückelung Deutschlands. Vorstellungen dieser Art blieben in den meisten Fällen sehr vage, besaßen aber eine große Bedeutung, weil auch die Regierungen der Siegermächte zeitweise von ihnen ausgingen. Aber auch Jean Monnet, der in der französischen Exilregierung unter Charles de Gaulle mit der Konzeptualisierung der französischen Politik nach dem Krieg beauftragt war, sah in einem Gespräch mit de Gaulle am 17. Oktober 1943 noch die Zerschlagung des Deutschen Reiches in souveräne Teilstaaten vor, die allerdings gleichberechtigt in eine europäische „Föderation oder Einheit" eingegliedert werden sollten.[29]

Wichtiger für die hier im Zentrum stehende Frage nach den Motiven für europäische Integration aber waren die zahlreichen Konzepte der Widerstandsbewegungen, die eine europäische Organisation zur Einbindung Deutschlands insgesamt vorsahen. Tatsächlich spielte dieses Argument in fast allen europäischen Föderationsplänen dieser Zeit eine wichtige Rolle, auch wenn sie oft nur thesenartig knapp formuliert wurde. Als einer der ersten entwickelte der französische Sozialist Léon Blum diesen Gedanken am 14. Oktober 1939: „Die Lösungen, an die wie Sozialisten denken, sind jene, die die Eingliederung Deutschlands in eine europäische Organisation zur Folge hätten – eine Organisation, die von sich aus sichere Gewähr gegen die Rückkehr von Gewaltanschlägen bieten und aus sich heraus die Elemente einer echten Sicherheit und eines dauerhaften Friedens schaffen würde. Wir kommen damit immer wieder zu gleichen Formeln, zu derselben Schlussfolgerung: die Unabhängigkeit der Nationen im Schoß eines föderativen und abgerüsteten Europa. Das sind unsere »Kriegsziele«, was nichts anderes bedeutet, als dass dies für uns die Bedingungen für den Frieden sind."[30] Damit wurde ein neuer Weg zur Lösung der „Deutschen Frage" aufgezeigt. Es ging nicht mehr

---

29 Compte Rendu de la conversation du dimanche 17 octobre 1943 à Alger, chez le Général de Gaulle, zit nach: Eric Roussel, Jean Monnet, Paris 1996, S. 395. Jean Monnet, Mémoirs, Paris 1976, S. 262–264.
30 Centre d´Action pour la fédération européenne (Hrsg.), L´Europe de demain. Neuchâtel 1945, S. 90.

darum, Deutschland zu schwächen durch Rüstungsbeschränkungen, territoriale Abtrennungen oder durch finanzielle Reparationen, mithin ein neues „Versailles". Stattdessen wurde eine Lösung für die Deutsche Frage entworfen: die Einbindung des als Unsicherheitsfaktor empfundenen Deutschlands in eine starke europäische Gemeinschaft. Gewiss war das Konzept hier noch sehr vage, seine innovative Kraft aber trat schon deutlich hervor. Es wurde in den folgenden Jahren vielfach aufgegriffen, insbesondere in den Europaplänen der französischen Résistance. So schrieb Claude Bourdet in der Résistance- Zeitschrift „Combat" im März 1944, dass die „Résistance" sich einmütig dem Europa der Zukunft zuwende – und dass dieses Europa nicht ohne Deutschland aufzubauen sei.[31] Auch die im Frühjahr 1944 in Genf versammelten Vertreter verschiedener europäischer Widerstandsgruppen hielten in ihrer Deklaration fest: „Nur eine Bundesordnung (der europäischen Völker, G.T.) wird die Teilnahme des deutschen Volkes am europäischen Leben gestatten, ohne dass es zur Gefahr für andere Völker würde." Und etwas später: „Deutschland und seine Satelliten werden am wirtschaftlichen Wiederaufbau der Gebiete mitwirken müssen, die von ihnen verwüstet wurden, aber Deutschland muss geholfen werden, notwendigenfalls sogar gezwungen, seine politische und wirtschaftliche Struktur zu ändern, damit es sich dem europäischen Bunde eingliedern könne."[32] Während es hier vor allem um eine politische Einbindung Deutschlands ging, argumentierten liberale Wirtschaftswissenschaftler, wie Friedrich von Hayek und Wilhelm Röpke, dass eine rein wirtschaftliche Öffnung Deutschlands und seine Integration in eine weltumspannende freie Marktwirtschaft eine gesellschaftlich-politische Reform in Deutschland erzwingen würde, die dieses ungefährlicher für seine Nachbarn mache.[33] Hier ging es also um die

---

31 Claude Bourdet, Deutschlands Zukunft? März 1944, zit. nach Walter Lipgens, Die Anfänge der europäischen Einigungspolitik, S. 53.

32 Projekt einer Deklaration über die europäische Zusammenarbeit, ausgearbeitet von Widerstandskämpfern aus verschiedenen europäischen Ländern, Frühjahr 1944, in: Centre d´action pour la fédération européenne (Hrsg.), L´Europe de demain, Neuchâtel 1945, S. 70f.

33 Friedrich A. Hayek, The Problem of Germany, zit. nach John Gillingham, European Integration 1950–2003. Superstate or New Market Economy?, Cambridge 2003, S. 12. Wilhelm Röpke, The Solution of the German problem, New York 1946.

Einbindung Deutschlands in eine liberale Weltwirtschaftsordnung, die, so zeigten sich die Autoren überzeugt, zu einer Zivilisierung und Pazifierung Deutschlands führen würde. Weitere Beispiele für dieses neue Konzept zur Lösung der „Deutschen Frage" lassen sich mühelos finden. Wichtig ist, dass der (nur sehr vage entworfene) europäische Zusammenschluss hier keine idealistische Utopie war, sondern einen konkreten Zweck hatte, die Kontrolle und Einbindung Deutschlands. Europa war ein Instrument, das dazu diente die europäischen Nationalstaaten vor einer weiteren deutschen Aggression zu schützen.

Die Montanunion, EVG, NATO und die Deutsche Frage

Dennoch, obwohl der Gedanke einer Einbindung und Kontrolle Deutschlands in eine europäische Organisation in der französischen Résistance eine solch prominente Rolle gespielt hatte, verlor er in der unmittelbaren Nachkriegszeit zunächst an Bedeutung für die Politik der französischen Regierung. Das lag vor allem daran, dass sich nach der Auflösung des Deutschen Reiches und der Übernahme der Souveränität in Deutschland durch die vier Alliierten in ihren jeweiligen Besatzungszonen zunächst de facto die Anhänger der Zerstückelung Deutschlands durchsetzten. Eine Einbindung dieses Landes in eine europäische Organisation zu seiner Kontrolle schien unter diesen Umständen nicht notwendig zu sein.

Das änderte sich jedoch, als sich das deutsche schwerindustrielle Potential schon nach wenigen Jahren erholte. Ein Hauptziel französischer Deutschlandpolitik nach 1945 war es gewesen, die deutsche industrielle Produktion, insbesondere jene des Ruhrgebietes, zu kontrollieren, zunächst durch den Versuch, das Rheinland und die Ruhr zu annektieren, später, als sich dies nicht durchsetzen ließ, durch interalliierte Kontrolle. Das Ergebnis war die internationale Ruhrbehörde, die mit dem Vertrag vom 18. Dezember 1948 ins Leben gerufen wurde.[34] Doch schon

---

34 Corinne Defrance, La France et l'autorité internationale de la Ruhr jusqu'à l'annonce du Plan Schuman, in : Andreas Wilkens (Hrsg.), Le Plan Schuman dans l'Histoire. Intérêts nationaux et projet européen, Bruxelles 2004, S. 123–145.

1949 hatte die westdeutsche Stahlproduktion unter alliierter Kontrolle die französische in ihrer Produktion eingeholt – schon 1950 produzierte die Bundesrepublik trotz der Auflagen 12,1 Millionen Tonnen Stahl; die französische Industrie kam trotz größter Anstrengungen nur auf 8,6 Millionen Tonnen.[35] Die französische Regierung suchte unter diesen Bedingungen fieberhaft nach einem neuen Instrument zur Kontrolle der deutschen Schwerindustrie. Besonders prekär war unter diesen Bedingungen, dass auch die Regierung der USA, unter dem Eindruck des sich zuspitzenden Kalten Krieges, die Franzosen unter Druck setzte, einer westdeutschen Staatsgründung und der Freigabe der deutschen Stahlproduktion endlich zuzustimmen.[36] In dieser Notsituation für die französische Regierung rückte das vorübergehend in den Hintergrund getretene Motiv der Einbindung Deutschlands durch die europäische Integration schnell wieder in den Mittelpunkt. Der berühmte Vorschlag des französischen Außenministers *Robert Schuman* vom 9. Mai 1950 war die Reaktion auf das oben skizzierte Bündel an Problemen: Der Plan sah vor, die „Gesamtheit der französisch-deutschen Kohlen- und Stahlproduktion unter eine gemeinsame Oberste Aufsichtsbehörde (zu stellen), die den anderen europäischen Ländern zum Beitritt offen steht und deren Entscheidungen bindend sein werden."[37]

Der Schuman-Plan und die aus ihm resultierende Europäische Gemeinschaft für Kohle und Stahl haben viele Aspekte, die zum Teil auch sehr kontrovers diskutiert wurden.[38] Wichtig war, dass mit dieser Initiative das bereits in den Widerstandsbewegungen entstandene europa-

---

35 Statistisches Jahrbuch der Bundesrepublik Deutschland 1954, Internationale Übersichten, Stuttgart Köln 1954, S. 60.

36 Jacques Bariéty, Die deutsche Frage aus französischer Sicht 1949–1955, in: Wilfried Loth (Hrsg.), Die deutsche Frage in der Nachkriegszeit, Berlin 1994, S. 172–194.

37 Text des Schuman-Planes in: Eurpa-Archiv Bd. 5 (1950), S. 3091f.

38 Hierzu gibt es umfangreiche, zum Teil kontroverse Literatur. Gute Übersicht bei Wilkens (Hrsg.), Le Plan Schuman dans l'Histoire. John Gillingham, Coal Steel and the Rebirth of Europe, 1945–1955. The Germans and French from Ruhr Conflict to Economic Community, Cambridge 1991. Die innenpolitischen Motive Frankreichs betonen: Christian Goschler, Christoph Buchheim, Werner Bührer, Der Schumanplan als Instrument französischer Stahlpolitik, VfZG Bd. 37 (1989), S. 171–206. Gilbert Trausch, Der Schuman-Plan zwischen Mythos und Realität. Der Stellenwert des Schuman-Planes, in: Rainer Hudemann, Hart-

politische Motiv der Einbindung Deutschlands erstmals eine konkrete politische Form fand. In fast allen Widerstandsbewegungen hatte die Idee einer Einbindung Deutschlands in eine europäische Nachkriegsordnung eine Rolle gespielt – als theoretisches Konzept. Mit der EGKS wurde es zum ersten Mal Realität. Das Hauptziel der Initiative war es, die deutsche Kohle- und Stahlindustrie effektiv zu kontrollieren, ohne dass die neu entstandene Bundesrepublik Deutschland diskriminiert würde. Dies war die Bedingung der Bundesregierung für die Zustimmung zu dem Konzept und auch ein Wunsch der amerikanischen Regierung. Die Hohe Behörde der EGKS stellte die Kohle- und Stahlindustrie der Mitgliedstaaten unter eine gemeinsame Kontrolle und übte damit supranationale Befugnisse aus. Zum ersten Mal in der Geschichte war damit eine supranationale Gemeinschaft entstanden. Obwohl die Initiative Schumans ein ganzes Bündel an Ursachen hatte, stand das Einbindungs- und Kontrollmotiv deutlich im Vordergrund – es war die Raison d´être des supranationalen Konzeptes.[39]

Die Montanunion erwies sich als bahnbrechendes und vorbildliches Konstrukt für die europäische Integration. Mit ihr wurde gleichsam die Blaupause geschaffen für die spätere Europäische Union. Sowohl hinsichtlich der institutionellen Struktur als auch in Bezug auf die hinter dem Konzept stehenden Kernideen war die EGKS das Vorbild für die weitere supranationale Integration Europas. Zugleich wurden jedoch auch die Grenzen des Konzeptes der Einbindung der Bundesrepublik Deutschland deutlich. Die Verhandlungen über die EGKS in Paris waren noch nicht abgeschlossen, da stand die französische Regierung erneut unter Druck, und zwar in ganz ähnlicher Weise wie vor dem Schuman-Plan. Angesichts der ersten Zuspitzung des Kalten Krieges mit der Krise um Berlin (26. Juni 1948 – 4. Mai 1949) und dem Beginn des Korea-Krieges (25. Juni 1950) war die amerikanische Regierung überzeugt, dass sie bei einer möglicherweise notwendigen Verteidigung Westeuropas gegen einen sowjetischen Angriff auf deutsche Truppen

          mut Kaelble, Klaus Schwabe (Hrsg.), Europa im Blick der Historiker, Historische Zeitschrift Beihefte NF Bd. 21, München 1995, S. 105–128.
39   Guido Thiemeyer, Supranationalität als Novum in der Geschichte der internationalen Politik der fünfziger Jahre, in: JEIH Bd. 4 (1998), S. 5–21.

nicht verzichten könne. Daher drängte man in Washington darauf, möglichst bald eine neue deutsche Armee im Rahmen der NATO zu errichten. In Paris entstand die gleiche Situation wie schon im Herbst 1949: Die Amerikaner forderten eine weitere Aufwertung der Bundesrepublik, nun im militärischen Bereich, die Frankreich aus sicherheitspolitischen Motiven zu verhindern suchte. Und erneut wurde die europäische Integration als Instrument benutzt, um die Sicherheit vor einem zu stark werdenden Deutschland zu gewährleisten. Am 24. Oktober 1950 stellte Ministerpräsident René Pleven vor der französischen Nationalversammlung das Konzept einer supranationalen Europäischen Verteidigungsgemeinschaft vor.[40] Der Kerngedanke des sog. Pleven-Planes war es, eine deutsche Wiederbewaffnung zu akzeptieren, aber ausschließlich als Bestandteil einer supranational nach dem Vorbild der Montangemeinschaft organisierten europäischen Armee. Auf diese Weise konnte das Potential des deutschen Militärs genutzt werden, ohne dass dieses für Frankreich erneut gefährlich werden würde. Auch wenn dieser Vorschlag in der Folgezeit noch erheblich verändert wurde, der eben skizzierte Kerngedanke blieb erhalten. Während das Motiv der Einbindung Deutschlands durch die europäische Integration bei der Montanunion eine wichtige Rolle neben anderen gespielt hatte, war es fast das ausschließliche Motiv für die Entstehung der EVG. Die französische Regierung wollte eine deutsche nationale Armee aus sicherheitspolitischen Gründen um nahezu jeden Preis verhindern. Daher hatte man auch die Eingliederung der französischen Armee (mit Ausnahme der in Übersee stationierten Einheiten) akzeptiert. Das war nämlich die Kehrseite des Konzeptes: Die Einbindung Deutschlands durch seine Integration in eine supranationale europäische Gemeinschaft bedeutete gleichzeitig, dass auch Frankreich und die anderen Unterzeichner des EVG-Vertrages in diese Gemeinschaft eingebunden wurden. Damit jedoch hatten Pleven, Schuman und Monnet, der auch hier als „Inspirateur" hinter

---

40 Auch die EVG kann als gut erforscht gelten: Hans Erich Volkmann, Walter Schwengler (Hrsg.), Die Europäische Verteidigungsgemeinschaft. Stand und Probleme der Forschung, Boppard 1985. Ralf Magagnoli, Italien und die Europäische Verteidigungsgemeinschaft. Zwischen europäischem Credo und nationaler Machtpolitik, Frankfurt u.a. 1999.

diesem Projekt stand, den Bogen überspannt. Die Mehrheit der Abgeordneten in der französischen Nationalversammlung war nicht bereit, eine derart weit reichende Einschränkung der nationalen Souveränität, die Wehrhoheit, aufzugeben. Sie entschieden daher am 30. August 1954 mehrheitlich, den Vertrag nicht zu ratifizieren und brachten damit das gesamte Projekt zu Fall. Die Europäische Verteidigungsgemeinschaft und ihr Ende hatten daher deutlich gemacht, wo die Grenzen des Einbindungskonzeptes lagen. Die deutsche Souveränität konnte nur so weit beschränkt werden, wie auch die anderen Staaten, zu diesem Zeitpunkt insbesondere Frankreich, bereit waren, nationale Souveränität an eine europäische Institution abzugeben. Die Grenze für eine Einbindung Deutschlands lag also dort, wo die eigene Bereitschaft zur Aufgabe von Souveränität endete.

Und doch wurde nach dem Scheitern der EVG, das von den meisten Zeitgenossen als „schwarzer Tag für Europa" empfunden wurde, eine aufs Ganze gesehen wesentlich effizientere Lösung gefunden. Innerhalb weniger Monate wurde auf Konferenzen in London (28. September 1954) und Paris (19.–23. Oktober 1954) beschlossen, der Bundesrepublik Deutschland die volle Souveränität (mit wenigen Ausnahmen) zuzugestehen und den westdeutschen Staat als gleichberechtigtes Mitglied in die NATO aufzunehmen. Gleichzeitig wurde der Brüsseler Vertrag vom 17. März 1948 durch den Beitritt der Bundesrepublik und Italiens zur Westeuropäischen Union (WEU) erweitert. Auch in diesem Konstrukt spielte neben dem sicherheitspolitischen Motiv (kollektive Verteidigung) das Einbindungsmotiv eine Rolle, und zwar in zweifacher Hinsicht. Zum einen übernahm der WEU-Vertrag die schon im Sonderabkommen zum Vertrag über die gescheiterte EVG vom 27. Mai 1952 festgelegten Rüstungsbeschränkungen, insbesondere für die Bundesrepublik Deutschland.[41] Das bedeutete vor allem, dass der westdeutsche Staat auf die eigene Produktion von nuklearen und anderen schweren Waffen verzichten musste. Die WEU war also auch ein Instrument zur rüstungspolitischen Kontrolle der Bundesrepublik, ein Aspekt, auf

---

41   Vgl. Artikel 1 des Protokolls Nr. II über die Streitkräfte der Westeuropäischen Union, in: Europa-Archiv 1954, S. 7129f.

den vor allem die französische Regierung Wert legte. Ministerpräsident Pierre Mendès-France allerdings reichten die Bestimmungen des WEU-Vertrages noch nicht: Am 6. Januar übermittelte er den Regierungen der Mitgliedstaaten der WEU ein Memorandum, das zusätzlich die Errichtung einer europäischen Rüstungsagentur vorsah, die die Rüstungsproduktion in den europäischen Staaten überwachen sollte. Dies hätte zu einer weiteren Kontrollinstanz für die Bundesrepublik Deutschland geführt, die allerdings weder von der Bundesregierung noch von den übrigen Mitgliedstaaten unterstützt wurde.[42] Ähnliche Perspektiven kann man auch für die NATO finden. Nach den berühmten Worten des ersten Generalsekretärs der NATO, Lord Ismay, war es der Sinn der Allianz, „die Amerikaner in Europa, die Sowjets draußen und die Deutschen unten" zu halten.[43] Das war gewiss eine pointierte Zuspitzung, die aber ihre Berechtigung hatte. Allein die auf absehbare Zeit gesicherte Präsenz US-amerikanischer Truppen in Westdeutschland bedeutete auch eine Kontrolle dieses Landes. Zudem erschwerte die militärische Einbindung der Bundesrepublik in das westliche Verteidigungsbündnis auch eine Öffnung nach Osten, zur Sowjetunion, wie sie in Frankreich immer wieder befürchtet wurde (sog. „Rapallo-Komplex").

Die Europäische Wirtschaftsgemeinschaft und die Deutsche Frage

Mit der Gründung der Montanunion (Kohle und Stahl als Schlüsselsektoren der damaligen Rüstungsindustrie) und der Aufnahme der Bundesrepublik in die NATO und WEU war die militärische Einbindung Westdeutschlands abgeschlossen. Doch wurde den westeuropäischen Regierungen spätestens in der Mitte der 1950er-Jahre deutlich, dass das große Potential der Bundesrepublik Deutschland nicht auf dem militärischen Sektor lag, sondern vielmehr in ihrer im Vergleich zu den europäischen Nachbarn überragenden Wirtschaftskraft. Sehr bald

---

42 Documents Diplomatiques Français 1955, Tome I, No. 62, Garnier (La Haye) à Edgar Faure, 2.2.1955.

43 http://globetrotter.berkeley.edu/people5/Lundestad/lundestad-con2.html. (11. 9.2007)

wurde daher der Wunsch geäußert, die militärische Integration Westdeutschlands in Europa wirtschaftlich zu ergänzen. Das war allerdings
zunächst nicht das Hauptmotiv der politischen Initiative des belgischen
Außenministers Paul Henri Spaak und seines niederländischen Kollegen Willem Beyen, die zur Konferenz von Messina führte.[44] Hier einigten sich die Außenminister der EGKS-Staaten darauf, einen Ausschuss
von Delegierten und Sachverständigen unter der Leitung des belgischen
Außenministers Spaak einzurichten. Sie sollten die Möglichkeiten für
eine Fusion der nationalen Wirtschaften, insbesondere in den Bereichen
Transport, Verkehr und Energie überprüfen. Zudem wurde ein gemeinsamer Markt und – diesen begleitend – eine Koordination der jeweils
nationalen Sozialpolitiken angestrebt.

Die Bundesregierung hatte die Beschlüsse von Messina zwar bereit-
willig mitgetragen, ihnen aber zunächst keine allzu große Bedeutung
beigemessen.[45] Zu den Beratungen war allerdings der Staatssekretär im
Auswärtigen Amt, Walter Hallstein, gefahren, nicht Konrad Adenauer
als Außenminister. Dies und die vehemente Kritik, die der deutsche
Wirtschaftsminister Ludwig Erhard am Prinzip der Supranationalität
übte, führte in den Niederlanden und in Italien zu dem Eindruck, dass
die Bundesregierung die europäische Integration nur als Mittel genutzt
habe, um die nationale Souveränität wiederzugewinnen. Jetzt, so die Befürchtung, nachdem sie dieses Ziel erreicht habe, werde sich Bonn aus
der Europapolitik zurückziehen. Bezeichnend ist die Reaktion der Verantwortlichen in Den Haag auf diesen Eindruck: Der niederländische
Außenminister Willem Beyen zeigte sich „irritiert" über das Verhalten
der Bundesregierung. „Der Ton, den Professor Hallstein in Messina
anschlug," so berichtete der Niederländer dem französischen Botschafter Garnier, „erschien ihm bezeichnend für das Verhalten, das von der

---

44 Hierzu zusammenfassend: Franz Knipping, Rom, 25. März 1957. Die Einigung
    Europas, München 2004, S. 81–85. Guido Thiemeyer, Zwischen deutsch-franzö-
    sischem Bilateralismus und europäischer Solidarität: Die „Relance Européenne"
    (1954–1955), in: Francia, Bd. 26/3 (1999), S. 49–75.
45 Konrad Adenauer. Rhöndorfer Ausgabe, hrsg. von Rudolf Morsey und Hans Pe-
    ter Schwarz, Bd. 1: Theodor Heuss und Konrad Adenauer. Unserem Vaterland
    zugute. Der Briefwechsel 1948–1963, Berlin 1989, Dok. Nr. 250, Brief Adenauers
    an Heuss 22.5.1955.

nunmehr souveränen Bundesrepublik in Zukunft zu erwarten sei. Herr Beyen meinte daher, es sei nicht schlecht gegenüber den Deutschen, so wie er es in Messina getan habe, hart und trocken aufzutreten, weil dies die einzige Sprache sei, die sie verstünden."[46] Hallstein als Hauptverantwortlicher für die deutsche Europapolitik in dieser Phase hatte in den folgenden Monaten große Mühe, die Vertragspartner von der Kontinuität in der deutschen Europapolitik zu überzeugen. Insgesamt wurde hier deutlich, wie sehr die Bundesrepublik noch als Unsicherheitsfaktor wahrgenommen wurde. Nicht nur in Frankreich, auch in Italien, Belgien und den Niederlanden gab es den starken Wunsch, den eben souverän gewordenen westdeutschen Teilstaat institutionell in Europa zu verankern.

Wichtig ist, dass dieses Argument für die europäische Integration nicht nur in der Außenpolitik unter Diplomaten eine Rolle spielte, sondern auch in den innenpolitischen Diskussionen, zumal in Frankreich. Hier sah sich Ministerpräsident Guy Mollet, der die Gründung eines Gemeinsamen Marktes befürwortete, heftiger Kritik ausgesetzt. In einem von der Tageszeitung „Le Figaro" organisierten „Round Table" Gespräch erläuterte er eines seiner Motive: „Es gibt keine andere Lösung für das deutsche Problem als Europa. Es existiert ein deutsches Problem für uns Franzosen. Wir stehen vor der folgenden Frage: Soll Deutschland seine völlige Souveränität wiedererhalten? Ich schließe mich hier Léon Blum an, der während des Krieges schrieb: «Es gibt für Deutschland nur eine einzige Lösung, es muss in eine Gemeinschaft integriert werden, die ihm überlegen ist, fähig im zu helfen, ihm eine Richtung zu weisen und, wenn nötig, es zu beherrschen.» (...) Wenn wir in den nächsten fünf Jahren kein Mittel gefunden haben (werden), Deutschland in ein europäisches System zu integrieren, dann wird es von neuem einen deutsch-sowjetischen Pakt unterzeichnen. Die europäischen Gefühle seiner augenblicklichen Führer, Dr. Adenauer oder Ollenhauer, stelle ich nicht in Zweifel. Sie repräsentieren 80% der öffentlichen Meinung. Aber was geschieht an dem Tag, an dem Russland Deutschland

---

46 Archives du Ministère des Affaires Etrangères, Paris, DECE, Vol. 611, Garnier à Pinay, 4.6.1955.

Absatzgebiete öffnen wird, wenn wir bis dahin keinen gemeinsamen europäischen Markt haben?"[47] Erneut stand also das Einbindungsmotiv zu einem wesentlichen Teil hinter der französischen Europapolitik, hier unter wirtschaftlichen Vorzeichen. Nachdem die militärische Einbindung der Bundesrepublik in die NATO und die WEU abgeschlossen war, wandte man sich der wirtschaftlichen Komponente zu. Der Besuch des deutschen Bundeskanzlers Konrad Adenauer in Moskau vom 9. bis 13. September 1955, der zur Aufnahme diplomatischer Beziehungen zwischen der Bundesrepublik Deutschland und der Sowjetunion führte, mag hier beschleunigend gewirkt haben. In Frankreich tauchte damit einmal mehr der „Rapallo-Komplex" auf, die (zum Teil irrationale) Angst vor einem deutsch-sowjetischen Bündnis. Auch deswegen akzeptierte die französische Regierung schließlich den Vertrag über die Gründung der Europäischen Wirtschaftgemeinschaft vom 25. März 1957.[48] Der Vertrag strebte eine Zollunion zwischen Frankreich, der Bundesrepublik, Italien und den Benelux-Staaten an, die der deutschen Wirtschaft lukrative Absatzmärkte in Westeuropa eröffnete. Andererseits wurde die Bundesrepublik in ein Solidarsystem zur öffentlichen Finanzierung der europäischen Agrarwirtschaft eingebunden. Beide Teilprojekte, die Zollunion und die Gemeinsame Europäische Agrarpolitik, wurden in den 1960er-Jahren schrittweise nach einem in den Römischen Verträgen festgelegte Fahrplan umgesetzt.

Die Deutsche Frage und die „Neue Ostpolitik"

Nachdem es seit 1945 eine herausragende Rolle für die Europapolitik fast aller westeuropäischer Staaten gespielte hatte, rückte das Einbin-

---

47 Bundesarchiv Koblenz, B 136/3624-1 Le Figaro 15.12.1955, deutsche Übersetzung.
48 Gérard Bossuat, La vraie nature de la politique européenne de la France (1950–1957), in: Gilbert Trausch (Hrsg.), Die Europäische Integration vom Schuman-Plan bis zu den Verträgen von Rom, Bruxelles Milano Baden Baden 1993, S. 191–230. Guido Thiemeyer, Vom „Pool Vert" zur Europäischen Wirtschaftsgemeinschaft. Europäische Integration, Kalter Krieg und die Anfänge der Gemeinsamen europäischen Agrarpolitik 1950–1957, München 1999, S. 171–189.

dungsmotiv nach Inkrafttreten der Römischen Verträge am 1. Januar 1958 in den Hintergrund, ohne allerdings vollkommen bedeutungslos zu werden. Drei Gründe mögen hierfür eine Rolle gespielt haben. Zum Ersten war mit der wirtschaftlichen, politischen und militärischen Einbindung der Bundesrepublik in NATO/WEU und EWG ein von den westeuropäischen Regierungen als ausreichend betrachteter Sicherheitsstandard vor Deutschland geschaffen worden. Auch die Bundesregierung tat alles, um sich als verlässlicher Partner zu profilieren. Zweitens setzte mit den Krisen um Berlin und Kuba eine Spannungsphase im Kalten Krieg ein, die das Interesse von der Deutschen Frage zumindest vorübergehend ablenkte. Und drittens leitete der neue französische Staatspräsident Charles de Gaulle einen europapolitischen Kurswechsel ein, nach dem das für die Einbindung Deutschlands bislang genutzte Prinzip der Supranationalität keine zentrale Rolle mehr für Frankreich spielte.

Dass das Problem jedoch keineswegs erledigt war, zeigte sich am Ende der 1960er-Jahre, nach dem Rücktritt de Gaulles. Die weltpolitische Lage hatte sich nun allerdings fundamental gewandelt. Der Konfrontationsphase im Kalten Krieg war seit Mitte der 1960er-Jahre eine Phase der Entspannung gefolgt, der sich die Bundesrepublik Deutschland zögerlich geöffnet hatte. Nach der Bildung einer sozial-liberalen Koalition unter Willy Brandt am 22. Oktober 1969 jedoch wurde mit der „Neuen Ostpolitik" eine deutschlandpolitische Wende eingeleitet, die eine – bislang unterschätzte – europapolitische Komponente hatte.[49] Kern der „Neuen Ostpolitik" war die Anerkennung des Status quo in Osteuropa und, damit verbunden, die „Unverletzlichkeit" der bestehenden Grenzen. Das Konzept ging einher mit einer Annäherung der Gesellschaften in Ost und West mit dem Fernziel der Überwindung der deutschen und europäischen Teilung.[50] Doch gerade die Öffnung

---

49 Andreas Wilkens, Willy Brandt und die europäische Einigung, in: Mareike König, Matthias Schulz (Hrsg.), Die Bundesrepublik Deutschland und die europäische Einigung 1949–1990. Politische Akteure, gesellschaftliche Kräfte und internationale Erfahrungen, Stuttgart 2004, S. 167–184.

50 Gottfried Niedhart, Ostpolitik. Phases, Short Term Objectives, and Grand Design, in: David C. Geyer, Bernd Schaefer (Hrsg.), American Détente and German Ostpolitik, 1969–1972, Washington 2004, S. 118–136.

der Bundesrepublik nach Osteuropa wurde im Westen, insbesondere in Frankreich, argwöhnisch beobachtet. Im Gespräch mit dem britischen Premierminister Edward Heath am 21. Mai 1973 erläuterte Pompidou seine Sicht auf die Deutsche Frage: „Aber das Vereinigte Königreich ist eine Nation und ein Volk; das gleiche gilt für Frankreich, was aber ist mit Deutschland? Ist es eine Nation? Das ist die ewige Frage. Ich glaube, dass Brandt vollkommen aufrichtig ist, aber auch er wird nicht ewig da sein und er kann starken Einflüssen unterworfen werden. Wenn wir Deutsche wären, wäre die Wiedervereinigung nicht unser Hauptziel? Es ist die eine Sache Vertrauen in Brandt zu haben, aber wir dürfen der Frage andererseits nicht ausweichen. Gegenwärtig halten die Sowjets an ihrer Position fest, die Amerikaner und Brandt ebenfalls. Wir haben also etwas Zeit, aber die Frage wird sich früher oder später stellen. Das ist ein weiterer Grund den Versuch zu unternehmen, die (Europäische) Gemeinschaft voranzubringen, zumal, wenn alle Stricke reißen und alles auf dem Spiel steht."[51] Erneut spielte der schon von Guy Mollet in der Mitte der fünfziger Jahre formulierte „Rapallo-Komplex" eine wichtige Rolle. Der französische Staatspräsident Georges Pompidou kehrte aus diesem Grunde zum gleichen europapolitischen Motiv zurück wie Mollet, der noch tieferen Einbindung der Bundesrepublik Deutschland in die EWG.[52] „Eine solide und entschlossene Antwort vorbereiten. Meinen Willen unterstreichen, dass ich einen Fortschritt der Gemeinschaft will", schrieb Pompidou als Anweisung für seine politischen Berater an einen Brief von Willy Brandt, in dem dieser dem französischen Staatspräsidenten die Grundzüge seiner Außenpolitik dargelegt hatte.[53]

51   Premier Entretien tête à tête entre M. Pompidou et M. Heath à Paris le 21. mai 1973, in: Eric Roussel, Georges Pompidou 1911–1974, Paris 1994, S. 653.

52   Andreas Wilkens, Relance et Réalités. Willy Brandt, la politique européenne et les institutions communautaires, in: Marie Thérèse Bitsch (Hrsg.), Le Couple France-Allemagne et les institutions européennes. Une postérité pour le Plan Schuman? Bruxelles 2001, S. 377–418. Claudia Hiepel, Willy Brandt, Georges Pompidou und Europa. Das deutsch-französische Tandem in den Jahren 1969–1974, in: Franz Knipping, Matthias Schönwald (Hrsg.), Aufbruch zum Europa der zweiten Generation. Die europäische Einigung 1969–1984, Trier 2004, S. 28–48.

53   Zit. nach Claudia Hiepel, Willy Brandt, Georges Pompidou und Europa, S. 39, Fußnote 38.

Pompidou sah sehr klar die gesamtdeutschen Ziele der Neuen Ostpolitik. Wie aber würde ein wiedervereinigtes Deutschland gegenüber der EWG auftreten? Wäre diese dann für Deutschland überflüssig? Er wolle, so erklärte er im Gespräch mit Brandt am 25. Januar 1971, in Richtung einer „Union européenne" voranschreiten, aber vorsichtig und geschmeidig.[54] Pompidou stimmte der Grundtendenz der Neuen Ostpolitik zu und war auch bereit sie zu akzeptieren, aber nur unter der Bedingung, dass die Bundesrepublik tiefer in die EWG eingebunden werde.

Die Bundesregierung war sich dieses Problems durchaus bewusst. „Ostpolitik beginnt im Westen", so fasst Brandt selbst diesen Aspekt schlagwortartig zusammen.[55] Die Bundesregierung brauchte die Unterstützung der westlichen Alliierten für die Ostpolitik, insbesondere die aus Paris.[56] Wir „haben die Überzeugung gewonnen", so erklärte Brandt Georges Pompidou in dem bereits erwähnten Treffen vom 25. Januar 1971,"dass unser nationales Problem nicht isoliert gelöst werden kann, sondern nur wenn es einen Wandel im Verhältnis der beiden Teile Europas geben wird. Die aus der deutschen Vergangenheit resultierenden Ängste haben sich abgeschwächt, weil wir aktiv an diesem Prozess teilhaben, aber mit der Vorsicht und der Verantwortung, von der sie gesprochen haben."[57] Hier taucht also erneut das Muster auf, welches schon die deutsche Politik gegenüber dem Schuman-Plan und auch der EWG geprägt hatte. Die Selbsteinbindung der Bundesrepublik nach Europa erweiterte ihren außenpolitischen Handlungsspielraum, hier in Bezug auf die Neue Ostpolitik. Die Europäische Integration im Rahmen der EWG war daher eine Voraussetzung der Neuen Ostpolitik. Das war zwar nicht der einzige, doch aber einer der Hauptgründe, warum Brandt entschlossen war, den europäischen Integrationsprozess voranzutreiben. Auf der Konferenz in Den Haag einigten sich alle europäischen Regierungen auf drei Kernpunkte: Erstens die endgültige Finanzierung der

---

54   Ebd. S. 39/40.
55   Willy Brandt, Germany´s Westpolitik, in: Foreign Affairs, Bd. 50 (1972), S. 416–426.
56   Andreas Wilkens, Accords et Désaccords. La France, l´Ostpolitik et la question allemande 1969–1974, in: Ulrich Pfeil (Hrsg.), La République Démocratique Allemande et l´Occident 1949–1990, Paris 2000, S. 357–378.
57   Zit. nach Claudia Hiepel, Willy Brandt, Georges Pompidou und Europa, S. 40.

europäischen Agrarpolitik, zweitens auf die Aufnahme von Beitrittsverhandlungen mit Dänemark, Großbritannien und Irland und drittens auf
die Gründung einer Europäischen Währungsunion, die den Gemeinsamen Markt ergänzen sollte.[58] Gewiss haben die Vereinbarungen von
Den Haag auch noch andere Hintergründe. Dennoch kann festgehalten
werden, dass die Deutsche Frage durch die deutschlandpolitischen Initiativen der Regierung Brandt/Scheel erneut eine herausragende Rolle für
die Europäische Integration, hier im Rahmen der EWG, spielte. Dem
französischen Wunsch nach einer vertieften Einbindung der Bundesrepublik entsprach die deutsche Bereitschaft nach Selbsteinbindung, die
eine Voraussetzung für die Ostpolitik war.

Die Deutsche Frage und der Prozess der Wiedervereinigung

Nachdem sie in der Phase der Neuen Ostpolitik der Bundesrepublik
Deutschland eine so prominente Rolle gespielt hatte, rückte die Deutsche Frage seit der Mitte der 1970er-Jahre bis 1989 wieder in den Hintergrund. Ein wichtiger Grund hierfür war die erneute Zuspitzung des
Ost-West-Konfliktes mit dem sowjetischen Einmarsch in Afghanistan
und der Debatte um den NATO-Doppelbeschluss und die Nachrüstung. In dieser Phase ließen weder Helmut Schmidt noch sein Nachfolger Helmut Kohl irgendeinen Zweifel an der politischen und militärischen Einbindung der Bundesrepublik in den Westen.[59] Die Situation
änderte sich jedoch fundamental mit dem Zusammenbruch der DDR,
der im Spätsommer 1989 mit der Massenflucht vieler Ostdeutscher
über die ungarische Grenze nach Österreich in seine letzte Phase eintrat
und mit der Öffnung der innerdeutschen Grenze im November diesen Jahres für alle Beteiligten überraschend die Deutsche Frage rasch
wieder in den Vordergrund drängte. Spätestens als im November 1989

---

58   Zum Haager Gipfel insgesamt vgl. Bd. 9/2 (2003) des Journal of European Inte-
     gration History.
59   Hanns Jürgen Küsters, Helmut Kohl: Architekt der europäischen Einigung? Be-
     trachtungen zur Erforschung seiner Europapolitik, in: Mareike König, Matthias
     Schulz (Hrsg.), Die Bundesrepublik Deutschland, S. 221–238.

klar wurde, dass eine Wiedervereinigung der beiden deutschen Staaten zumindest eine Option zur Überwindung der Krise sein würde, tauchten die deutschlandpolitischen Grundmuster der vier Siegermächte, die ja gemäß dem Abkommen vom 5. Mai 1955 nach wie vor die Souveränität über „Deutschland als Ganzes" innehatten, wieder auf. Die US-Regierung unter George Bush sen. gab als erste ihre Zustimmung zu einer Wiedervereinigung der beiden deutschen Staaten, allerdings unter vier Bedingungen: Zum einen müsse die Bundesregierung die in der KSZE-Schlussakte festgelegte Unverletzlichkeit der bestehenden Grenzen respektieren. Das bezog sich vor allem auf die deutsch-polnische Grenze, die von der Bundesregierung völkerrechtlich nach wie vor nicht anerkannt wurde. Zum Zweiten betonte die US-Regierung die Selbstbestimmung der Deutschen. Sie selbst sollten festlegen, in welchem Staat sie leben wollten, einer lockeren Konföderation von zwei deutschen Staaten oder in einem Bundesstaat. Drittens sollte der Einigungsprozess friedlich, graduell und schrittweise verlaufen, um die europäische Stabilität nicht zu gefährden. Als letzte Bedingung betonte die US-Regierung, die „Einheit müsse im Kontext von anhaltenden Bindungen an die NATO und eine zunehmend integrierte Europäische Gemeinschaft erfolgen."[60] Dem schlossen sich die britische Regierung ebenso wie jene der Niederlande, Polens und Italiens weitgehend an. Die gleiche Forderung erhob auch der französische Staatspräsident François Mitterrand im Januar 1990. Die Deutsche Frage, so erklärte er Bundeskanzler Kohl in Latché am 4. Januar 1990, sei nichts Neues für französische Regierungen. „Zum ersten Mal in tausend Jahren gebe es jetzt eine Antwort auf diese Frage. Sie laute, die enge Verbindung von Deutschland, Frankreich und Europa. Anstelle eines bewaffneten Gleichgewichts sei ein friedliches Gleichgewicht getreten."[61] Die „Deutsche Frage", die durch das Ende des Kalten Krieges 1989/90 plötzlich wieder auf die Tages-

60 Vorlage des Ministerialdirektors Teltschik an Bundeskanzler Kohl, Bonn, 30. November 1989, betr. Reaktionen aus den wichtigsten Hauptstädten auf Ihren 10-Punkte Plan, in: Deutsche Einheit. Sonderedition aus den Akten des Bundeskanzleramtes 1989/90. Dokumente zur Deutschlandpolitik, München 1998, S. 574.
61 Gespräch des Bundeskanzlers Kohl mit Staatspräsident Mitterrand, Latché, 4. Januar 1990, in: Deutsche Einheit, S. 686.

ordnung der Weltpolitik gerückt war, wurde von den drei westlichen Mächten also unisono so beantwortet, wie schon unmittelbar nach dem Zweiten Weltkrieg. Auch ein wiedervereinigtes Deutschland musste eingebunden sein in die NATO und die Europäische Gemeinschaft. Europäische und transatlantische Integration dienten also einmal mehr der Kontrolle Deutschlands.

Die Regierung Kohl/Genscher reagierte auf diese Forderungen so wie es auch Konrad Adenauer und Willy Brandt zuvor getan hatten. Die Bundesrepublik Deutschland musste sich selbst einbinden, aus wirtschaftlichen und politischen Gründen. Helmut Kohl erklärte seine Bereitschaft hierzu im Gespräch mit US-Präsident George Bush sen. am 3.12.1989: „Jetzt gebe es 62 Millionen Deutsche in der Europäischen Gemeinschaft, was schon wirtschaftlich schwer für die anderen zu ertragen sei. Weitere 17 Millionen dazu sei zuviel. Dies sei das Hauptproblem. Er wolle nochmals darauf hinweisen, dass unsere Position im Bündnis und in der Europäischen Gemeinschaft fest sei." Allein schon wegen ihres für europäische Verhältnisse überragenden demographischen Potentials war die Bundesrepublik aus der Perspektive ihrer Nachbarn eine starke Bedrohung. Aus diesem Grunde war die wirtschaftliche Einbindung in Europa notwendig, und zwar nicht nur, wie oft angenommen, um der deutschen Wirtschaft Absatzmärkte zu öffnen, sondern vor allem, um das deutsche wirtschaftliche Potential einzubinden, damit es von den übrigen europäischen Staaten nicht als gefährlich wahrgenommen wurde. Die Einbindung Deutschlands nach Europa relativierte seine Wirtschaftskraft, die zum Wohle Europas genutzt werden könne: „Das wahre Problem in der Europäischen Gemeinschaft sei, dass die Schere der Wirtschaftskraft zwischen der Bundesrepublik Deutschland und den anderen EG-Ländern sich immer weiter öffne. Alle hätten jedoch einen Vorteil davon, weil die Bundesrepublik Deutschland immer mehr zahle."[62] Die EWG war also aus dieser Sicht ein Instrument, um das drohende Ungleichgewicht der Wirtschaftskraft zwischen der Bundesrepublik und den übrigen Mitgliedstaaten auszugleichen. Doch nicht

---

62 Gespräch des Bundeskanzlers Kohl mit Präsident Bush, Laeken bei Brüssel, 3. Dezember 1989, in: Deutsche Einheit, S. 603.

nur in wirtschaftlicher Hinsicht war die Bundesrepublik eine Bedrohung für die Staatenwelt, auch politisch musste sie aus Kohls Sicht in Europa eingebunden werden. Der Bundeskanzler erklärte im gleichen Gespräch mit dem US-Präsidenten, „es gebe eine Zukunft Deutschlands in Frieden und Freiheit nur unter einem europäischen Dach."[63]

1989/90 also stellte sich erneut die Deutsche Frage in ganz ähnlicher Weise wie schon 1871. Die Überwindung der deutschen Teilung hatte wieder zu einer „halb-hegemonialen" Stellung Deutschlands in Europa geführt. Doch anders als Otto von Bismarck, der nach 1871 mit dem Konzept der Saturiertheit versucht hatte, die durch diese Stellung für Europa und Deutschland entstandenen Gefahren zu bannen, wurde die neue Bundesrepublik nun in der supranationalen Europäischen Gemeinschaft verankert. Der Vertrag von Maastricht, der die Europäische Union begründete und die europäische Währungsunion einleitete, ist vor diesem Hintergrund zu verstehen. Zum ersten Mal wurden die intergouvernemental organisierte Gemeinsame Außen- und Sicherheitspolitik (GASP) und die Kooperation der europäischen Staaten in der Innen- und Justizpolitik neben die supranationale Europäische Wirtschaftsgemeinschaft gestellt. Letztere wurde durch eine europäische Währungsunion erweitert, die vor allem dazu diente, die währungspolitische Hegemonie der Deutschen Mark und der Deutschen Bundesbank in Europa zu brechen. Deutsche und Europäische Einheit sollten gemeinsam und gleichzeitig verwirklicht werden. Und doch ist es nicht richtig zu sagen, dass die Europäische Währungsunion und die damit verbundene Aufgabe der D-Mark, der Preis gewesen sei, den die Bundesrepublik für die Zustimmung der europäischen Staaten zur Deutschen Einheit gezahlt habe. Eine solche Zuspitzung übersieht nämlich, dass es nicht zuletzt die Bundesregierung selbst gewesen ist, die die europäische Währungsunion vorangetrieben hat. Sie tat dies, weil sie wie schon ihre Vorgänger erkannte, dass die Selbsteinbindung eine Existenzbedingung für Deutschland in Europa ist, und dass der außenpolitische Handlungsspielraum für die Deutschen nach 1949 immer dann wuchs, wenn sie sich selbst in der EWG und der NATO einbanden.

---

63 Ebd. S. 607.

Dies wurde schon zu Beginn der 1990er-Jahre im ersten Golfkrieg deutlich. Während ein Teil der westlichen Regierungen ein militärisches Engagement des wiedervereinigten Deutschlands im Rahmen der von der UNO sanktionierten Intervention gegen die irakische Besetzung von Kuweit forderte, war ein anderer Teil besorgt wegen des möglichen deutschen Militäreinsatzes. Die Bundesregierung reagiert mit der Stationierung von Kampfflugzeugen in der Türkei, die zu deren Schutz gegen einen möglichen irakischen Angriff bereitstanden (dann aber nicht eingesetzt werden mussten) und mit einer hohen Beteiligung an den Kosten des Einsatzes.

Die 1998 nach einer Koalition der SPD mit den Grünen neu angetretene Bundesregierung setzte die Europapolitik ihrer Vorgänger weitgehend fort. Die Deutsche Frage stand für den nun für die deutsche Europapolitik verantwortlichen Außenminister Joschka Fischer genauso im Mittelpunkt, wie zuvor für Helmut Kohl: „Erst in der friedlichen Revolution 1989 hat sich unsere Geschichte endlich aufgelöst. Den Ansatz dazu verdanken wir sowohl der Entscheidung der Vereinigten Staaten, nach 1945 in Europa zu bleiben, wie der Entscheidung von Robert Schuman und Jean Monnet, also der Entscheidung Frankreichs, ein neues Prinzip der Staatengemeinschaft durchzusetzen: das Prinzip der Integration. Diesen historischen Schritten verdanken wir ganz wesentlich unsere innere Selbstfindung, die Entwicklung der bundesrepublikanischen Demokratie und auch die Revolution von 1989."[64] Fischer setzte diese Politik fort mit der Rede vom 12. Mai 2000, in der er – auch hier ganz in der Tradition bundesdeutscher Europapolitik stehend – eine europäische Föderation als Ziel der Entwicklung für die Europäische Union forderte.[65] Mit diesem Vorschlag sollte die politische Einbindung der Bundesrepublik Deutschland nach der Wieder-

---

64 Joschka Fischer, Jean Pierre Chevènement, Streitgespräch. Das Gespräch erschien in deutscher Sprache in „Die Zeit", und in französischer Sprache in „Le Monde" am 21. Juni 2000. Wiederabgedruckt in: Hartmut Marhold (Hrsg.), Die neue Europadebatte. Leitbilder für das Europa der Zukunft, Bonn 2001, Zitat S. 65.

65 Joschka Fischer, Vom Staatenbund zur Föderation – Gedanken über die Finalität der europäischen Integration, in: Hartmut Marhold (Hrsg.), Die neue Europadebatte, S. 41–54.

erlangung der vollen Souveränität abgeschlossen werden. Deutschland wäre dann ein Teilstaat eines europäischen Bundes. Und sofort zeigten sich, wie schon 1954 bei der Europäischen Verteidigungsgemeinschaft, wieder die Grenzen des Einbindungs- bzw. Selbsteinbindungskonzeptes. Die Bundesrepublik konnte nur so weit eingebunden werden, wie die anderen Mitglieder der Gemeinschaft bereit waren, nationale Souveränität aufzugeben. Eine Eingliederung ihrer Staaten in einen europäischen Bundesstaat lehnten nicht nur die Regierungen Frankreichs und Großbritanniens ab. Dennoch gilt bis in die Gegenwart, was der frühere Bundeskanzler Helmut Schmidt rückblickend 1999 schrieb: „Die dauerhafte Einbindung Deutschlands in den europäischen Einigungsprozess liegt im wohlverstandenen patriotischen, im langfristig strategischen Interesse der Deutschen, sie ist eine Lebensnotwendigkeit. Sie liegt desgleichen im vitalen Interesse unserer französischen Nachbarn (und notabene: ebenso im vitalen Interesse der Polen). Sie kann aber nur dann dauerhaft gelingen, wenn auch die französische Nation sich in gleicher Weise einbindet gleichfalls aus wohlverstandenem französischem Patriotismus (…)."[66]

Die Lösung der „Deutschen Frage" war insgesamt gesehen eines der wichtigsten Motive für die Europäische Integration. Es spielte eine herausragende Rolle in der Zeit zwischen 1945 und 1958, als mit der Gründung von EWG und EURATOM die wirtschaftlich-politische und mit der NATO und der WEU die militärische Einbindung der Bundesrepublik in den Westen vollzogen wurde. Aktuell wurde die „Deutsche Frage" erneut mit dem Beginn der „Neuen Ostpolitik" zu Ende der 1960er-Jahre bis etwa 1973. Die vertiefte Einbindung nach Westen war die Voraussetzung für die Öffnung nach Osteuropa. Noch einmal dominierte das Motiv in den Jahren zwischen 1989 und 1992 im Kontext der Deutschen Wiedervereinigung. Das Einbindungsmotiv wurde also immer dann dominant, wenn die Bundesrepublik Deutschland größere innen- oder außenpolitische Kurswechsel vollzog. Wichtig ist es, hier aber auch die Ambivalenz zu sehen: In allen drei Situationen, in denen das Einbindungsmotiv dominierte, eröffnete die Integration in Europa

---

66 Die Zeit, 12. 8. 1999.

der Bundesrepublik erst die Möglichkeit zum Kurswechsel. Ohne die Einbindung in den Westen wäre die Teilsouveränität der Bundesrepublik 1955 nicht möglich gewesen, ohne die westeuropäische Integration wäre auch die „Neue Ostpolitik" nicht möglich gewesen und gleiches gilt für die deutsche Wiedervereinigung. Der innen- und außenpolitische Spielraum der Bundesrepublik wurde also immer dann groß, wenn sich das Land zur Integration in Europa bereit zeigte. Das vermeintliche Paradoxon bleibt also bestehen: Erst die Selbsteinbindung (und damit die freiwillige Aufgabe von Souveränität) gab der Bundesrepublik Deutschland Handlungsfreiheit nach innen und außen.

c) Das Motiv der europäischen Selbstbehauptung in der Welt

Das Motiv der europäischen Selbstbehauptung oder der „Dritten Kraft" ist eines der wichtigsten für die Entstehung der Europäischen Integration. Es lässt sich seit dem Ersten Weltkrieg bis in die Gegenwart verfolgen und war vor allem für die großen Staaten Westeuropas bedeutsam, für die kleineren Länder waren andere Motive wichtiger. Der Kerngedanke dieses Motives war, dass Europa im Ost-West-Konflikt angesichts der Dominanz der beiden Supermächte USA und Sowjetunion als dritter Akteur die Weltpolitik mitbestimmen sollte. Das Motiv der „Dritten Kraft" war eine Reaktion der europäischen Großmächte des 19. Jahrhunderts auf den rasanten Bedeutungsverlust dieser Staaten in der Weltpolitik, der sich vor allem in der Epoche der Weltkriege zwischen 1914 und 1945 vollzog. Im 19. Jahrhundert war Europa in der Selbstwahrnehmung das Zentrum der Welt. Das galt vor allem für die britische, französische und deutsche Perspektive und wurde in anderen Teilen der Welt weitgehend akzeptiert, auch wenn insbesondere in Fernost (Japan, China) und in Nordamerika (USA) schon in der zweiten Hälfte des 19. Jahrhunderts Staaten mehr und mehr mit dem Anspruch auftraten, mit den europäischen Weltmächten gleichzuziehen. In der Epoche der Weltkriege zwischen 1914 und 1945 veränderte sich die weltpolitische Situation dramatisch. Alle europäischen Staaten, auch die Siegermächte Frankreich und Großbritannien, erlebten einen politischen und ökonomischen Bedeutungsverlust, den keiner der dort Verantwortlichen in dieser Weise erwartet hatte. Dafür stiegen mit der Sowjetunion und den Vereinigten Staaten zwei nicht-europäische Staaten zu „Supermächten" auf, die nun den Einfluss auf die Weltpolitik ausübten, den zuvor die europäischen Staaten innehatten. Hinzu kam, dass diese beiden Staaten über ein politisches und ökonomisches Potential verfügten, das keine der ehemaligen europäischen Großmächte aufbringen konnte. Hieraus erwuchs die Erkenntnis, dass europäische Staaten nur noch dann einen Einfluss auf die Weltpolitik erlangen könnten, wenn sie sich einigen und ihr gemeinsames Potential in die Waagschale werfen. Dies war das Motiv der „Dritten Kraft" in der Welt neben den beiden Supermächten USA und Sowjetunion.

Das Motiv der „Dritten Kraft" hat drei Teilkomponenten, die gleichwohl eng miteinander verbunden sind. Die politische Komponente zielte auf die Selbstbehauptung Europas in der Welt und wurde zunächst vor allem von den Regierungen Italiens und der Bundesrepublik Deutschland vertreten, den Verlierern der Weltkriege, die damit beide den Großmachtstatus auf absehbare Zeit verloren hatten. Wenn schon keine italienische oder deutsche Weltmachtpolitik mehr möglich war, so die dominierende Überlegung hier, dann sollte wenigstens Europa diese Funktion übernehmen. Frankreich und Großbritannien übernahmen den Gedanken der politischen „Dritten Kraft" sehr viel zögerlicher, eigentlich erst seit der Suez-Krise 1956, die beiden ihren geringen außenpolitischen Handlungsspielraum aufzeigte.

Die zweite Komponente der „Dritten Kraft" ist die ökonomische. Bis 1914 war Europa unbestritten das wirtschaftliche Zentrum der Welt gewesen mit Großbritannien an der Spitze, seit 1871 dicht gefolgt und herausgefordert vom Deutschen Reich. London war das Finanzzentrum der Welt, die „City" der größte und wichtigste Kapitalgeber. Auch dies hatte sich 1945 fundamental geändert. Großbritannien war langfristig vom Gläubiger zum Schuldner geworden: London war nicht mehr das alleinige Finanzzentrum der Welt, sondern musste sich diese Stellung mit New York teilen. Die größte Wirtschaftsmacht der Erde waren nun die Vereinigten Staaten; die amerikanische Währung wurde folgerichtig die Leitwährung der Welt im internationalen Währungssystem von Bretton

Woods. Europäische Währungen dagegen waren in der Nachkriegszeit bis 1957 noch nicht einmal untereinander konvertibel, weltweit hatten sie keine Bedeutung mehr. Das ökonomische Motiv der Dritten Kraft zielte daher darauf, die zuvor nationalen Wirtschaftsräume in Europa zu fusionieren, um so ein Gegengewicht zu den USA in handels- und währungspolitischer Sicht zu errichten.

Die dritte Komponente dieses Motivs betraf die ideologische Ebene. Die Sowjetunion und die Vereinigten Staaten waren nicht nur in politischer und wirtschaftlicher Hinsicht allen europäischen Nationalstaaten überlegen, sondern sie standen auch paradigmatisch für eine politische und ökonomische Ideologie mit jeweiligem Anspruch auf universale Gültigkeit. In Europa entstanden sehr bald Gesellschaftsmodelle, die sich ideologisch zwischen dem Marxismus-Leninismus sowjetischer Prägung und dem republikanisch-liberalen Gesellschaftsmodell der USA bewegten und gleichsam einen dritten Weg zwischen liberaler Marktwirtschaft und Zentralverwaltungswirtschaft einschlagen wollten. Diese Vorstellungen standen etwa hinter der Verstaatlichung der Schlüsselindustrien in Großbritannien unmittelbar nach dem Zweiten Weltkrieg, dem skandinavischen und niederländischen Sozialstaatsmodell, dem französischen Konzept der „Planification" oder auch der bundesrepublikanischen „Sozialen Marktwirtschaft". Oft wurden diese theoretischen Konzepte auch mit der Vorstellung einer spezifischen, von der Sowjetunion wie von den USA verschiedenen, europäischen Identität verknüpft.

Das Motiv der „Dritten Kraft" in den Widerstandsbewegungen des Zweiten Weltkriegs

Das Motiv der „Dritten Kraft" ist jenes unter den politischen Motiven für die europäische Integration, das die höchste Kontinuität zwischen 1945 und 2009 aufweist. Auch hier erwies sich Richard Coudenhove-Kalergi als einer der Vordenker des Konzeptes. Beeindruckt vom Niedergang Europas im Ersten Weltkrieg und dem gleichzeitig sich andeutenden Aufstieg der USA und des revolutionären Russlands als neuen Weltmächten, forderte er schon 1924 zum ersten Mal die europäische

Einigung als Instrument, um den wirtschaftlichen Niedergang des Kontinents zu stoppen. Während „Russland" für Coudenhove-Kalergi vor allem eine politisch-militärische Gefahr darstellte, bedrohten die Vereinigten Staaten den alten Kontinent in wirtschaftlicher Hinsicht. „Die beiden kommenden Jahrzehnte werden der Geschichte das Schauspiel eines Wettlaufs bieten zwischen Europas Einigung und Russlands Wiederaufrichtung: erholt sich Russland von seiner Wirtschaftskatastrophe, bevor Europa sich einigt – so muss Europa unrettbar der russischen Hegemonie verfallen. (…) Nie kann die zersplitterte Wirtschaft der uneinigen Staaten von Europa konkurrenzfähig bleiben gegen die geschlossene Wirtschaft der Vereinigten Staaten von Amerika. (…) Dieser Zustand wird zur Versklavung der europäischen Arbeiterschaft durch das amerikanische Kapital führen, das sich jeder Kontrolle durch seine europäischen Arbeitnehmer entziehen wird. Von dieser Gefahr gibt es nur eine Rettung: Zusammenschluss des europäischen Kontinents zu einem Zollverband."[67] Hier werden schon die beiden wichtigsten Aspekte des „Dritte Kraft"-Motives angedeutet: Die Abwehr einer möglichen russischen Hegemonie und der potentiellen US-amerikanischen wirtschaftlichen Dominanz. Auch die ideologische Dimension des Motives findet sich bei Coudenhove-Kalergi schon. Es wird deutlich, dass er die Prinzipien des amerikanischen Wirtschaftsstils nicht teilte, sich aber zugleich vor den revolutionären Vorgängen in Russland fürchtete.

Das Motiv der „Dritten Kraft" spielte auch im deutschen sozialdemokratischen Widerstand gegen den Nationalsozialismus im Zweiten Weltkrieg eine zentrale Rolle. „Das Europakonzept eines dritten Weges in Äquidistanz zu (…) Ost und West implizierte die Selbstbehauptung Europas als eines eigenständigen Machtfaktors, der nicht in die Interessensphären der mächtigen und aus dem Krieg als Sieger hervorgehenden Nachbarn einbezogen werden durfte. Die innere Ordnung in einem solchen blockfreien Europa sollte durch die Verbindung der politischen Freiheiten des Westens mit den sozialen und ökonomischen „Errun-

---

67 Richard Coudenhove-Kalergi, Paneuropa 1922–1966, Wien München 1966, S. 104–118.

genschaften" der Sowjetunion geprägt sein."[68] Das waren Vorstellungen, die bezeichnenderweise vor allem in der deutschen Exil-SPD eine Rolle spielten, weil sie die Fortexistenz eines deutschen Staates in einem sozialistisch-demokratischen Europa versprachen. Neben den deutschen Sozialdemokraten waren vor allem britische Labour-Politiker im Zweiten Weltkrieg Anhänger des Modells der „Dritten Kraft". Insbesondere Vertreter des linken Parteiflügels sahen im liberal-marktwirtschaftlichen Wirtschaftssystem der Vereinigten Staaten eine ebenso große Bedrohung für Großbritannien und Europa, wie vom autokratischen Sozialismus sowjetischer Provenienz. Ernest Bevin, der im Juli 1945 das Foreign Office übernahm, war diesen Ideen gegenüber sehr aufgeschlossen, weniger in ideologischer Hinsicht als vielmehr in politischer Perspektive. Sein Konzept, das er im September 1945 dem französischen Sozialisten Léon Blum erläuterte, sah in der Welt drei Machtzentren vor. Neben der Sowjetunion und den Vereinigten Staaten plädierte er für einen europäischen Block unter britisch-französischer Führung.[69] Doch erwiesen sich solche Vorstellungen angesichts der politischen und ökonomischen Schwierigkeiten der beiden früheren Großmächte bald als illusorisch. Gleichwohl bleibt hier festzuhalten: Während für die deutsche Exil-Sozialdemokratie der ideologisch-weltanschauliche Aspekt des Modells der „Dritten Kraft" dominierte, spielte für Bevin neben diesem auch die machtpolitische Perspektive des Konzeptes eine Rolle.

Doch hatten die Entwürfe der deutschen Sozialdemokraten und auch Bevins nach dem Krieg keine Chance auf eine Realisierung. Zum einen waren die deutschen Exilanten von einer gleichberechtigten Einordnung eines sozialdemokratisch dominierten Deutschlands in die europäische Nachkriegsordnung ausgegangen, davon konnte jedoch zwischen 1945

---

68   Rainer Behring, Zwischen Sozialismus und Demokratie. Europakonzeptionen des sozialdemokratischen Exils im Schatten transnationaler Parteienkonflikte, in: Jürgen Mittag (Hrsg.) Politische Parteien und europäische Integration. Entwicklung und Perpektiven transnationaler Parteienkooperation in Europa, Essen 2006, S. 229–250, hier S. 243.

69   Michael Newman, British Socialists and the Question of European Unity, 1939–1945, in: European Studies Review Vol. 10 (1980), S. 75–100. Sean Greenwood, The Third Force Policy of Ernest Bevin, in: Michel Dumoulin (Hrsg.), Plans de Temps de Guerre, S. 419–436.

und 1947 gar keine Rede sein. Bevins Konzept erwies sich als Chimäre, weil erstens weder Frankreich noch Großbritannien nach 1945 in der Lage waren, die politische und wirtschaftliche Führungsrolle in Europa zu übernehmen. Zweitens schien der sich entfaltende Kalte Krieg den westeuropäischen Staaten keine Möglichkeit zu geben, sich unabhängig von US-amerikanischer Hilfe gegen eine mögliche sowjetische Aggression zu schützen. In dieser Situation blieb für eigenständige europäische Großmacht-Konzepte wenig Spielraum. Das Modell der „Dritten Kraft" verlor folglich in den Jahren nach 1945 an Bedeutung und rückte erst in der Mitte der 1950er-Jahre wieder in den Mittelpunkt europäischer Integrationsbemühungen.

Die Suez-Krise und die Gründung der EWG

Die politischen und wirtschaftlichen Rahmenbedingungen hatten sich inzwischen sehr verändert. Der Kalte Krieg war nun nicht mehr nur eine Möglichkeit, sondern eine Realität, die die westeuropäischen Staaten als strukturelle Bedingung ihrer Außenpolitik akzeptieren mussten. Zudem war die erste Phase der wirtschaftlichen Rekonstruktion abgeschlossen und alle westeuropäischen Staaten schwenkten auf einen nachhaltigen Wachstumskurs ein.

Das Motiv der „Dritten Kraft" rückte zunächst in der Bundesrepublik Deutschland in den Mittelpunkt der europapolitischen Planungen. Nachdem das bis zu diesem Zeitpunkt wichtigste außenpolitische Ziel der Bundesregierung, die Erlangung der außenpolitischen Souveränität, im Mai 1955 bis auf geringfügige Ausnahmen erreicht worden war, wurde der Abteilungsleiter für Europafragen im Auswärtigen Amt, Carl Friedrich Ophüls, beauftragt, ein Konzept für die zukünftige deutsche Europapolitik zu entwerfen. Am 24. Mai 1955 legte er unter dem Titel „Die Möglichkeit des Weltfriedens" eine sehr grundsätzliche Aufzeichnung vor, in der das Konzept der „Dritten Kraft" eine zentrale Rolle einnahm. Nach einer Untersuchung verschiedener Staatensysteme von der Antike bis in seine Gegenwart stellte Ophüls fest, dass der Weltfrieden am besten durch ein Gleichgewichtssystem aus zwei Blöcken gesichert werden könne, in dem sich ein Zusammenschluss aus der Sowjetunion und China auf der einen, und eine Allianz aus Westeuropa und den USA auf der anderen Seiten gegenüberstünden. Voraussetzung aber sei, so Ophüls, dass die westeuropäischen Staaten als Einheit in der Weltpolitik aufträten, denn nur gemeinsam könnten sie das Potential einer Großmacht aufbringen, die gleichberechtigt mit den USA das Gegengewicht zum kommunistischen Teil der Welt aufbringen würde.[70] Diese Gedanken wurden vom Staatssekretär im Auswärtigen Amt, Walter Hallstein, in einem Vortrag vor dem Auswärtigen Ausschuss des Bundestages am 3. Mai 1955 weitgehend geteilt: „Europa kann politisch und wirtschaftlich nur leben, wenn es sich einigt. Für Deutschland wie für alle anderen Staaten ist nicht die Frage, (ob) sie nationalstaatlich bleiben oder sich integrieren wollen, sondern wohin sie sich integrieren wollen: in die freie Gemeinschaft der europäischen Integration oder in eine östliche."[71] Die Spitzenbeamten des Auswärtigen Amtes sahen also Europa und die Europäische Integration als Kern einer neuen Weltmacht, die gemeinsam mit den USA, der Sowjetunion und China die Weltpolitik bestimmen sollte. Wenn schon eine deutsche Weltmachtpolitik nicht mehr möglich war, dann sollte Europa diese Rolle spielen und auf diese Weise zumindest einen Teil der deutschen Interessen auf der globalen Ebene vertreten. Deutlich wurde in den Aufzeichnung aber auch, wie eng das Motiv der Dritten Kraft in dieser Zeit mit der Idee eines Bollwerkes gegen den Kommunismus gesehen wurde. Das hatte schon bei Coudenhove-Kalergi eine Rolle gespielt. Jetzt, in der ersten Hochphase des Kalten Krieges, rückte es wieder stärker in den Mittelpunkt.

Doch war man zu diesem Zeitpunkt in Frankreich sehr skeptisch gegenüber solchen Plänen. Vom Anspruch her waren sowohl Frankreich als auch Großbritannien bis in die Mitte der 1950er-Jahre Weltmächte. Dies änderte sich jedoch mit der Suez-Krise 1956. Sie entstand, als der ägyptische Staatspräsident Gamal Abdel Nasser am 26. Juli 1956

---

70 Politisches Archiv des Auswärtigen Amtes, Berlin (PAAA), Nachlass Ophüls, Bd. 10, Die Möglichkeit des Weltfriedens, 24.5.1955.
71 PAAA, Abt. 2, AZ225-10-01, Bd. 900, Aufzeichnung zur europäischen Integration für die Sitzung des Auswärtigen Ausschusses, 3.5.1955.

die Verstaatlichung des Suez-Kanals verkündete, um aus den Einnahmen ein Staudamm-Projekt am oberen Nil zu finanzieren. Die wichtige Wasserstraße war bis dahin in Besitz eines französisch-britischen Konsortiums gewesen, dem Nasser eine Entschädigung ankündigte. In Paris, London und auch in Israel wurde dieser Schritt als eine nicht hinnehmbare Provokation des ägyptischen Diktators angesehen, die mit militärischen Mitteln bekämpft werden musste. Am 29. Oktober 1956 begannen zunächst israelische Truppen mit einem Angriff auf die Sinai-Halbinsel, die einen Tag später von britischen und französischen Fallschirmjägern unterstützt wurden. Während Briten, Franzosen und Israelis auf Kairo vorstießen, um dort den ägyptischen Staatspräsidenten abzusetzen, wurde das Vorgehen der drei Mächte von der Sowjetunion und den USA in ungewohnter Einmütigkeit kritisiert. Der sowjetische Parteichef Nikita Chruschtschow drohte in einer Botschaft an den britischen Premierminister Anthony Eden damit, London und Paris mit Atomwaffen zu beschießen, wenn der Angriff nicht gestoppt werde. Auch US-Präsident Eisenhower drohte beiden Mächten mit wirtschaftlichen Konsequenzen, so dass zunächst die britische Regierung, dann auch die französische, den Angriff stoppten. In beiden Ländern war man über das militärisch-politische Desaster in Ägypten verärgert. Aber noch viel schockierender aus europäischer Sicht war, dass die USA, die bislang von beiden Ländern als westeuropäische Schutzmacht angesehen wurde, nun, gemeinsam mit der Sowjetunion, vermeintlich europäische Interessen verriet. Diese Ansicht wurde in Bonn weitgehend geteilt. Am 29. September 1956, die Krise hatte ihren Höhepunkt noch nicht erreicht, trafen sich in Bonn Bundeskanzler Adenauer und der französische Ministerpräsident Guy Mollet, um die Lage und vor allem die festgefahrenen Verhandlungen über den Gemeinsamen Markt in Brüssel zu besprechen. Zunächst erläuterte Adenauer seine Sicht der Dinge. Die Ohnmacht Europas sei angesichts des amerikanischen Desinteresses am alten Kontinent erschreckend deutlich. Die Europäer müssten in Zukunft für ihre Verteidigung selbst einstehen, und die Voraussetzung hierfür sei die Gründung des Gemeinsamen Marktes und der Atomgemeinschaft. Die französische Seite sah die Dinge sehr ähnlich. Und so einigte man sich darauf, die Verhandlungen in Brüssel gemeinsam möglichst schnell zu Ende zu führen. Der französische Außenminister Christian Pineau fasst das Ergebnis des Gespräches zusammen „a) Wir sind in Sorge wegen der Entwicklung in Amerika. Wir können uns in Zukunft nicht allein auf die Amerikaner verlassen. b) Die Sechserverhandlungen in Brüssel müssen schnell zu Ende geführt werden. Frankreich wolle den Gemeinsamen Markt trotz aller Schwierigkeiten. Er bitte Deutschland um eine entsprechende Haltung bei Euratom. (…) e) wir müssen gemeinsame Opfer bringen, wenn einer von uns in Schwierigkeiten sei. In der Suezfrage sei Frankreich über die schwache Unterstützung durch seine Bundesgenossen betroffen gewesen, während Ägypten durch Russland massiv unterstützt worden sei.“[72] Die Suez-Krise und die durch sie ausgelöste deutsch-französische Annäherung im September 1956 können als Wendepunkt in den Verhandlungen über den Gemeinsamen Markt angesehen werden. Bis zu diesem Zeitpunkt waren die Brüsseler Beratungen äußerst harzig verlaufen, weil vor allem die französische Regierung immer wieder neue Forderungen präsentierte, die die Verhandlungspartner vor Probleme stellte. Nach dem deutsch-französischen Gespräch, dem ein weiteres Anfang November 1956 in Paris folgte, liefen die Verhandlungen flüssig und mündeten im Frühjahr 1957 in die Römischen Verträge. Die Suez-Krise (ebenso wie die gleichzeitig stattfindende Krise in Ungarn) sorgte also dafür, dass auch die französische Regierung das vom deutschen Auswärtigen Amt schon zuvor formulierte Motiv der „Dritten Kraft" übernahm und damit akzeptierte, dass die Vorstellung von der französischen Großmacht in der Mitte der 1950er-Jahre eine Chimäre war. Für die bundesdeutsche wie für die französische Regierung spielte das Motiv der weltweiten Selbstbehauptung seit der Suez-Krise eine herausragende Rolle – ohne dieses Motiv hätte es die supranationale Europäische Wirtschaftgemeinschaft nicht gegeben.

Neben dem politischen Motiv der „Dritten Kraft", das bei den früheren Groß- und Weltmächten Frankreich und Deutschland eine große Rolle spielte, gab es in der Gründungsphase der EWG in der Mitte der

---

72 Handschriftliches Protokoll der Unterredung zwischen Bundeskanzler Adenauer und Ministerpräsident Mollet von Karl Carstens, in: Bundesarchiv Koblenz, Nachlass Karl Carstens Bd. 572, 29.9.1956.

1950er-Jahre auch die ökonomische Variante dieses Leitbildes. Beispielhaft hierfür mag der belgische und europäische Staatsmann Paul Henri Spaak stehen, der den französischen Botschafter in Brüssel im November 1954 rhetorisch fragte: „Wie kann Europa angesichts der Märkte von 150 und 200 Millionen Menschen, die die USA und Sowjetunion aufbringen, die notwendige Macht errichten, wenn es selbst keinen großen gemeinsamen Markt gründet?"[73] Hinter dieser Äußerung stand der Gedanke, dass die gewaltige Übermacht der USA und der Sowjetunion vor allem auf ihrer wirtschaftlichen Leistungsfähigkeit beruhte. Nur diese beiden Staaten verfügten in der Nachkriegszeit wegen ihres großen Wirtschaftspotentials über die finanziellen Ressourcen, die es erlaubten, die Atomkraft für militärische und zivile Ziele zu nutzen; nur diese beiden Staaten konnten aus dem gleichen Grund die Raketentechnik entwickeln und nur diese beiden Staaten konnten die Raumfahrt vorantreiben. Die europäischen Nationalstaaten konnten dieses Potential alleine nicht aufbringen. Mit den USA und der Sowjetunion waren zwei Weltmächte entstanden, die in dieser Hinsicht – ähnliche wie Großbritannien im 19. Jahrhundert – neue Maßstäbe setzten. Gemeinsam allerdings sollte dies möglich sein und die Vorraussetzung hierfür war ein Gemeinsamer Markt. Nichts anderes meinte Walter Hallstein, als er auf einer Konferenz der Außenminister der Montanunion-Staaten im niederländischen Noordwijk ausführte: „Eine dieser Tatsachen, die uns (gemeint ist die deutsche Bundesregierung, G.T.) wesentlich erscheint, zur (…) politischen, wirtschaftlichen und kulturellen Selbstbehauptung Europas, ist die Schaffung Europas als einer handlungsfähigen Größe im Konzert der weltpolitischen Stimmung. (…) Insbesondere hat sich ein zentraler Begriff verdeutlicht und in seiner beherrschenden Rolle für die gesamte Arbeit herausgestellt: der Begriff des Gemeinsamen Marktes. Dies ist der wirtschaftliche Ausdruck unseres politischen Entschlusses."[74] Das wirtschaftliche Motiv der Dritten Kraft hatte also in dieser Situation eine starke politische Bedeutung. Der Gemeinsame

---

73 Documents Diplomatiques Français 1954, Tome II, No. 401, Rivière (Bruxelles) à Mendès France, 30.11.1954.
74 PAAA Abt. 2, AZ 225-10-02, Bd. 903, Entwurf der Rede Hallsteins in Noordwijk, 6.9.1955.

Markt war ein Instrument, das dazu diente, das Wirtschaftspotential der westeuropäischen Staaten zu nutzen, um zunächst in wirtschaftlicher, dann aber auch in politischer Hinsicht, den Supermächten der Welt gleichzuziehen. Nicht nur die Sowjetunion und die USA wurden als wirtschaftliche Konkurrenz für Europa angesehen, auch die sich in dieser Zeit formierende Blockfreien-Bewegung erschien vielen europäischen Politikern als Gefahr für den eigenen Kontinent. In einer Rede vor den Grandes Conférences Catholiques in Brüssel am 25. September 1956 zeigte sich Konrad Adenauer besorgt über „das Erscheinen nicht weißer Völker auf der Bühne des politischen Weltgeschehens. (…) Es hilft nichts, wir müssen manche auf nationalen Vorstellungen und Traditionen beruhenden Hemmungen angesichts der neuen Entwicklungen auf der Erde rücksichtslos über Bord werfen, und wir müssen handeln. Andere handeln auch. Eine Entwicklung, die wir Europäer nicht beeinflussen können, geht sonst einfach über uns hinweg."[75] Alle diese Äußerungen zeigen, dass sich in den internationalen Beziehungen der 1950er-Jahre ein schrittweiser Wandel gegenüber der Vorkriegszeit vollzogen hatte. Unter den Attributen, die einen Staat zu einer Großmacht auf globaler Ebene qualifizierten, war die Bedeutung der wirtschaftlichen Leistungsfähigkeit erheblich gestiegen. Erst das überragende wirtschaftliche Potential erschloss den beiden neuen Supermächten die neuen militärischen und technologischen Möglichkeiten, die sie allen anderen Staaten der Erde voraus hatten.[76] Eben dies war der wesentliche wirtschaftliche Grund für die Errichtung des Gemeinsamen Marktes in dieser Phase.

Dem politischen und ökonomischen Motiv der „Dritten Kraft" entsprach die kulturelle Variante dieses Motivs in der Mitte der 1950er-Jahre. „Was Europa ausmacht", hielt ein Mitarbeiter des deutschen christdemokratischen Parlamentariers Heinrich von Brentano im Juli 1953 fest, „ist seine Kultur und seine Zivilisation. Wir haben uns also

---

75 Rede vor den Grandes Conférences Catholiques in Brüssel, 25.9.1956, in: Hans Peter Schwarz (Hrsg.), Konrad Adenauer. Reden 1917–1967. Eine Auswahl, Stuttgart 1975, S. 328.

76 Guido Thiemeyer, Supranationalität als Novum in der Geschichte der internationalen Politik der fünfziger Jahre, in: Journal of European Integration History, Vol. 4 (1998), No. 2, 5–21.

zu fragen, welches sind die wesentlichen Werte, auf die sich die europäische Kultur gründet und die der europäische Mensch verfolgt. Wir
finden sie in ihrem dreifachen Ursprung: Athen – Jerusalem – Rom. Aus
diesem dreifachen Ursprung wird ein einheitliches Ganzes, das uns bis
heute und für immer tiefste Lebensgrundlage und höchsten Lebenswert
gibt."[77] Die geistigen Grundlagen von Antike und Christentum wurden
hier zur kulturellen Identität Europas erhoben. Das war gewiss nicht
neu; Gedanken dieser Art lassen sich auch in der Zwischenkriegszeit
finden (vgl. Kapitel III.3.a). Es ist aber bezeichnend, dass sie gerade in
der Rekonstruktionsphase Westeuropas wieder eine prominente Stellung einnahmen. Der Grund hierfür liegt darin, dass die USA und die
Sowjetunion als nicht-europäische Kulturen wahrgenommen wurden,
von denen es sich abzugrenzen galt. „Je besser man den Kommunismus
kennt, desto sicherer wird man, dass der Kommunismus sein wichtigstes
Ziel niemals aufgeben will und kann, nämlich den Rest der Welt kommunistisch zu gestalten", zeigte sich der schwedische Sozialdemokrat
Frode Jacobsen am 25. Mai 1954 vor der Beratenden Versammlung des
Europarates überzeugt. Der griechische Nationalliberale Stamatis Mer-
couris sekundierte ihm in der gleichen Debatte: "Das einzige Ziel des
Kommunismus ist es, die Demokratie zu zerstören und die freien Völker
der roten Diktatur zu unterwerfen."[78] Doch nicht nur die kommunistische Sowjetunion diente als Projektionsfläche dessen, was für nicht
europäisch erklärt wurde, auch die USA waren in dieser Hinsicht für
manche Europäer eine Bedrohung. So warnte etwa der irische Dele-
gierte in der Beratenden Versammlung des Europarates in der Sitzung
vom 27. November 1951: „Was würden unsere amerikanischen Freunde
sagen, wenn wir, nur um ihnen zu gefallen, alle unsere gotischen Kathe-
dralen zu funktionalistischen Wolkenkratzern umbauen würden? Das
ist es doch, was sie wollen. Würden sie nicht Shakespeare und Dante am
liebsten in einer offiziellen Kurzversion in Readers Digest lesen? (…)
Wenn wir auch unsere Dankbarkeit gegenüber dem amerikanischen
Volk und unsere Wünsche für eine einfache und intensive Koopera-

---

77 Die Grundlagen der Europa-Politik. Entwurf Dr. Brand für die Neue Literari-
    sche Welt, Juli 1953. Zit. nach Achim Trunk, Ausweg Europa, S. 66.
78 Beratende Versammlung, 25. Mai 1954, S. 110f.

tion ausdrücken, so behalten wir uns doch das Recht vor, authentische Europäer zu bleiben."[79] Auch das war ein altes Denkmuster – die Idee von der kulturellen Überlegenheit Europas gegenüber den USA. Diese Denkmuster tauchten in den 1950er-Jahren wieder auf, weil Europa nun für jedermann ganz offensichtlich vom Subjekt der Weltpolitik zu ihrem Objekt geworden war. Bedroht durch die Sowjetunion und den Kommunismus, geschützt vor allem durch die militärische Macht der USA, suchten die Europäer sich in kultureller Hinsicht selbst zu stärken, indem sie die vermeintliche Überlegenheit der eigenen Kultur hervorhoben. Auch das war ein Aspekt der europäischen Selbstbehauptung in den 1950er-Jahren.

Für die Periode zwischen 1955 und 1958 bleibt also hinsichtlich des Motivs der „Dritten Kraft" festzuhalten: Die Europäische Wirtschaftsgemeinschaft hatte schon in ihrer Gründungsphase – neben dem schon zuvor existierenden anti-sowjetischen Aspekt – eine latent anti-amerikanische Tendenz, die sich in den 1960er-Jahren zu einem offenen Konflikt, insbesondere in Handelsfragen, entwickeln sollte. Das betraf zunächst vor allem die Landwirtschaftspolitik, die die USA in zweifacher Hinsicht herausforderte. Zum einen schloss sie die US-amerikanische Konkurrenz vom lukrativen europäischen Markt durch hohe Zollbarrieren aus, zum Zweiten wurde die EWG durch eine (von den USA in vergleichbarer Weise betriebene) aggressive Export-Politik zum wichtigsten Konkurrenten der USA auf dem Weltmarkt. Aber auch in politischer Hinsicht zweifelten die Westeuropäer zunehmend an der Zuverlässigkeit des amerikanischen Verbündeten. Insgesamt vollzog sich daher 1956 ein Wandel in der Rolle der USA für den europäischen Integrationsprozess. Während die USA bis 1955 die westeuropäische Integration massiv unterstützt hatten, um erstens einen europäischen Block gegen die Sowjetunion im Kalten Krieg zu errichten und zweitens eine Lösung für das deutsche Problem zu finden (Einbindungsmotiv), war Washington gegenüber der EWG skeptisch.[80] Die US-Regierung

---

79   Beratende Versammlung, 27. November 1951, S. 502–504.
80   Beate Neuss, Geburtshelfer Europas. Die Rolle der Vereinigten Staaten im europäischen Einigungsprozeß 1945–1958, Baden-Baden 2000. Pascaline Winand, Eisenhower, Kennedy and the United States of Europe, Basingstoke 1997.

war aber dennoch ein wichtiger Motor der europäischen Integration in dieser Phase, nun aber nicht mehr aktiv, sondern passiv. Das vermeintliche Desinteresse der USA am Schicksal Europas war ein wesentliches Motiv für die Gründung der Europäischen Wirtschaftsgemeinschaft.

Das Motiv der „Dritten Kraft" in den 1960er-Jahren

Auch wenn die supranationale europäische Integration in den Jahren nach 1958 in eine Krise geriet, blieb doch das Motiv der „Dritten Kraft" für die europäischen Regierungen unverändert relevant. Das betraf zunächst die politische Ebene des Motivs. Diese wurde in den 1960er-Jahren in starkem Maße vom französischen Staatspräsidenten Charles de Gaulle geprägt. Für ihn gab es zwar ein Europa der Staaten, aber kein Europa über den Staaten, d.h. eine Vertiefung der supranationalen Europäischen Wirtschaftsgemeinschaft lehnte er ab. Die Einigung Europas bedeutete für de Gaulle die enge Zusammenarbeit unabhängiger Nationen, die ihre volle Souveränität beibehielten. Eine Konföderation könnte am Ende dieses Prozesses stehen, aber kein europäischer Bundesstaat, wie er etwa dem deutschen Präsidenten der Kommission der EWG, Walter Hallstein, als Leitbild vorschwebte.[81] Gleichwohl diente die Integration Europas auch für de Gaulle dazu, dem alten Kontinent das Potential zu geben, damit europäische Interessen gegenüber den Supermächten durchgesetzt werden konnten, allerdings unter französischer Führung. „Dank der Tatsache, dass zum ersten Male in der Geschichte die großen Gegensätze zwischen Frankreich selbst und seinen europäischen Nachbarn aus der Welt geschafft wurden, muss Frankreich zum Aufbau Westeuropas beitragen, und zwar zum Aufbau einer organisierten Staaten-Union, damit nach und nach auf beiden Seiten des Rheins, der Alpen und vielleicht des Kanals ein politisches, wirtschaftliches, kulturelles und militärisches Ganzes entsteht, das mächtigste, wohlha-

---

81 Zur Kontroverse um die Europapolitik De Gaulles Wilfried Loth, De Gaulle und Europa. Eine Revision, in: HZ Bd. 253 (1991), S. 629–660.

bendste und einflussreichste der Welt."[82] Europäische Integration diente in diesem Konzept dazu, der französischen Politik das Potential zur Verfügung zu stellen, das sie zur Durchsetzung ihrer Interessen in der Welt benötigte.

Das politische Motiv der „Dritten Kraft" spielte auch für die Ambitionen der britischen Regierung, der EWG beizutreten, eine wichtige Rolle.[83] Ähnlich wie Frankreich, wenn auch mit einer gewissen Verspätung, hatte auch die britische politische Elite die Suez-Katastrophe des Jahres 1956 als Wendepunkt der britischen Außen- und Europapolitik begriffen. Noch nach dem Zweiten Weltkrieg hatte Churchill von der „Theorie der drei Kreise" gesprochen, nach der die britische Politik weltweit drei Referenzpunkte habe, an denen sie sich orientieren müsse: die „Special Relationship" zu den USA, das Commonwealth und „Continental Europe". Das Konzept ging also vom Fortbestand der britischen Groß- und Weltmachtstellung aus. Nach dem Herbst 1956 jedoch setzte sich in London langsam die Einsicht durch, dass dieses Konzept unter den neuen Bedingungen des Kalten Krieges und der langsamen Auflösung des Commonwealth unrealistisch geworden war. Die Gründung der Freihandelszone EFTA (European Free Trade Association) am 4. Januar 1960 war ein erster Schritt zu einer außenpolitischen Neuorientierung. Am 10. August 1961 übergab die Regierung von Harold Macmillan ihr Beitrittsgesuch zur EWG in Brüssel. Diese wurde jedoch vom französischen Staatspräsidenten Charles de Gaulle blockiert. Am 10. Mai 1967 stellte die britische Regierung einen erneuten Beitrittsantrag. Ein internes Dokument des Foreign Office erläuterte das wohl wichtigste Argument für diesen Schritt: „Wenn wir (der EWG, G.T.) beitreten könnten, hätten wir weiterhin einen wesentlichen Vorsprung in verschiedenen Bereichen des öffentlichen Lebens und in der Wirtschaft, wir müssten also die Möglichkeit haben, eine bedeutende Rolle in der europäischen Politik und in ihren Beziehungen zu den USA zu spielen. Aber wir müssen akzeptieren, dass die Zeit nicht für uns spielt.

---

82 Charles De Gaulle, Fernsehansprache vom 5. Februar 1962, in: Siegler, Europäische Einigung, S. 127.

83 Wolfram Kaiser, Großbritannien und die Europäische Wirtschaftsgemeinschaft 1955–1961, Berlin 1996.

Unsere Bedeutung in der Welt geht beständig zurück. Die EWG ist erheblich viel mächtiger als wir es sind und selbst einzelne Länder innerhalb der EWG, wie Deutschland oder Frankreich, sind in mancher Hinsicht stärker als wir. In mancher Hinsicht hat uns auch Japan überholt. Wir müssen deswegen alle Anstrengungen darauf richten, der EWG so bald wie möglich beizutreten."[84] Wie für Frankreich, und eingeschränkt auch die Bundesrepublik Deutschland, war die EWG für Großbritannien ein Instrument, um die in der Epoche der Weltkriege verlorene Weltmachtstellung zurück zu gewinnen, nun aber als Bestandteil einer angestrebten europäischen Großmacht.

Auch für die Handelspolitik gewann das Motiv der „Dritten Kraft" in den 1960er-Jahren an Bedeutung. In zunehmendem Maße wehrte sich die EWG gegen die wirtschafts- und handelspolitische Dominanz der USA. Das betraf zunächst den Nahrungsmittelsektor. So wie die meisten europäischen Nationalstaaten zuvor, begann auch die EWG sich gegen freie Importe von Nahrungsmitteln aus aller Welt, auch aus den USA zu schützen. Im Sommer und Herbst 1963 eskalierte die handelspolitische Rivalität im so genannten Hähnchen-Krieg, nachdem die EWG Kommission am 30. Juli 1963 die an der Grenze zu entrichtenden Abgaben für US-amerikanisches Geflügel-Fleisch um das Dreifache angehoben hatte. Die USA reagierten darauf mit einer Beschwerde bei der GATT-Kommission, die der amerikanischen Regierung in ihrer Stellungnahme vom 22. November 1963 auch prinzipiell Recht gab. Dennoch konnte die Kommission auf ihrer Position beharren, der Schutz des europäischen Marktes vor billigeren amerikanischen Importen zu Gunsten der europäischen Produzenten blieb bestehen.[85] Der Grund für das Beharrungsvermögen der EWG war, dass sie ein den USA vergleichbares Gewicht in der internationalen Handelspolitik darstellte, das von den

---

84 National Archives, London, C (68) 42, "British Foreign Policy for the Next 3 Years", Planning Section, FO, 14 January 1968, zit. nach Melissa Pine, Perseverance in the Face of Rejection: Towards British Membership of the European Communities, November 1967–June 1970, in: Franz Knipping, Matthias Schönwald (Hrsg.), Aufbruch zum Europa der Zweiten Generation. Die Europäische Einigung 1969–1984, Trier 2004, S. 287–305.

85 Archiv der Gegenwart, 1963, 10922F GATT-Kommission setzt Schadenshöhe der USA im Hähnchen-Krieg fest, 22.11.1963.

USA tatsächlich ernst genommen werden musste. Keiner der Mitgliedstaaten der EWG hätte gegenüber der Handelsmacht USA mit dieser
Bestimmtheit auftreten können.

Nicht nur in der Handels-, sondern auch in der Währungspolitik
spielte das Motiv der „Dritten Kraft" in der Mitte der 1960er-Jahre
eine wichtige Rolle. Bis zu diesem Zeitpunkt hatten im Kern die USA
über das internationale Währungssystem von Bretton Woods für die
Währungsstabilität in Westeuropa gesorgt. Der US-Dollar diente in
diesem System als Leitwährung – der Wert der europäischen Währungen wurde de facto durch den Gegenwert in US-Dollar definiert. Das
System funktionierte in den 1950er-Jahren auch sehr gut, geriet aber
in Schwierigkeiten, als die US-Währung durch das steigende amerikanische Zahlungsbilanz- Defizit und das immer teurere Engagement in
Vietnam in der Mitte der sechziger Jahre an Wert verlor.[86] Weil die europäischen Währungen an den Dollar gebunden waren, wurden auch sie
in den Inflationsstrudel gezogen und schon bald äußerten europäische
Währungspolitiker den Wunsch nach mehr Unabhängigkeit von der
US-Währung. Dem schloss sich auch hier der französische Staatspräsident Charles de Gaulle in einer Pressekonferenz am 4. Januar 1965 an,
als er erklärte, dass die Währungen der Welt nicht von einer einzigen,
nämlich der amerikanischen, abhängen dürften. Er schlug die Wieder-
begründung des internationalen Gold-Standards vor, weil das Gold, aus
seiner Sicht, im Gegensatz zur amerikanischen Währung, eine unpoli-
tische und neutrale Größe war. Das war ein Vorschlag, der ökonomisch
nicht praktikabel und politisch, zumindest zu diesem Zeitpunkt, bei
keinem der europäischen Partner Frankreichs Unterstützung fand. Für
de Gaulle jedoch ging es um anderes. Er habe zwar den Goldstandard
vorgeschlagen, erklärte er seinem finanzpolitischen Berater Alain Prate,

---

86   Hubert Zimmermann, The Fall of the Bretton Woods System and the Emergence
     of the Werner-Plan, in: Lars Magnusson, Bo Strath (Hrsg.), From the Werner
     Plan to the EMU. In search of a Political Economy in Europe, Brüssel 2001,
     S. 49–72. Guido Thiemeyer, From Convertibility to the Werner-Plan. Changing
     World Economic Structures as Incentives for European Monetary Integration,
     1958–1969, in: Régine Perron (Hrsg.), The Stability of Europe. The Common
     Market: Towards European Integration of Industrial and Financial Markets?
     1958–1968, Paris 2004, S. 161–178.

aber er hätte jede andere Grundlage nehmen können, unter der Voraussetzung, dass sie von den Währungen der Briten und Amerikaner unabhängig sei.[87] Auch wenn die Initiative de Gaulles keine Unterstützung fand, der Wunsch nach einer eigenständigen, von den USA unabhängigen europäischen Gemeinschaftswährung, blieb bestehen. Hier lag einer der wichtigsten Gründe für die Entstehung des Werner-Plans für eine europäische Währungsunion aus dem Jahr 1970.

So, wie die wirtschaftliche und die politische Komponente, so spielte insbesondere für de Gaulle auch der kulturelle Aspekt des Motivs der „Dritten Kraft" eine Rolle. „Seit jeher (...) habe ich gespürt, was doch die Nationen, die es (gemeint ist Europa, G.T.) bevölkern gemeinsam haben. Alle sind von derselben weißen Rasse, derselben christlichen Herkunft, derselben Lebensart; seit eh und je einander verbunden durch ungezählte Bande des Denkens, der Kunst, der Wissenschaft, der Politik, des Handels; und so entspricht es ihrer Natur, dass sie ein Ganzes werden, das in dieser Welt seinen Charakter und seine Gestalt findet."[88] Auch bei de Gaulle spielte daher die Vorstellung von der kulturellen Einheit Europas, die es von der restlichen Welt unterscheide, eine wichtige Rolle. Neben den christlichen und kulturellen Wurzeln, wurde bei de Gaulle auch die Existenz einer spezifisch europäischen Rasse hervorgehoben, die sich vermeintlich von denen der restlichen Welt unterscheiden lässt (vgl. hierzu Kap. III.3.a).

Das Motiv der „Dritten Kraft" blieb also auch in der Phase der Krise der EWG ein bestimmendes Leitbild der westeuropäischen Integration. Für Charles de Gaulle, der ja die supranationale Konzeption der EWG grundsätzlich ablehnte, war das Motiv sogar das wichtigste für die von ihm angestrebte europäische Konföderation unter französischer Führung. Europa sollte Frankreich das Potential verleihen, das für eine Weltmachtrolle in der zweiten Hälfte des 20. Jahrhunderts notwendig

---

87 Conférence de Presse du Président de la République Française, Général de Gaulle du 4 Janvier 1965, in: L´Année Politique, économique, sociale et diplomatique en France 1965, Paris 1966, S. 426–427. Vgl. auch Alain Prate, Le Général de Gaulle et les institutions de Bretton Woods, in: La France et les institutions de Bretton Woods 1944–1994, Paris 1998, S. 83–88.

88 Charles de Gaulle, Memoiren der Hoffnung. Die Wiedergeburt 1958–1962, Wien 1971, S. 207.

war. Ähnliche Motive prägten die britische Politik; das war ein Grund
dafür, warum de Gaulle den britischen Beitritt so vehement ablehnte.

Das Motiv der „Dritten Kraft" in den 1970er-Jahren

Auch in den 1970er-Jahren behielt das Motiv der „Dritten Kraft" auf allen drei hier geschilderten Ebenen, der politischen, der wirtschaftlichen
und der kulturellen Ebene, seine Bedeutung.

In politischer Hinsicht erwies sich die Ölkrise der Jahre 1973/74
als Katalysator für die europäische Integration.[89] Eine drastische Er-
höhung des Ölpreises durch das Kartell der erdölexportierenden arabischen Staaten als Reaktion auf den israelisch-arabischen Konflikt sollte
die westlichen Staaten politisch unter Druck setzen. Obwohl die Krise
schon länger schwelte, wurde die Steigerung der Energiepreise in den
europäischen Staaten als Schock empfunden. Der deutsche Außenminister Hans Dietrich Genscher bilanziert rückblickend: „Das Scho-
ckerlebnis wurde ihnen (den europäischen Regierungen, G.T.) zur eigentlichen Geburtsstunde der europäischen Außenpolitik."[90] Auch hier
spielte die Rivalität zur US- amerikanischen Regierung, die eine von den
USA geführte Allianz der westlichen Welt gegen die arabischen Staaten
zu schmieden versuchte, eine Rolle. Insbesondere der französische Außenminister Jobert jedoch trat für direkte Kontakte zwischen den europäischen Staaten und den erdölexportierenden Ländern der arabischen
Welt ein. Damit wurde erstmals die Möglichkeit einer gemeinsamen europäischen Außenpolitik unabhängig von den USA erprobt. Der insbesondere von Henry Kissinger sehr offensiv vertretene US-amerikanische
Führungsanspruch gegenüber Westeuropa hatte einmal mehr dazu geführt, dass die Mitgliedstaaten der EG ihre Kooperation auf einem wei-

---

89 Guido Müller, Folgen der Ölkrise für den europäischen Einigungsprozess nach
     1973, in: Franz Knipping, Matthias Schönwald (Hrsg.), Aufbruch zum Europa
     der zweiten Generation, S. 73–93.
90 Zit. nach Ammon Neustadt, Die deutsch-israelischen Beziehungen im Schatten
     der EG-Nahostpolitik, Frankfurt 1983, S. 152.

teren politischen Sektor vertieften. Indirekt förderten damit die USA weiterhin die europäische Integration.

Auch in ökonomischer Hinsicht setzte sich die schon seit Anfang der 1960er-Jahre zu beobachtende Tendenz einer europäischen Emanzipation von der Führungsrolle der USA fort, insbesondere auf dem Währungssektor. Schon auf dem Haager Gipfel im November 1969 hatten sich die Staats- und Regierungschefs der EG angesichts der durch die Dollar-Schwäche ausgelösten weltweiten währungspolitischen Turbulenzen darauf geeinigt, innerhalb von zehn Jahren eine europäische Währungsunion zu errichten. Dies war der so genannte Werner-Plan.[91] Das Projekt scheiterte – zum einen an den vom Ölpreisschock ausgelösten politischen und wirtschaftlichen Turbulenzen, aber auch wegen der in diesem Konzept enthaltenen ordnungspolitischen Widersprüche. Insbesondere war offen geblieben, wer in letzter Instanz die währungspolitischen Entscheidungen fällen würde: eine unabhängige europäische Zentralbank, wie die deutsche Regierung und die Niederländer vorschlugen, oder die nationalen Regierungen, wie der französischen Seite vorschwebte? Dennoch, auch wenn das ambitionierte Ziel einer europäischen Währungsunion nicht erreicht werden konnte, war der Werner-Plan der Ausgangspunkt für eine vertiefte währungspolitische Integration im Rahmen der EWG. Gewissermaßen als Ersatz für die zerbrochene Stabilität der Wechselkurse im transatlantischen Rahmen hatten die EG-Länder schon im März 1972 eine engere Schwankungsbreite von 2% zwischen ihren Währungen eingeführt, die so genannte „Schlange im Tunnel". Hiervon ausgehend entstand durch verschiedene, zunächst unabhängig voneinander vorgetragene Vorstöße, das Europäische Währungssystem (EWS).[92] Erneut spielte in diesem Prozess die ökonomische Variante des Motivs der „Dritten Kraft" eine dominierende Rolle. Insbesondere der deutsche Bundeskanzler Helmut Schmidt be-

91 Andreas Wilkens, Der Werner-Plan. Währung, Politik und Europa 1968–1971, in: Franz Knipping, Matthias Schönwald (Hrsg.), Aufbruch zum Europa der zweiten Generation, S. 217–244.

92 Peter Ludlow, The Making of the European Monetary System, London u.a. 1982. Guido Thiemeyer, Helmut Schmidt und die Gründung des Europäischen Währungssystems 1973–1979, in: Franz Knipping, Matthias Schönwald (Hrsg.), Aufbruch zum Europa der zweiten Generation, S. 145–268.

tonte die Notwendigkeit einer europäischen währungspolitischen Selbstorganisation angesichts der weltweit instabilen wirtschaftlichen Lage: „Eine Konfrontation zwischen Europa und Japan, der Zusammenbruch der multilateralen Verhandlungen im GATT, große Schwäche und Unsicherheit in Frankreich und eine sich intensivierende Dollar-Krise. Geradezu typisch für ihn", so notierte der Präsident der EWG-Kommission, Roy Jenkins, nach einem Gespräch mit Schmidt im Frühjahr 1978, „lebte er angesichts dieser Niedergangs-Szenarien auf und betonte, dass dies ein weiterer Grund sei für die Stärkung der EWG." Hier diente die EWG als Stabilitätsanker einer in Schwierigkeiten geratenen Weltwirtschaftsordnung. Aber auch die Emanzipation Europas von den USA spielte für Schmidt eine Rolle. Jenkins schrieb weiter: „Tiefe Feindschaft gegenüber Carter, dessen Verhalten hinsichtlich des Dollars nicht akzeptabel ist."[93] Schmidt warf der Carter-Administration in Washington vor allem vor, dass sie sich weigere, weltweite Verantwortung zu übernehmen, vor allem in währungspolitischer Hinsicht. Daher war die EG aus seiner Sicht gezwungen, die währungspolitische Stabilität selbst herzustellen, durch ein eigenes, vom Dollar unabhängiges Wechselkurssystem. Das im März 1979 errichtete Europäische Währungssystem erfüllte genau diese Funktion und war rückblickend die Vorstufe für die später errichtete Europäische Währungsunion.

Parallel zu diesen politischen und ökonomischen Ansprüchen der EG, als „Dritte Kraft" in der Welt zu gelten, finden sich in den 1970er-Jahren auch die ersten Versuche zu einer Definition der Ziele europäischer Integration im Rahmen der EWG. Das „Gipfeltreffen" der Staats- und Regierungschefs der EG, das in Kopenhagen am 14. und 15. Dezember 1973 stattfand, forderte ein Leitbild für die „Identität Europas". „Die neun Mitgliedstaaten der Europäischen Gemeinschaften halten die Zeit für gekommen, ein Dokument über die europäische Identität auszuarbeiten, mit dem sie vor allem ihre Beziehungen zu den übrigen Ländern der Welt sowie ihre Verantwortlichkeiten und ihren Platz in der Weltpolitik näher bestimmen wollen." Eine Definition der europäischen Identität wurde hier nicht gegeben, jedoch darauf verwiesen, dass „das

---

93   Roy Jenkins, European Diary, London 1989, S. 225.

Europa der Neun (...) sich der weltpolitischen Verpflichtungen bewusst (ist), die ihm aus seiner Einigung erwachsen." Hier wurde ein „dynamischer" Identitätsbegriff entworfen, der gewiss sehr unscharf war: „In den Außenbeziehungen werden die Neun vor allem bemüht sein, ihre Identität im Verhältnis zu den anderen politischen Einheiten schrittweise zu bestimmen"[94] (vgl. Kap. III.3.a).

Die ab nun intensiv einsetzende Suche nach der europäischen Identität beschränkte sich keineswegs auf die Wahrnehmung der Gemeinschaft in der Welt, sondern richtete sich auch nach innen. Auch die zu geringe Identifikation der Bürger in den Mitgliedstaaten der EG mit „Europa" wurde nun als Problem erkannt: „Auf diese Art und Weise bleibt Europa eine künstliche Konstruktion", schrieb der vormalige niederländische Präsident der EG-Kommission, Sicco Mansholt, 1974. „Der Bürger (...) wendet sich ab und lässt mit einer gewissen Abneigung die Institutionen in ihrem Saft schmoren. Und er bringt nicht einmal die Willenskraft auf, sich zu organisieren, um politische Kräfte zu entwickeln (...). Es ist höchste Zeit, dass wir wählen zwischen dem Europa der Unternehmen, des Handels, des Marktes einerseits und dem sozialen Europa, dem menschlichen Europa andererseits."[95] Es war die Zeit, in der zum ersten Mal eine Identifikation der Bürger mit der Gemeinschaft gefordert wurde, die über die pragmatische Zustimmung, den „permissive consensus" hinausgehen sollte. Der belgische Premierminister Leo Tindemans wurde beauftragt, an der Spitze eines Komitees von Experten („Comité de Sages") ein Gesamtkonzept für eine „Europäische Union" auszuarbeiten, die neben dem Gemeinsamen Markt und einer Währungsunion auch eine politische Gemeinschaft umfassen sollte. Der so genannte Tindemans-Bericht, der am 7. Januar 1976 vom belgischen Premierminister vorgestellt wurde, forderte eine umfassende Erneuerung der Gemeinschaft auf der Basis der Solidarität ihrer Mitglieder. Dies war eine Voraussetzung insbesondere für die angestrebte auswärtige Politik der EG: „Die europäische Identität werde von der auswärtigen Welt nicht

---

94 AdG 18394E Europäische Gemeinschaft der Neun. Konferenz der Staats- und Regierungschefs in Kopenhagen, 15.12.1973.

95 Sicco Mansholt, Die Krise. Europa und die Grenzen des Wachstums, Reinbek 1974, S. 37.

akzeptiert werden, wenn sich die europäischen Staaten einmal geeint und einmal uneinig präsentieren."[96] Bemerkenswert an diesen Überlegungen war zweierlei: Zum einen, dass sich im Rahmen der Europäischen Gemeinschaft das Bedürfnis nach einer europäischen Identität entwickelte. Gewiss, schon unmittelbar nach dem Zweiten Weltkrieg waren angesichts des Bedeutungsverlustes Europas in der Welt Debatten um die Frage der Identität des alten Kontinents geführt worden, sie waren dann aber mit der Gründung der europäischen Organisationen in den Hintergrund getreten. Eine Europa-Begeisterung, wie sie in der unmittelbaren Nachkriegszeit vor allem in der deutschen Jugend vorherrschte, gab es nun nicht mehr, zu technokratisch muteten die europäischen politischen Organisationen an. Die europäische Einigung wurde zwar von einer großen Mehrheit der Bevölkerung akzeptiert, von einer Identifikation mit der EG konnte jedoch keine Rede sein. Zu Beginn der 1970er-Jahre entstand aber bei den politisch Verantwortlichen offenkundig der Wunsch nach einer stärkeren Identifikation der Bevölkerung mit der Gemeinschaft. Dem stand aber, und das ist der zweite bemerkenswerte Aspekt dieser Entwicklung, entgegen, dass man sich auf höchster Ebene auch nur auf eine diffuse Formulierung der europäischen Identität einigen konnte. Konkret war nur die Forderung, dass die Europäische Gemeinschaft in der Welt als Einheit wahrgenommen werden müsse. Eben dies war der kulturelle Aspekt des „Europas der Dritten Kraft", der allerdings, wie gesagt, vage blieb.

Das Motiv der „Dritten Kraft" von 1980 bis heute

Der Wunsch nach politischer, wirtschaftlicher und kultureller europäischer Selbstbehauptung in der Welt blieb bis in die Gegenwart eine der wichtigsten Antriebskräfte für den Integrationsprozess, vor allem im Rahmen der Europäischen Gemeinschaft. Das betraf in politischer

---

96 AdG, 19941 B Europäische Gemeinschaft der Neun. Bericht von Tindemans über die Europäische Union, 8.1.1976. Vgl. auch Jürgen Nielsen-Sikora, Europa im Umbruch: Der Tindemans-Bericht von 1975 in: Historische Mitteilungen der Ranke-Gesellschaft , Bd. 19 (2006), S. 277–296.

Hinsicht beispielsweise den Wunsch nach einer engeren europäischen Kooperation in der Außenpolitik, die schon zu Beginn der 1970er-Jahre eingeleitet wurde und, beispielsweise im Rahmen der KSZE, durchaus erfolgreich war. Mit der am 1. Juli 1987 in Kraft getretenen „Einheitlichen Europäischen Akte" (EEA), der ersten Revision des Gemeinschaftsvertrages seit 1958, wurde die bislang als intergouvernementale Kooperation gewissermaßen parallel zur Europäischen Gemeinschaft betriebene enge Abstimmung in der Außenpolitik in den Vertrag integriert und auf den Bereich der Sicherheit ausgeweitet. Hintergrund hierzu war die in der Mitte der 1980er-Jahre wachsende Spannung zwischen der Sowjetunion und den USA, die in Westeuropa zu einem verstärkten Interesse an einer sicherheitspolitischen Kooperation führte, zumal die konfrontative Politik der Reagan-Administration hier nicht ungeteilte Zustimmung fand. Das Ergebnis jedoch blieb wenig konkret: Die EEA hielt fest, „dass eine engere Zusammenarbeit in Fragen der europäischen Sicherheit geeignet ist, wesentlich zur Entwicklung einer außenpolitischen Identität Europas beizutragen. Sie (die Mitglieder der EG, G.T.) sind zu einer stärkeren Koordinierung ihrer Standpunkte zu politischen und wirtschaftlichen Aspekten der Sicherheit bereit."[97] Dieser Prozess wurde mit dem Vertrag von Maastricht (1993) fortgeführt, in dem die nun so genannte „Gemeinsame Außen- und Sicherheitspolitik" zur intergouvernementalen „zweiten Säule" der Europäischen Union wurde. Auch wenn „Maastricht" hinsichtlich der Gemeinsamen Außen- und Sicherheitspolitik deutlich konkreter wurde als die „Europäische Politische Zusammenarbeit", blieb es doch noch immer bei der Kooperation in der Außenpolitik. Die dann in Amsterdam (1999) und Nizza (2003) beschlossenen Vertragsänderungen waren geprägt von dem Bemühen, die Verbindlichkeit der GASP zu erhöhen und ihre Effizienz zu steigern. Zugleich begann auch eine engere sicherheitspolitische Kooperation im Rahmen der Gemeinschaft. Der erste Schritt hierzu wurde 1992 mit der Gründung des „Eurokorps" eingeleitet. Die Grundlage bildete die gemeinsame deutsch-französische Erklärung von La Rochelle vom

---

97 Horst G. Krenzler, Die Einheitliche Europäische Akte als Schritt auf dem Weg zu einer gemeinsamen europäischen Außenpolitik, in: Europarecht Bd. 4/1986, S. 384–391.

22. Mai 1992, mit der das Ziel formuliert wurde, „die Europäische Union mit Möglichkeiten des eigenen militärischen Handelns auszustatten".[98] Diese zunächst bilaterale Vereinbarung wurde in den folgenden Jahren schrittweise europäisiert. Ein Wendepunkt war hier der Europäische Rat von Köln im Schatten der Kosovo-Krise im Juni 1999, als die Staats- und Regierungschefs der EU erklärten, dass die Union in der Lage sein müsse, die im Vertrag von Amsterdam definierten Aufgaben der Konfliktverhütung und Krisenbewältigung selbstständig zu übernehmen. „In Hinblick darauf muss die Union die Fähigkeit zu autonomem Handeln, gestützt auf glaubwürdige militärische Fähigkeiten, sowie Mittel und die Bereitschaft besitzen, dessen Einsatz zu beschließen, um – unbeschadet von Maßnahmen der NATO – auf internationale Krisensituationen zu reagieren."[99] Der Hintergrund dieses Beschlusses war die Unfähigkeit der Europäischen Union den Konflikt um Kosovo zwischen Albanern und Serben auf diplomatischem Wege zu lösen. Hätte es von Beginn an ein militärisches Drohpotential der EU gegeben, wäre eine politische Lösung der Kosovo-Frage wahrscheinlich gewesen. So wurde die serbische Armee von der NATO aus dem Kosovo vertrieben – die USA hatten einmal mehr die militärische und damit auch die politische Führung in europäischen Angelegenheiten übernommen. Seither wurden die militärischen Fähigkeiten der EU kontinuierlich entwickelt. Die Europäische Verteidigungsagentur (EDA) wurde im Vorfeld des Verfassungsvertrages eingerichtet und entwickelte sich seither zum Zentrum dieser Bemühungen. Abgesehen von Dänemark, Österreich und Malta beteiligen sich alle Mitgliedstaaten der EU an so genannten „Battle Groups", schnell einsatzfähigen Krisenreaktionskräften der EU. Prägend blieb auch hier die Abgrenzung von der Nationalen Sicherheitsstrategie der USA und deren imperialen ordnungspolitischen Zielen, insbesondere in der Ära Bush jun. Die beiden europäischen Militäreinsätze im Kongo (2003 und 2006) unter deutsch-französischer Führung waren die ersten konkreten Resultate dieser Entwicklung. Es ist offensichtlich, dass die verteidigungspolitischen Bemühungen der EU seit den 1990er-Jahren im starken Maße

---

98 AdG 1992, S. 36787f.
99 Erklärung des Europäischen Rates von Köln zur Stärkung der Gemeinsamen Europäischen Sicherheits- und Verteidigungspolitik, AdG, 43570, 4.6.1999.

von der Erfahrung der sicherheitspolitischen Abhängigkeit Europas von den USA geprägt wurden. Sie entsprang dem Wunsch nach Selbstbehauptung, aber auch dem Bedürfnis nach einem globalen Gegengewicht der USA in militärisch-politischer Hinsicht.

Dieses Motiv, die europäische Integration als Instrument der Selbstbehauptung und Ausbalancierung der amerikanischen Übermacht, hatte sich im wirtschaftlichen Bereich schon viel früher angekündigt als in der Außen- und Sicherheitspolitik. In der Welthandelsorganisation vertritt die EU seit Mitte der 1990er-Jahre selbstbewusst europäische Interessen, vor allem gegenüber den USA, zunehmend auch gegenüber China. Mit der so genannten Lissabon-Strategie von 2000 will die EU die Dominanz der USA im Sektor der Hochtechnologie angreifen. In der Luftfahrtindustrie ist das europäische Gemeinschaftskonsortium Airbus der wichtigste Konkurrent von Boeing. Besonders stark ist dieser Aspekt in den internationalen Währungsbeziehungen zu beobachten. Schon die ersten Schritte zu einer europäischen Organisation der nationalen Währungen war, wie beschrieben, stark durch den Wunsch nach Unabhängigkeit von der amerikanischen Währungspolitik bestimmt. Dieses Motiv setzte sich mit dem Beschluss fort, die währungspolitische Integration mit einer Währungsunion zu vollenden. Insbesondere aus französischer Perspektive war der EURO immer auch ein Instrument, um die globale Dominanz des US-Dollars zu brechen.

Auch in gesellschaftlich-kultureller Hinsicht wurde die in den 1970er-Jahren begonnene Debatte um die Europäische Identität auf höchster politischer Ebene fortgeführt. Sie mündete in die im Jahre 2000 einvernehmlich verabschiedete Grundrechtecharta, die auch in den europäischen Verfassungsvertrag aufgenommen wurde. Die Charta diente nicht primär der Absicherung der bereits in den nationalen Verfassungen abgesicherten Grundrechte der Unionsbürger. Die Charta sollte vor allem nach außen den herausragenden Stellenwert verdeutlichen, den die Grund- und Menschenrechte für die Europäische Union haben. Sie sollte eine Werte- und Identifikationsgemeinschaft begründen, in der nicht nur die in der westlichen Welt als Standard geltenden Werte von Freiheit und Gleichheit verankert waren, sondern auch diejenigen der Menschenwürde und der Solidarität. Damit ging die Charta über die im anglo-amerikanischen Denken dominierende Form der Bill of Rights hinaus, die lediglich die Rechte des Individuums vor dem Staat definierten. Mit ihr wollte die Europäische Union die Prinzipien ihres Selbstverständnisses zusammenfassen, an denen sie ihr Handeln orientiert.[100] Insbesondere der mit „Solidarität" überschriebene Artikel IV der Grundrechtecharta, in dem sich Probleme wie „Soziale Sicherheit und Soziale Unterstützung" (Art. II-34) oder „Umweltschutz" (Art. II-37) finden, grenzt sich markant von Verfassungsdokumenten etwa der USA ab. Insofern war die Europäische Grundrechtecharta ein weiterer Versuch der kulturellen Abgrenzung gegenüber anderen bedeutenden Kulturkreisen der Welt, insbesondere gegenüber den USA und Asien.

Das Motiv der „Dritten Kraft" war zweifellos eines der wichtigsten unter den politischen Motiven zum europäischen Zusammenschluss. Es findet sich an prominenter Stelle schon in der Zwischenkriegszeit, spielte in den Widerstandsbewegungen des Zweiten Weltkriegs eine Rolle und gewann ab Mitte der 1950er-Jahre wieder eine herausragende Bedeutung, die bis in die Gegenwart anhält.

d) Die Europäische Integration als Instrument der nationalen Selbstbehauptung

Auch wenn die „Deutsche Frage" in ihrer Komplexität zweifellos ein Sonderfall in der europäischen Geschichte und Politik ist, war das seit 1949 in dieser Frage von der Bundesrepublik verfolgte Lösungsmuster (Erlangung/Erhaltung der nationalen Selbstständigkeit durch Selbsteinbindung in der EWG) keine Besonderheit, sondern ein auch von anderen Staaten verfolgtes europapolitisches Muster. Es wurde vor allem von Regierungen verfolgt, deren Staaten entweder durch eine aggressive Kriegspolitik im Zweiten Weltkrieg (Deutschland, Italien), durch diktatorische Regime (Spanien, Portugal, zum Teil Griechenland) oder durch

---

100 Peter Wagner, Hat Europa eine kulturelle Identität? In: Hans Joas, Klaus Wiegand (Hrsg.), Die kulturellen Werte Europas, Frankfurt 2005, S. 494–511.

eine lange Fremdherrschaft (fast alle ostmitteleuropäischen Staaten) in der internationalen Politik nach 1945 isoliert worden waren. Die europäische Integration erschien hier als Instrument, um wieder als vollwertiges Mitglied in der internationalen Staatengemeinschaft aufgenommen zu werden. So paradox es zunächst klingen mag: Die Aufgabe nationaler Souveränität im Rahmen der supranationalen Integration diente in diesem Motiv der politischen Stärkung des eigenen Nationalstaates.

Das betraf zunächst Italien. Nach dem Zusammenbruch des Faschismus im Sommer 1943 hatte die neue italienische Regierung Badoglio zwar sofort den Kontakt zu den Westalliierten gesucht und kurz darauf an deren Seite Deutschland den Krieg erklärt. Andererseits hatte im Norden des Landes eine vom Deutschen Reich gestützte Regierung unter Benito Mussolini weiterexistiert („Republicca Sociale Italiana"). Es war zwischen 1943 und 1945 zur bürgerkriegsähnlichen Auseinandersetzungen in Italien gekommen. Daher wurde das Land auch von den Alliierten bis zum Friedensvertrag von 1947 als „Feindstaat" bezeichnet, dem dann auch Reparationen und territoriale Abtretungen (Triest, Kolonien) auferlegt wurden. Gegen den Willen der starken kommunistischen Partei und mit Unterstützung der USA („Einbindungsmotiv") setzte der christdemokratische Ministerpräsident Alcide De Gasperi die Integration des Landes in die westliche Gemeinschaft durch. In dieser Formierungsphase der italienischen Außenpolitik zwischen 1948 und 1954 entwickelte die römische Regierung drei Schwerpunkte, die bis in die Gegenwart Bedeutung für Italien haben: Dies sind die transatlantische Einbindung, die europäische Integration und die Mittelmeerpolitik.[101] Wie in allen nationalen Regierungen standen hinter der Europapolitik des Landes mehrere Motive; von besonderer Bedeutung allerdings war in Rom eines, welches der frühe europäische Föderalist Altiero Spinelli bereits im September 1944 formuliert hatte. „Dass das italienische Volk großes Interesse hat, an einer demokratischen europäischen Föderation teilzunehmen, kann von niemandem ernsthaft bestritten werden. In politischer Hinsicht würde die italienische Demokratie

---

101 Luigi Vittorio Ferraris, Manuale della politica estera italiana 1947–1993, Rom Bari 1996, S. 7f.

hierdurch gestärkt. (…) Heute ist zwar die spezifische Situation, die in den Faschismus führte, nicht mehr gegeben. Aber das heißt nicht, dass damit auch automatisch der nationalistische Geist zerschlagen worden wäre."[102] Für Spinelli war die europäische Integration daher ein Instrument, um die Demokratie in Italien zu festigen, die nach dem Zusammenbruch des Faschismus keineswegs eine Selbstverständlichkeit war. Gerade für Italien war dies auch ein Weg, um der nach dem Ende des Krieges drohenden internationalen Isolation zu entgehen. Das Motiv prägte die italienische Europapolitik bis weit in die 1950er-Jahre hinein.[103] Die Integration des Landes als gleichberechtigter Partner in die NATO, den Europarat und die Montanunion führte zu einer schnellen Rehabilitation nach dem Faschismus.

In einer ganz ähnlichen Situation war auch die Bundesrepublik Deutschland. Bundeskanzler Konrad Adenauer rechtfertigte den Beitritt des westdeutschen Staates zum 1949 gegründeten Europarat mit dem gleichen Argument, das auch schon Spinelli sechs Jahre zuvor in Bezug auf Italien formuliert hatte: „Das deutsche Volk ist durch den Zustand, in dem es sich befindet, gezwungen, Anlehnung an andere Mächte zu suchen. Dies können nach Lage der Dinge nur die Völker sein, deren sittliche, wirtschaftliche und soziale Lebensformen den unseren wesensverwandt sind, also die demokratischen und freiheitlichen Völker Europas."[104] Noch prägnanter formulierte Adenauer dieses Motiv sechs Jahre später in einer Auseinandersetzung mit Wirtschaftsminister Ludwig Erhard, der die supranationale Integration im Rahmen der EWG kritisiert hatte. Die europäische Integration, so Adenauer, „war das notwendige Sprungbrett für uns, um überhaupt wieder in die Außenpolitik zu kommen."[105] Die gleichberechtigte Aufnahme in die

102   Altiero Spinelli, Le vie della politica estera italiana (September 1944), in: Sergio Pistone (Hrsg.), L'Italia e l'unità europea. Dalle premesse storiche all'elezione del parlamento europeo, Torino 1982, S. 137.

103   Hierzu: Ralf Magagnoli, Anregungen zu einer Neubewertung der Europapolitik Alcide de Gasperis, in: JEIH Vol. 4,1 (1998), S. 27–54.

104   Denkschrift Für und wider einen Beitritt zum Europarat, 7. Mai 1950, in: Europa-Archiv, Folge 12 (1950), S. 3127–3129.

105   Adenauer an Erhard, 13. April 1956, zit. nach Volker Hentschel, Ludwig Erhard. Ein Politikerleben, München Landsberg 1996, S. 254.

internationale Staatenwelt war für Länder wie Deutschland oder Italien nach 1945 nur im Rahmen der europäischen Integration möglich. Sie bot ihnen die Gelegenheit, sich als demokratische Rechtsstaaten und Mitglieder der internationalen Gemeinschaft zu bewähren.

In ganz ähnlicher Weise wurde dieses Argument in der Mitte der 1980er-Jahre von den Regierungen Spaniens und Portugals benutzt. Nach dem Zusammenbruch der autoritären Regime in beiden Staaten zehn Jahre zuvor, hatten die neuen Regierungen in Madrid und Lissabon sofort die Aufnahme in die europäische Gemeinschaft als wichtigstes Ziel ihrer Außenpolitik erklärt. In der feierlichen Ansprache anlässlich der Unterzeichnung des Beitrittsvertrags am 12. Juni 1985 betonte der portugiesische Ministerpräsident Mario Soares, dass die Demokratisierung des Landes nach der so genannten Nelkenrevolution und die Dekolonisierung die Grundlage für den Beitritt geschaffen hätten. Portugal hätte bewiesen, dass es eine stabile Demokratie und damit ein Mitglied der westlichen Staatenwelt sei. Auch in Madrid hob Ministerpräsident Felipe Gonzalez hervor, „dass alle politischen Parteien Spaniens den Beitritt von Anfang an unterstützt hätten. Die EG Mitgliedschaft sei für Spanien eine Staatsfrage. Für das spanische Volk komme der Beitritt zu Europa der Teilhabe an Idealen wie Freiheit, Fortschritt und Demokratie gleich. Er erinnerte an die spanischen Vorkämpfer der europäischen Bewegung, die unter der Diktatur mit großen persönlichen Risiken in Spanien die europäische Einigungsidee verbreitet hätten."[106] Spanien und Portugal waren also 1985 in der gleichen Situation, in der Italien und die Bundesrepublik Deutschland zu Beginn der 1950er-Jahren waren. Es ging darum, die durch die diktatorischen Regime erzeugte internationale Isolierung zu durchbrechen, indem man auf die neue demokratische Regierungsform und, im Falle Italiens und Portugals, auf die Dekolonisierung hinwies. Die gleichberechtigte Aufnahme in die europäischen Organisationen war ein Beleg für die neu erworbene, internationale Anerkennung und zugleich ein Instrument zur Festigung des demokratischen Regierungssystems.

---

106   Archiv der Gegenwart, 12. Juni 1985, Portugal Spanien EG-Beitritt, S. 28859.

Das Motiv spielte auch für die osteuropäischen Staaten nach dem Zusammenbruch des Warschauer Paktsystems nach 1989 eine wichtige Rolle. Alle diese Staaten suchten unmittelbar nach dem Zusammenbruch des sozialistischen Systems den Kontakt zu den bestehenden westlichen internationalen Organisationen, zunächst zum Europarat, dann zu NATO und EG. Die Motive waren hier die gleichen, wie schon bei der Bundesrepublik, Italien, Spanien oder Portugal. So begründete der ungarische Ministerpräsident Miklos Nemeth den Antrag seines Landes auf Aufnahme in den Europarat in einer Rede vor der parlamentarischen Versammlung des Europarates am 2. Februar 1990, dass sein Land das erste gewesen sei, welches den Eisernen Vorhang zerrissen und den „unumkehrbaren Bruch mit dem Einparteistaat vollzogen habe. Es seien Parteien mit sehr unterschiedlichen Programmen entstanden, denen der Wille zur Errichtung einer parlamentarischen Demokratie und zur vollen Verankerung der Menschenrechte gemeinsam sei. (…) Die ersten freien Wahlen seit 40 Jahren seien der sichtbare Höhepunkt der Demokratisierung; doch die Zeit danach werde keineswegs leicht sein, denn erst dann könnten die Fehler der Vergangenheit wirklich ausgemerzt werden."[107] Sehr viel offensiver beklagte der polnische Staatspräsident Lech Walesa an gleicher Stelle am 4. Februar 1992 das vermeintliche Desinteresse der westeuropäischen Staaten an Polen. Sein Land habe große Anstrengungen unternommen, um für demokratische Reformen und die Durchsetzung der Menschenrechte zu sorgen. Die Bevölkerung habe bedeutende Opfer, auch in wirtschaftlicher Hinsicht gebracht, jetzt sei es die Aufgabe der westeuropäischen Staaten, den Demokratisierungsprozess in Polen durch die rasche Eingliederung des Landes in den Gemeinsamen Markt zu stabilisieren. Zwei Jahre später, am 3. Februar 1994, erklärte der polnische Ministerpräsident Waldemar Pawlak anlässlich eines Besuchs bei der Europäischen Kommission in Brüssel: „Die Integration in die Europäische Union mit dem Ziel der Mitgliedschaft ist für Polen ein strategisches Ziel. Seine Ausrichtung auf Europa wird von den absolut wichtigsten Interessen meines

---

107 Archiv der Gegenwart, 2. Februar 1990, Europa. Europarats-Tagung in Straßburg, S. 34199.

Landes bestimmt und beruht auf dem Wertesystem, das uns gemeinsam ist. Heute ist es die grundlegende Aufgabe meiner Regierung, diese Orientierung zu stärken, indem Polen in den Prozess der europäischen Integration und in das Netzwerk von Interdependenz und Kooperation eingebunden wird. (…) Es (gemeint ist das Assoziierungs-Abkommen zwischen Polen und der EU, G.T.) fördert Polens Einbindung in jene internationale Organisationen, wie die OECD, die marktwirtschaftliche organisierte Demokratien umfassen."[108] Auch hinter diesen Äußerungen stand das Motiv der nationalen Anerkennung durch die Integration des Nationalstaates in eine internationale Organisation. Und wie schon für Italien und die Bundesrepublik zwischen 1949 und 1958 und für Spanien und Portugal zwischen 1975 und 1986 spielte die neu geschaffene demokratische Binnenstruktur der Länder die Schlüsselrolle. Die Demokratie war einerseits eine Vorraussetzung, um überhaupt in die europäischen Organisationen aufgenommen zu werden, andererseits versprachen sich die Regierungsvertreter dieser Länder eine Stabilisierung der Demokratie durch die Mitgliedschaft in Europarat und EU.

Das Motiv der nationalen Selbstbehauptung lässt sich auch im Falle Irlands finden, hier allerdings mit einer anderen Akzentsetzung. Nach der politischen Trennung Irlands von Großbritannien im Jahre 1921 war es dem kleinen Staat nicht gelungen, sich auch ökonomisch von der britischen Vormacht zu trennen. Großbritannien blieb der wichtigste Handelspartner, auch wenn die irische Außenpolitik traditionell einen anti-britischen Akzent behielt. Der Beitritt zur EG am 1. Januar 1973 war daher auch bestimmt von der Idee, die wirtschaftliche Dominanz Großbritanniens durch eine stärkere Orientierung zu den Gemeinschaftsstaaten zu brechen. Dies war auch das Motiv für den irischen Premierminister Lynch 1977/78, die Gründung des Europäischen Währungssystems zu unterstützen. Die Anbindung an die europäische Korbwährung ECU und die Einbindung in das Paritätengittersystem des EWS bedeutete für Irland die Lösung von der Dominanz des britischen Pfundes.

---

108 Erklärung des polnischen Ministerpräsidenten, Waldemar Pawlak, anlässlich eines Besuchs bei der Europäischen Kommission am 3. Februar 1994 in Brüssel, in: Europa-Archiv 1994 Dokumente, D 647-649.

Die europäische Integration diente also manchen Regierungen als Instrument, internationale Anerkennung zu gewinnen oder wieder zu erlangen. Dies war immer dann notwendig, wenn ein Staat entweder durch ein diktatorisches politisches Regime und/oder durch die Fremd-herrschaft eines Drittstaates daran gehindert worden war, als gleichbe-rechtigtes Mitglied in die internationale Staatenwelt aufgenommen zu werden. Die europäische Integration bedeutete nicht nur internationale Anerkennung, sondern war auch ein Zertifikat dafür, dass der Staat durch ein demokratisches System regiert wurde; die Integration diente also auch zur Stärkung und Absicherung des politischen Systems. Und doch hatte dieses Instrument auch eine Kehrseite: Die europäische In-tegration forderte von diesen Regierungen, die zum Teil gerade erst ihre nationale Souveränität wiedererhalten hatten (Italien, Bundesre-publik Deutschland, Osteuropa), die Preisgabe von Teilen eben jener Souveränität. Die europäische Integration war daher notwendig zur Erlangung der Souveränität; zugleich bedeutete der Beitritt zur Eu-ropäischen Union die teilweise Aufgabe von souveränen Rechten. Mit dieser Ambivalenz des Integrationsprozesses waren alle diese Staaten konfrontiert, und sie führte immer zu sehr heftigen innenpolitischen Auseinandersetzungen. Noch ein anderer Aspekt dieses Motives ist wichtig: Die (Wieder-) Erlangung nationaler Selbstständigkeit durch die europäische Integration war nur so lange ein wichtiges Motiv, bis der jeweilige Staat den Beitritt vollzogen hatte. War der Mitgliedstatus einmal erreicht, rückten schnell andere Motive in den Vordergrund. Nationale Selbstbehauptung wird also nur so lange ein Motiv für die europäische Integration sein, wie es potentielle Beitrittskandidaten gibt.

Weiterführende Literatur zur politischen Europäischen Integration in Auswahl

Albrecht-Carrié, René, One Europe: The Historical Background of European Unity, New York 1965

Affinito, Michele, Guia Migani, Christian Wenkel (Hrsg.), Les Deux Europes. Actes du IIIè colloque international RICHIE, Bruxelles u.a. 2009.

Bange, Oliver, Gottfried Niedhart (Hrsg.), Helsinki 1975 and the Transformation of Europe, New York 2008.

Bitsch, Marie-Thérèse (Hrsg.), Jalons pour une Histoire du Conseil de l'Europe. Actes du Colloque de Strasbourg (8–10 Juin 1995), Bern 1997.

Bitsch, Marie-Thérèse, Gérard Bossuat (Hrsg.), L'Europe Unie et l'Afrique. De l'idée d'eurafrique à la convention de Lomé I, Brüssel u.a. 2005.

Bitsch, Marie-Thérèse, Gérard Bossuat (Hrsg.), Cinquante ans de traité de Rome 1957–2007. Regards sur la construction européenne, Stuttgart 2009.

Bossuat, Gérard (Hrsg.), Inventer l'Europe. Histoire nouvelle des groupes d'influence et des acteurs de l'unité européenne, Brüssel u.a. 2003.

Deighton, Anne, Alan Milward (Hrsg.), Widening, Deepening and Acceleration. The European Economic Community 1957–1963, Brüssel 1999.

Dülffer, Jost, Im Zeichen der Gewalt. Frieden und Krieg im 19. und 20. Jahrhundert, Köln 2003.

Dülffer, Jost, Frieden stiften. Deeskalations- und Friedenspolitik im 20. Jahrhundert, Köln 2008.

Dumoulin, Michel (Hg.), Plans de Temps de Guerre pour l'Europe d'après guerre 1940–1947, Brüssel, Mailand, Paris, Baden-Baden 1995.

Fischer, Thomas, Neutral Power in the CSCE. The N+N states and the Making of the Helsinki Accords 1975, Baden-Baden 2009.

Fleury, Antoine, Robert Frank (Hrsg.), Le Rôle des Guerres dans la Mémoire des Européens, Bern 1997.

Gruner, Wolf Dieter, Die deutsche Frage in Europa 1800 bis 1990, München 1993.

Harst, Jan van der (Hrsg.), Beyond the Customs Union. The European Community's Quest for Deepening, Widening and Completion, 1969–1975, Brüssel 2007.

Kaiser, Wolfram, Christian Democracy and the Origins of European Union, Cambridge 2007.

Kaiser, Wolfram (Hrsg.), Transnational European Union. Towards a Common Political Space, London 2009.

Knipping, Franz, Matthias Schönwald (Hrsg.), Aufbruch zum Europa der zweiten Generation. Die europäische Einigung 1969–1984, Trier 2004.

König, Mareike, Matthias Schulz (Hrsg.), Die Bundesrepublik Deutschland und die europäische Einigung 1949–2000. Politische Akteure, gesellschaftliche Kräfte und internationale Erfahrungen, Stuttgart 2004.

Lipgens, Walter, Die Anfänge der europäischen Einigungspolitik 1945–1950, Bd. 1: 1945–1947, Stuttgart 1977.

Loth, Wilfried, Helsinki, 1. August 1975. Entspannung und Abrüstung, München 1998.

Loth, Wilfried, La Gouvernance Supranationale dans la Construction européenne, Brüssel 2005.

Mittag, Jürgen, Politische Parteien und Europäische Integration. Entwicklung und Perspektiven transnationaler Parteienkooperation in Europa, Essen 2006.

Neuss, Beate, Geburtshelfer Europas. Die Rolle der Vereinigten Staaten im europäischen Einigungsprozeß 1945–1958, Baden-Baden 2000.

Niedhardt, Gottfried, Ostpolitik, Phases, Short-Term Objectives, and Grand Design, in: David C. Geyer, Bernd Schaefer (Hrsg.), American Détente and German Ostpolitik, 1969–1972. Bulletin of the German Historical Institute, Supplement No. 1, Washington 2004, S. 118–136.

Nuti, Leopoldo (Hrsg.), The Crisis of Détente in Europe. From Helsinki to Gorbachev, 1975–1985, London 2009.

Romano, Angela, From Détente in Europe to European Détente. How the West shaped the Helsinki CSCE, Brüssel 2009.

Roussel, Eric, Jean Monnet, Paris 1996.

Schirmann, Sylvain (Hrsg.), Robert Schuman et les Pères de l´Europe. Cultures Politiques et Années de formation, Brüssel 2008.

Schroeder, Paul, The Transformation of European Politics, 1763–1848, Oxford 1994.

Schulz, Matthias, Normen und Praxis. Das Europäische Konzert der Großmächte als Sicherheitsrat 1815–1860, München 2009.

Trausch, Gilbert, Die Europäische Integration vom Schuman-Plan bis zu den Verträgen von Rom, Brüssel u.a. 1993.

Wilkens, Andreas (Hrsg.), Le Plan Schuman dans l´Histoire. Intérêts Nationaux et Projet européen, Brüssel 2004.

Wilkens, Andreas, Interessen verbinden. Jean Monnet und die europäische Integration der Bundesrepublik Deutschland, Bonn 1999.

Winand, Pascaline, Eisenhower, Kennedy and the United States of Europe, Basingstoke 1997.

Ziegerhofer-Prettenthaler, Anita, Richard Nikolaus Coudenhove-Kalergi und die Paneuropa-Bewegung in den zwanziger und dreißiger Jahren, Wien, Köln, Weimar 2004.

Wenger, Andreas, Vojtech Mastny, Christian Nuenlist (Hrsg.), Origins of the European Security System. The Helsinki Process Revisited, 1965–1975, New York 2008.

2. Wirtschaftliche und zivilgesellschaftliche Motive und Antriebskräfte der Europäischen Integration

Der Europäische Einigungsprozess wird bis in die Gegenwart sehr stark als wirtschaftliche Integration wahrgenommen, und das hat einen guten Grund: Die Wirtschaft, das heißt der Bereich gesellschaftlicher Tätigkeit, in dem es darum geht, den menschlichen Bedarf nach Gütern und Dienstleistungen zu decken, ist der Sektor öffentlichen Lebens, in dem die europäische Integration am weitesten fortgeschritten ist. In keinem anderen Bereich des öffentlichen Lebens sind die Folgen der Integration im Alltag so präsent, wie in der Wirtschaft. Es ist für die Darstellung der Geschichte der Europäischen Integration sinnvoll, zwischen wirtschaftlicher Integration und wirtschaftspolitischer Integration zu unterscheiden.[109] Wirtschaftliche Integration bedeutet die grenzüberschreitende, dezentral gesteuerte Integration über Märkte. Die entscheidenden Akteure sind die Marktteilnehmer (Produzenten und Konsumenten), die individuell verschiedene Entscheidungen treffen und grenzüberschreitend tätig werden. Unter wirtschaftspolitischer Integration sollen die zentral auf Regierungsebene getroffenen politischen Entscheidungen verstanden werden, die dazu führen, dass die grenzüberschreitenden wirtschaftlichen Kontakte entstehen oder intensiviert werden. Die Akteure sind hier Regierungsmitglieder oder Vertreter der öffentlichen Verwaltung der Nationalstaaten oder auch der Europäischen Institutionen, die kollektiv verbindliche Entscheidungen treffen. Beide hängen selbstverständlich eng miteinander zusammen: Politiker entscheiden nicht völlig autonom, sie sind gebunden durch die von Märkten geschaffenen Strukturen des Wirtschaftens. Märkte können zudem auch politische Funktionen übernehmen, wie noch zu zeigen sein wird. Andererseits werden die Märkte durch politische Entscheidungen beeinflusst; sie können im Extremfall sogar zerstört werden. Gerade die wechselseitige Beeinflussung und Abhängigkeit zwischen den Märkten einerseits, Regierungsentscheidungen andererseits, ist charakteristisch für die wirtschaftliche Integration Europas.

a) Wirtschaftliche Integration durch die Verflechtung
   von Märkten

Die wichtigsten Antriebskräfte der wirtschaftlichen Integration sind Märkte. Sie sind die Orte, an denen Angebot und Nachfrage für ein Gut oder eine Dienstleistung aufeinandertreffen und der durch den Preis vermittelte Tausch stattfindet. Wichtig für die Europäische Integration werden Märkte dann, wenn sie transnational, das heißt über politische und kulturelle Grenzen hinweg entstehen, und über diese Grenzen hin-

---

109 Gerold Ambrosius, Wirtschaftsraum Europa. Vom Ende der Nationalökonomien, Frankfurt am Main 1996, S. S. 10–30. René Leboutte, Histoire économique et sociale de la construction européenne, Brüssel u.a. 2008.

weg getauscht wird. Die Motive für den Tausch auf Märkten sind das Gewinnstreben der einzelnen Individuen, die Befriedigung von Bedürfnissen und die Steigerung des Lebensstandards. Damit sind im Kern auch die Motive für die europäische wirtschaftliche Integration genannt. Märkte haben deswegen auch eine immanente Tendenz zur Ausweitung, wenn sich ihnen keine künstlichen (z.B. Zölle) oder natürlichen Hindernisse in den Weg stellen. Der Grad der Integration von Märkten lässt sich ablesen am Austausch von Waren, Dienstleistungen, Personen und Kapital. Je höher der Austausch zwischen zwei oder mehreren Ländern in diesen vier Kategorien ist, desto höher ist ihr Integrationsgrad. Daher soll im Folgenden nach der wirtschaftlichen Verflechtung Europas, zunächst im 19. und dann im 20. Jahrhundert gefragt werden.

Gerade wenn man sich mit der wirtschaftlichen Integration Europas befasst, muss der Blick zunächst auf das 19. Jahrhundert fallen. Seit 1860 entstand im Wesentlichen auf Initiative Großbritanniens und Frankreichs ein „Freihandelssystem", so der zeitgenössische Ausdruck, in Europa.[110] Vor allem in Großbritannien hatte sich die liberale Lehre, dass der Abbau von Zollschranken nicht nur zum Wohl des eigenen Landes, sondern zum Vorteil aller sei, als nationale Wirtschaftsphilosophie durchgesetzt. Beginnend mit dem so genannten Cobden-Chevalier-Vertrag vom 23. Januar 1860 zwischen Frankreich und Großbritannien schlossen beide Länder ein Netz bilateraler Handelsverträge mit anderen europäischen Staaten, so dass der Freihandel in Europa zum Standard in den internationalen Wirtschaftsbeziehungen wurde. Wichtig war an diesen Verträgen die so genannte Meistbegünstigungsklausel, die bedeutet, dass die vertragschließenden Regierungen der jeweils anderen die Handelsbedingungen, die sie Drittstaaten zugesteht, ebenfalls kon-

---

110 Sidney Pollard, Free Trade, Protectionism, and the World Economy, in: Martin Geyer, Johannes Paulmann (Hrsg.), The Mechanics of Internationalism. Culture, Society, and Politics from the 1840s to the First World War, Oxford 2001, S. 27–54. Wolfram Fischer, Die Ordnung der Weltwirtschaft vor dem Ersten Weltkrieg. Die Funktion von europäischem Recht, zwischenstaatlichen Verträgen und Goldstandard beim Ausbau des internationalen Wirtschaftsverkehrs, in: Zeitschrift für Wirtschafts- und Sozialwissenschaften, Bd. 96 (1976), S. 289–304. Charles P. Kindleberger, The Rise of Free Trade in Western Europe, in: Journal of Economic History Bd. 35 (1975), S. 20–55.

zediert. Hierdurch entstand in den 1860er-Jahren de facto eine europäische Freihandelszone, auch wenn sich Russland und die Vereinigten Staaten diesem Prinzip nicht anschlossen. Erst seit den 1870er-Jahren wurde der Freihandel durch Zölle für Agrarprodukte, Eisen und Stahl eingegrenzt. Dennoch kann die Zeit zwischen 1860 und 1914 als eine Epoche des Freihandels in Europa angesehen werden.

Dieser Befund bestätigt sich, wenn man die Kapitalmärkte zwischen 1860 und 1914 in den Blick nimmt.[111] Vor allem durch die rasante Entwicklung der Infrastruktur in Europa (Eisenbahn, Telegraf, Post) in der zweiten Hälfte des 19. Jahrhunderts intensivierte sich der grenzüberschreitende Kapitalverkehr in Europa. Ausschlaggebend waren zwei Gründe: Zum einen erleichterten die neuen Transport- und Kommunikationsmittel den grenzüberschreitenden Kapitalverkehr, zum anderen wurde für den weiteren Ausbau der Infrastruktur neues Kapital benötigt. Wichtigster Kapitalexporteur war zunächst Großbritannien. Ab der Mitte der 1870er-Jahre exportierte ganz Westeuropa in die sich entwickelnden Staaten in Skandinavien und nach Russland. Kapitalverkehrsbeschränkungen wurden bis 1914 in keinem europäischen Land eingeführt.

Nimmt man schließlich die grenzüberschreitende Mobilität des Produktionsfaktors Arbeit, das heißt die Arbeitsmigration, zum Maßstab, so wird der Befund erneut bestätigt. Insbesondere seit der Mitte der 1890er-Jahre wurde die Arbeitsmigration zu einem Massenphänomen. Typische Ziele der Arbeitsuchenden waren das Deutsche Reich, Belgien und die Schweiz, sie kamen aus Süd- und Osteuropa. Berühmt wurden die polnischen Arbeiter im Ruhrgebiet, wo sie in der entstehenden Kohle- und Stahlindustrie dringend benötigt wurden.

Insgesamt kann festgehalten werden, dass die Verflechtung der europäischen Märkte für Güter, Kapital und Arbeit (Dienstleistungen spielten im 19. Jahrhundert noch keine bedeutende Rolle) in der Mitte des 19. Jahrhunderts begann und im Kern bis 1914 bestand. Durch die Epoche der Weltkriege wurde diese Entwicklung unterbrochen. Erst nach

---

111 Sidney Pollard, Capital Exports 1870–1914: harmful or beneficial? In: Economic History Review, Second Series Bd. 38 (1985), S. 489–514.

1945 setzte zaghaft eine neue Verflechtung des europäischen Handels ein. Damit wird erneut deutlich, dass die europäische Integration nach dem Zweiten Weltkrieg auf Strukturen aufbauen konnte, die schon im 19. Jahrhundert unter den Bedingungen der Industriellen Revolution geschaffen worden waren. Die genauen Zusammenhänge dieser langfristigen Kontinuitäten im ökonomischen Sektor sind keineswegs völlig klar und bilden ein Forschungsdesiderat.

Nach 1950 nahm die wirtschaftliche Integration Europas erheblich zu. Nimmt man zunächst den Warenhandel in den Blick, dann kann man feststellen, dass der Austausch von Waren zwischen den westeuropäischen Volkswirtschaften seit 1946 steil anstieg. Das war in dieser Phase vor allem auf die schrittweise Liberalisierung des Welthandels im Rahmen des GATT zurückzuführen.[112] Seit 1960 aber nahmen die Gründungsstaaten von EFTA und der EWG eine eigene Entwicklung und bildeten hinsichtlich des Warenhandels einen Integrationskern.[113] Zwischen 1960 und 2000 wuchs der Handel zwischen den europäischen Staaten um fast sieben Prozent und lag damit deutlich über dem durchschnittlichen Wachstum mit Drittstaaten. Hierbei spielte die EWG eine besondere Rolle. Der Güteraustausch zwischen den sechs Gründungsstaaten stieg zwischen 1960 und 1972 um das Neunfache, während der Austausch mit Drittstaaten im gleichen Zeitraum nur um das Dreifache zunahm.[114] 1972 veränderte sich dies durch die Erweiterung der Gemeinschaft um Großbritannien, Irland und Dänemark. Der Güteraustausch zwischen den sechs Gründungsstaaten verlor etwas von seiner Dynamik, was auch mit der Ölpreiskrise und der Rezession in Westeuropa zusammenhing. Gleichzeitig stieg der Handel zwischen den alten Mitgliedstaaten und den Beitrittsländern rasant an. Dies ist das Muster, das sich bei allen Erweiterungsrunden beobachten ließ (Ausnahme Griechenland 1981). Vor allem seit 1995 hat der EU-interne Handel durch die Norderweiterung (Finnland, Schweden, Österreich)

---

112 Mohammed Cherif, Victor Ginsburgh, Economic Interdependence Among the EEC Countries, in: European Economic Review, Bd. 8 (1976), S. 71–86.

113 Harald Badinger, Fritz Breuss, What has determined the rapid growth on intra EU trade? In: Review of World Economics, Bd. 140.1 (2004), S. 31–51.

114 Statistische Belege hierfür bei: Willem Molle, The Economics of European Integration. Theory, Practice, Policy, Aldershot 2006, S. 74.

und die in Aussicht genommene Osterweiterung der Gemeinschaft rasant zugenommen. Nimmt man also den Güteraustausch zwischen den Mitgliedstaaten der Gemeinschaft zum Maßstab für die Verflechtung der europäischen Wirtschaft, so kann von einer intensiven wirtschaftlichen Integration durch die EWG/EU gesprochen werden. Dies wird bestätigt, wenn ein anderer wichtiger Indikator für die Integration von Gütermärkten herangezogen wird, das Preisniveau. Theoretisch ist es so, dass die Preise bestimmter Güter in verschiedenen Wirtschaftsräumen umso stärker konvergieren, je intensiver der Austausch zwischen den entsprechenden Wirtschaftsräumen ist. Nimmt man diesen Indikator zum Maßstab, so ergibt sich ein differenzierteres Bild der Integration der Gütermärkte. In der Phase zwischen 1958 und 1972 zeigten von insgesamt 36 untersuchten Gütern 15 eine Tendenz zu größerer Preisdifferenz, während 21 zur Preiskonvergenz tendierten.[115] Das lag nicht zuletzt daran, dass der Gemeinsame Markt für bestimmte Güter (z.B. Agrarprodukte) bereits sehr früh, für andere später realisiert wurde. Auch die Zeit zwischen 1972 und 1985 ergibt ein uneinheitliches Bild, das allerdings durch die währungspolitischen Turbulenzen der 1970er-Jahre verzerrt wird. Erst ab Mitte der 1990er-Jahre ist (wohl nicht zuletzt wegen der Vollendung des Binnenmarktes 1992) eine stärkere Preiskonvergenz auf den Gütermärkten der Gemeinschaft festzustellen.[116] Wichtig zum Verständnis wirtschaftlicher Integrationsvorgänge ist auch der Befund, dass die Richtung der Güterströme durch die Gründung von EWG und EFTA deutlich verändert wurde. Das gilt allerdings nur in langfristiger Perspektive. 1955 war die Gründung der Zollunion bzw. der Freihandelszone nicht abzusehen; die Gütermärkte zwischen den späteren Mitgliedsländern waren im Vergleich zu anderen keineswegs besonders eng verflochten. Es war also nicht so, dass die Gründung von EWG und EFTA lediglich die Institutionalisierung bereits bestehender Handelsströme markiert. Vielmehr scheint es umgekehrt gewesen zu sein.

---

115 H. Glejser, Empirical Evidence on Comparative Cost Theory from the European Common Market Experience, in: European Economic Review Bd. 163 (1972), S. 247–259.
116 Charles M. Engel, John H. Rogers, European Product Market Integration after the Euro, in: Economic Policy, Bd. 19 (2004), S. 347–384.

Erst die Zollunion und die Freihandelszone führten zu einem intensiveren Warenaustausch zwischen den Mitgliedstaaten. Erst zu Beginn der 1980er-Jahre bildete vor allem der EWG-Binnenmarkt tatsächlich auch eine Handelsregion.

Auch wenn der grenzüberschreitende Austausch von Dienstleistungen rein quantitativ weit hinter dem von Gütern zurückbleibt, spielten die Dienstleistungen dennoch eine Rolle im europäischen wirtschaftlichen Einigungsprozess. Das lässt sich vor allem für die Zeit ab 1980 belegen, für die Jahre zuvor fehlen zuverlässige statistische Daten, da Dienstleistungen nur ungenau erfasst wurden. Zwischen 1980 und 2000 wuchs der Austausch von Dienstleistungen in Europa im Vergleich zu Gütermärkten langsam. Erst ab 2000 lässt sich eine beschleunigte Entwicklung ausmachen. Hierfür werden zwei Gründe genannt. Zum einen hat die erhebliche Veränderung der Kommunikations-Infrastruktur (Internet) dazu beigetragen, dass auch Dienstleistungen leicht handelbar wurden. Zum anderen hat auch die EU selbst mit dem Binnenmarkt-Programm seit 1985 gerade die Entwicklung dieses Wirtschaftszweiges gefördert.[117]

Ein weiterer Indikator für die wirtschaftliche Integration Westeuropas ist die Arbeitsmigration, das heißt der Austausch von Arbeitskräften zwischen den europäischen Nationalstaaten. Nachdem, wie bereits geschildert, im späten 19. Jahrhundert die inner-europäische Migration von Arbeitskräften zum Massenphänomen geworden war, wurde der europäische Arbeitsmarkt durch die Epoche der Weltkriege zerstört. (Die massenhafte Zwangsarbeit in beiden Weltkriegen wird hier ausgeklammert.) Auch in der ersten Phase nach dem Zweiten Weltkrieg bis 1958 blieb die Verflechtung der europäischen Arbeitsmärkte gering. Lediglich Italiener, vor allem aus dem Süden des Landes, wanderten in größerer Zahl in Regionen, in denen seit Beginn der 1950er-Jahre wieder stärker Arbeitskräfte nachgefragt wurden, das waren Frankreich, die Schweiz und die Bundesrepublik Deutschland. Italien blieb innerhalb der EWG nach 1958 das einzige Land, aus dem Arbeiter in andere Staaten auswanderten. Das lag vor allem daran, dass in allen anderen EWG-Staaten

---

117   Willem Molle, The Economics of European Integration, S. 95.

zwischen 1958 und 1970 nahezu Vollbeschäftigung herrschte, es also keinen Anreiz für Arbeiter gab, ihre Heimat zu verlassen. Die meisten EWG-Staaten warben daher in dieser Phase um Arbeitskräfte aus Staaten außerhalb der Gemeinschaft, in Jugoslawien und der Türkei (vor allem die Bundesrepublik Deutschland), in Nordafrika und Portugal (vor allem Frankreich).[118] Nach 1973 änderte sich die Situation deutlich: Zum einen führten die Ölpreiskrise und die Rezession in Westeuropa dazu, dass der Nachfrageüberschuss auf dem Arbeitsmarkt sich in einen Angebotsüberschuss verwandelte, das heißt die Nachfrage nach auswärtigen Arbeitskräften ließ nach. Zum anderen führte die Erweiterung der EWG um Großbritannien, Irland und Dänemark dazu, dass nun auch Iren verstärkt auf den europäischen Arbeitsmarkt drängten, vor allem den britischen. Insgesamt jedoch ging die inner-europäische Arbeitsmigration in der Phase zwischen 1970 und 1989 leicht zurück. Das hing auch damit zusammen, dass die Integration von Staaten wie Griechenland, Spanien und Portugal und der damit verbundene Wirtschaftsaufschwung in diesen Ländern dazu führte, dass viele, die zuvor emigriert waren, nun zurückkehrten oder ganz zu Hause blieben. Auf der anderen Seite sank in den bisherigen Empfängerländern die Nachfrage nach gering qualifizierten Arbeitskräften. Obwohl die europäischen Arbeitsmärkte seit 1992 keinen formalen Restriktionen mehr unterworfen waren, blieb die Verflechtung gering. Die Ursache hierfür war, dass trotz der rechtlich garantierten und politisch gewünschten Freizügigkeit wesentliche natürliche Barrieren auf den Arbeitsmärkten bestehen blieben. Die wichtigste hiervon dürfte die europäische Sprachenvielfalt sein. Zudem sind die Ausbildungswege in vielen Berufen sehr verschieden.[119] Auch nach der Osterweiterung der EU 2004 blieb die Verflechtung der Arbeitsmärkte innerhalb der Gemeinschaft gering. Zwar befürchteten insbesondere Frankreich, die Bundesrepublik Deutschland und Österreich die massenhafte Einwanderung von Osteuropäern und setzten deswegen eine temporäre Einschränkung der Migrationsfreiheit durch.

---

118 Wolf Rüdiger Böhning, The Migration of Workers in the United Kingdom and the European Community, London 1972.

119 Miroslav Jovanović, The Economics of European Integration. Limits and Prospects, Cheltenham 2005, S. 750–769.

Doch auch die Arbeitsmigration von Osteuropäern in andere EU-Länder blieb weit hinter den Erwartungen zurück.[120] Insgesamt kann festgehalten werden, dass die Verflechtung der Arbeitsmärkte innerhalb der EWG/EU trotz formaler Freizügigkeit gering blieb. Das hängt mit den weiterhin bestehenden „natürlichen" Barrieren (Sprache, Kultur) zusammen, aber auch damit, dass die Unterschiede innerhalb Europas hinsichtlich der Löhne relativ gering sind. In Ländern mit geringeren Löhnen sind in der Regel auch die Lebenshaltungskosten geringer. Zudem gibt es eine schrittweise Anpassung.

Schließlich soll noch ein kurzer Blick auf die Kapitalmärkte als Indikator für die wirtschaftliche Verflechtung der europäischen Staaten geworfen werden. Die Römischen Verträge von 1957 hatten die Öffnung der Kapitalmärkte nur insofern verlangt, „soweit dies für das Funktionieren des Gemeinsamen Marktes notwendig ist".[121] Eine vollständige Liberalisierung des Kapitalverkehrs wurde also zu diesem Zeitpunkt nicht angestrebt. Gleichwohl gab es zwischen 1966 und 1986 einige Versuche, auch den inner-gemeinschaftlichen Kapitalverkehr zu liberalisieren, sie stießen aber auf den Widerstand der nationalen Regierungen, die die Möglichkeit des Eingriffes in den transnationalen Kapitalverkehr als Instrument der geldpolitischen Steuerung begriffen. Erst in den 1980er-Jahren änderte sich diese Einstellung langsam. Das hing mit der weltweiten Tendenz zur Liberalisierung der Kapitalmärkte in jener Zeit zusammen, aber auch mit dem in der so genannten „Einheitlichen Europäischen Akte" eingeleiteten Vollendung des Binnenmarktes bis 1992. In der Tat wurden dann mit dem Vertrag von Maastricht alle Restriktionen für den freien Kapitalverkehr innerhalb der Gemeinschaft abgeschafft. Fragt man nach der Verflechtung der europäischen Kapitalmärkte, so können als wichtiger Indikator hierfür die Direktinvestitionen im Ausland herangezogen werden. Diese waren anders als der allgemeine Kapitalverkehr bereits in der Mitte der 1970er-Jahre

---

120 Richard O. Ochmann, Potential migration after the first round of the eastern enlargement. Impacts on Germany's labour market and welfare system. IWE Working Papers, No. 156, Budapest 2005.

121 Vertrag zur Gründung der Europäischen Wirtschaftsgemeinschaft, Art. 67.

weitgehend liberalisiert.[122] Schon in der Mitte der 1960er-Jahre war der Anstieg von privatwirtschaftlichen Direktinvestitionen in der EWG deutlich angestiegen. Nach der Einheitlichen Europäischen Akte (1986) und der Süderweiterung der Gemeinschaft stiegen die europäischen Auslandsinvestitionen noch einmal rasant an. Das blieb im Kern bis heute so. Spätestens seit 1992 kann daher von einem sehr hohen Verflechtungsgrad der europäischen Volkswirtschaften hinsichtlich der Direktinvestitionen gesprochen werden. Bemerkenswert ist, dass sich hinsichtlich der Direktinvestitionen auch deutliche Muster herausbildeten, die bis heute erstaunlich stabil sind.[123] So ist der Fluss von auswärtigen Direktinvestitionen innerhalb eines Kerns von Ländern (Bundesrepublik Deutschland, Frankreich, Großbritannien, Benelux und Italien) ausgeglichen, das heißt, diese Länder exportierten untereinander so viel Kapital wie sie importierten. Das deutet auf einen besonders hohen Verflechtungsgrad hin. Dagegen fließen deutlich mehr Direktinvestitionen aus diesen Ländern in die europäische Peripherie als umgekehrt. So verstärkten sich insbesondere nach der Süderweiterung (1986) und der Osterweiterung (2004) die Direktinvestitionen aus dem „Kerneuropa" in den neuen Mitgliedstaaten. Nimmt man einen anderen Indikator für die Verflechtung der Kapitalmärkte hinzu, die zwischen den Volkswirtschaften ausgetauschten langfristigen Kredite, so ergibt sich ein ähnliches Bild. Auch diese stiegen seit den 1980er-Jahren signifikant an, was zudem zu einer Harmonisierung der Kapitalmarktzinsen innerhalb der EWG/EU führte.[124]

Zusammenfassend lässt sich festhalten, dass es sich bei der wirtschaftlichen Integration Europas um einen wesentlichen Motor der Integration handelte. Integration war in diesem Kontext kein Ziel an sich, sondern die Folge sich dynamisch entwickelnder und deswegen grenzüberschreitender Märkte. Die Integration entstand in diesem Fall durch grenzüberschreitende Kontakte von Individuen und Unterneh-

---

122 Jacques Pelkmans, European Direct Investments in the European Community, in: Journal of European Integration, Bd. 7 (1983), S. 41–70.

123 Willem Molle, The Economics of European Integration, S. 131/132. Miroslav Jovanović, The Economics of European Integration, S. 748.

124 Willem Molle, The Eonomics of European Integration, S. 134–142.

men, durch Anbieter und Nachfrager von Gütern, Dienstleistungen und Kapital. Dezentral gesteuerte Märkte waren und sind in diesem Kontext die wichtigsten Institutionen des Integrationsprozesses. Hierbei sind verschiedene Aspekte von Bedeutung: Zum einen war die Integration der Märkte nicht in allen Bereichen gleich stark. Es gab und gibt Märkte für Güter deren Integrationsgrad in Europa sehr hoch ist (z.B. Agrarprodukte), auf anderen Märkten (z.B. Verkehr) ist der Integrationsgrad geringer. Zweitens ist die Abgrenzung zwischen der europäischen Integration und der als „Globalisierung" bezeichneten weltweiten Wirtschaftsintegration fließend. In der Forschung ist daher in den letzten Jahren vielfach von der „Amerikanisierung" der europäischen Wirtschaft anstelle der europäischen Integration gesprochen worden.[125] Dennoch lässt sich auch seit der weltweiten Liberalisierung in den 1980er-Jahren ein europäischer Kern ausmachen, in dem die Verflechtung der Volkswirtschaften besonders hoch war. Drittens veränderte sich der Integrationsgrad der Märkte im Zeitablauf. Grundsätzlich lässt sich zwar feststellen, dass er in Westeuropa seit 1945 wuchs, dies allerdings nicht kontinuierlich, sondern mit deutlichen, je nach Produkt verschiedenen Schwankungen. Zäsuren lassen sich insgesamt ausmachen 1945, nach der Gründung der EWG 1958, nach der Einheitlichen Europäischen Akte 1986 und der Osterweiterung der Gemeinschaft 2004. Dies deutet auf die enge Verknüpfung von wirtschaftlicher und wirtschaftspolitischer Integration hin.

b) Wirtschaftspolitische Integration

Wirtschaftspolitische Integration vollzieht sich nicht über Märkte, sondern über politische Entscheidungen, die von Regierungen oder öffentlichen Verwaltungen getroffen werden. Allgemein unterscheidet man in den Wirtschaftswissenschaften zwischen negativer und positiver wirtschaftspolitischer Integration. Von negativer Integration wird gesprochen,

---

125 Zusammenfassend hierzu: Herm G. Schröter, Americanization of the European Economy. A compact survey of American economic influence in Europe since the 1880s, Dortrecht 2005.

wenn durch politische Entscheidungen und Verhandlungen Handelsbarrieren, wie z.B. Zölle, zwischen zwei oder mehreren Wirtschaftsgebieten reduziert oder ganz abgebaut werden. Die negative Integration ist weit verbreitet: In der Europäischen Wirtschaftsgemeinschaft (EWG) ist sie am weitesten fortgeschritten – hier sind seit der Vollendung des europäischen Binnenmarktes 1992 die Handelsbarrieren weitgehend abgebaut. Demgegenüber meint positive Integration die Vergemeinschaftung konkreter Politikbereiche im Rahmen internationaler Organisationen. Dies kann in einer weniger verbindlichen Form durch Kooperation (etwa durch die Vereinheitlichung von Normen und Standards) geschehen oder durch supranationale Integration, in der bestimmte Politikbereiche einer supranationalen Organisation übertragen werden, was bis zur völligen Aufgabe von Teilbereichen nationaler Souveränität reichen kann.

Auch die wirtschaftspolitische Integration hat ihre Wurzeln im 19. Jahrhundert. Als Beispiel für die frühe positive europäische Einigung soll hier die Entstehung und Funktionsweise der bereits erwähnten „Zentralkommission für die Rheinschifffahrt" geschildert werden. Artikel 109 der Wiener Kongressakte von 1815 legte fest, dass die europäische Flussschifffahrt völlig frei sein müsse. Hier hinter stand die Idee der Handels- und Verkehrsfreiheit. Zur Konkretisierung dieser allgemeinen Absicht wurde die Zentralkommission für die Rheinschifffahrt gegründet, deren erste Sitzung am 15. August 1816 in Mainz stattfand. Die angestrebte Rheinschifffahrtsakte kam allerdings nicht zustande, weil zwischen den Niederlanden und den übrigen Staaten eine Meinungsverschiedenheit hinsichtlich des Status der Mündungsarme entstand. Erst Verhandlungen zwischen Preußen und den Niederlanden führten 1829 zu einer bilateralen Übereinkunft, die dann 1831 mit der der Mainzer Rheinschifffahrtsakte zwischen Baden, Bayern, Frankreich, Hessen, Nassau, den Niederlanden und Preußen multilateralisiert wurde. Die Zentralkommission für die Rheinschifffahrt wurde nun durch je einen Vertreter der Vertragsstaaten konstituiert und entschied mit einfacher Mehrheit. Die Beschlüsse waren jedoch nur dann bindend, wenn die jeweilige Regierung den von ihrem Vertreter getragenen Beschluss bestätigt hatte; die Souveränität der beteiligten Regierungen wurde daher nicht eingeschränkt. Gleichwohl deutete sich hier ein Prinzip an, das nach 1945 zu supranationalen Organisationen führen würde. Die Kommission trat mindestens einmal jährlich zusammen. Für die Tagesgeschäfte war ein Oberaufseher zuständig, der von den Vertragspartnern mit qualifizierter Mehrheit gewählt wurde. 1868 wurde das Abkommen durch die Mannheimer Akte erneuert, die den Schiffsverkehr zwischen Basel und der Mündung regelt. Auch die schiffbaren Nebenflüsse des Rheins und die Schelde wurden in die Regelungen einbezogen. Diese umfassten zwei Bereiche: Zum einen wurde allen Schiffen aus den Ländern der Vertragspartner der ungehinderte Verkehr und freie Frachtpreisbildung auf dem Rhein und seinen Nebenflüssen garantiert, zum anderen wurden Schiffe und Fahrwege standardisiert. Die institutionellen Regelungen der Mainzer Akte wurden aufrechterhalten, der Oberinspektor für die Rheinschifffahrt allerdings abgeschafft. Seine Aufgaben wurden nun von den Nationalstaaten in jeweils ihrem Flussabschnitt wahrgenommen. Die Zentralkommission für die Rheinschifffahrt war die erste internationale Organisation im modernen Sinne und sie existiert bis heute. Für die Donau, den zweiten international schiffbaren Strom Europas, wurde 1856 auf dem Pariser Kongress mit der Europäischen Donaukommission eine ähnliche Institution geschaffen.[126] Ab der Jahrhundertmitte entstand in Europa eine Vielzahl internationaler Organisationen, die sich in ihrer Mehrheit mit wirtschaftspolitischen Themen beschäftigten.[127] Hierzu gehörte auch der deutsch-österreichische Telegraphenverein vom 3. Oktober 1849, der 1865 zur „Union internationale des Télégraphiques" auf Westeuropa ausgedehnt wurde.[128] Hierbei ging es darum, das rasch expandierende europäische Netz von Telegra-

---

126   Eine geschichtswissenschaftliche Erforschung dieser Organisationen, vor allem unter dem Aspekt des Internationalismus, ist ein Desiderat. A. Seeliger, Die Rheinakte. Die internationale Rechtsordnung des Rheins, Entwicklungsgang und gegenwärtiger Zustand, in: Walter Schmitz, 50 Jahre Rhein-Verkehrs-Politik, Duisburg 1927, S. 115–152. Rudolf Baumgartner, Die Freiheit der Rheinschiffahrt, Bern 1926.

127   Madeleine Herren, Hintertüren zur Macht. Internationalismus und modernisierungsorientierte Außenpolitik in Belgien, der Schweiz und den USA 1865–1914, München 2000.

128   Michael Wobring, Die Integration der europäischen Telegraphie in der zweiten Hälfte des 19. Jahrhunderts, in: Henrich-Franke, Neutsch, Thiemeyer (Hrsg.), Internationalismus und Europäische Integration im Vergleich, S. 83–112.

phenleitungen in technischer und betrieblicher Hinsicht international kompatibel zu gestalten. Ähnliches lässt sich für nahezu alle Infrastrukturen finden, die Post (Weltpostverein 1865/1878), internationale Funkverbindungen (Marconi), die Eisenbahn („Zentralamt für internationalen Eisenbahnverkehr" in Bern 1893) und auch den internationalen Straßenverkehr. Viele dieser Organisationen blieben auch über die Epoche der Weltkriege hinweg, zum Teil bis in die Gegenwart, bestehen. Diese institutionelle Form europäischer Integration im 19. Jahrhundert war durch drei Charakteristika geprägt:[129] Zum einen wurde sie – im Gegensatz zu den meisten europäischen Organisationen nach 1945 – in der Regel auf Initiative der Privatwirtschaft gegründet. Staatliche Institutionen und öffentliche Verwaltungen spielten eine vergleichsweise geringe Rolle, zumindest in der Initiationsphase des Integrationsprozesses. Das weist darauf hin, dass vor 1914 vor allem ökonomische Interessen als Motor des Internationalismus fungierten. Zweitens waren die im 19. Jahrhundert begonnenen Integrationsprozesse durch eine hohe Pfadabhängigkeit gekennzeichnet, d.h. die Integration war in starkem Maße eine Konsequenz der wirtschaftlichen Internationalisierung des 19. Jahrhunderts. Das gilt zumal für die Integration von Infrastrukturen sowie die Standardisierung von Maßen und Gewichten oder Währungen. In den in diesen Bereichen tätigen internationalen Organisationen und Büros arbeiteten zunächst technische Experten, die sich gegen eine politische Intervention von außen lange und zum Teil erfolgreich wehrten. Drittens ist der Internationalismus vor 1914 im Gegensatz zur Europäischen Integration nach 1945 als Gesamtvorgang eine Kumulation separater Integrationsprozesse. Erst nach 1945 wurde die Europäische Integration von den meisten Beteiligten als ein politischer und wirtschaftlicher Gesamtprozess gesehen, auch wenn dieser mit sektoraler Integration in einzelnen Teilbereichen begann.

Die meisten der vor allem in der zweiten Hälfte des 19. Jahrhunderts gegründeten europäischen Organisationen blieben in der Epoche der

---

129 Für das Folgende: Christian Henrich-Franke, Cornelius Neutsch, Guido Thiemeyer, Internationalismus und Europäische Integration im Vergleich – Ein vorläufiges Fazit, in: Dies. (Hrsg.), Internationalismus und Euopäische Integration im Vergleich, S. 221–229.

Weltkriege bestehen, auch wenn sie insbesondere in den Kriegszeiten ihre Arbeit einstellten. Einige passten ihre Zusammensetzung und den Organisationsablauf veränderten technischen und politischen Bedingungen an, behielten aber ihre zentrale Aufgabe. Nach 1945 setzte dann eine neuerliche Boomphase europäischer wirtschaftspolitischer Integration ein, die bis in die Gegenwart andauert. So, wie in der Zeit vor 1914, hat die wirtschaftspolitische Integration nach 1945 zu einer Vielzahl von internationalen Organisationen geführt, die hier nicht annähernd vollständig aufgeführt werden können. Die wichtigsten Beispiele hierfür sind die aus dem Marshallplan hervorgegangene Organisation for European Economic Cooperation (OEEC) und die European Free Trade Area (EFTA). Der Marshallplan geht zurück auf eine Rede, die der US-amerikanische Außenminister George C. Marshall am 5. Juni 1947 hielt.[130] Hier kündigte Marshall eine massive amerikanische Unterstützung für den Wiederaufbau Europas an, wobei sich die öffentliche Ankündigung auf ganz Europa bezog, intern jedoch klar war, dass nur der westliche Teil des Kontinents in den Genuss der Aufbauhilfe kommen würde. Wichtig war zudem, dass die Aufbauhilfe nicht bedingungslos gezahlt wurde, sondern unter der Voraussetzung, dass die europäischen Staaten ihre Kooperation untereinander, ebenso wie den Handel mit Waren und Dienstleistungen, intensivieren würden. Eben dies war das Ziel der am 16. April 1948 in Paris gegründeten OEEC, der 16 westeuropäische Staaten beitraten. Im Rahmen der Marshallplan-Hilfe flossen – begleitet von einem beträchtlichen propagandistischen Aufwand – zwischen 1948 und 1952 insgesamt 12,5 Mrd. US-Dollar Aufbauhilfe nach Westeuropa. Die hinter der amerikanischen Initiative stehenden Motive und ihre Auswirkungen sind in der Forschung umstritten. Über die politischen Motive der US-Regierung herrscht weitgehende Einigkeit: Es ging darum, Westeuropa, insbesondere Deutschland, Frankreich und Italien, im beginnenden Kalten Krieg gegen die sowjetische Herausforderung politisch und gesellschaftlich zu stabilisieren. Der Marshallplan war gewissermaßen die wirtschaftliche Ergän-

---

130   Einführung in den Marshallplan: Gerd Hardach, Der Marshall-Plan, München Auslandshilfe und Wiederaufbau 1948–1952, München 1994. Der Text in deutscher Sprache: Europa-Archiv. 1947, S. 821ff.

zung der Containment-Politik, der politisch-militärischen Eingrenzung des Kommunismus.[131] Auch die Umstellung von der Kriegs- auf eine Friedenswirtschaft in den USA und die hierfür notwendigen Absatzmärkte spielten eine wichtige Rolle. Demgegenüber ist die Bedeutung der Wirtschaftshilfe für den europäischen Wiederaufbau stark angezweifelt worden.[132] Die meisten Wirtschaftshistoriker gehen davon aus, dass der westeuropäische Wirtschaftsboom zwischen 1950 und 1970 auch ohne die US-Hilfe gekommen wäre. Auch die Liberalisierung im Rahmen der OEEC kam, verglichen mit jener im Rahmen von EWG und EFTA, nur schleppend voran. Dennoch sind die OEEC und der Marshallplan von herausragender Bedeutung gewesen: Sie etablierten in allen westeuropäischen Staaten und der Bundesrepublik Deutschland ein marktwirtschaftliches Wirtschaftssystem.[133] Spätestens 1959 waren in Westeuropa alle Überlegungen zu einem „Dritten Weg" zwischen Marktwirtschaft und Staatssozialismus angesichts des amerikanischen Einflusses beendet. Die Motive für die europäische Integration im Rahmen der OEEC waren also aus amerikanischer Sicht die Durchsetzung der Marktwirtschaft als wirtschaftliches Ordnungsprinzip in Westeuropa und die damit verbundene Wohlstandssteigerung, die wiederum zur politischen Stabilisierung im Sinne einer Demokratisierung führen sollte. Die Intensivierung der wirtschaftlichen Verknüpfung zwischen den Nationalstaaten sollte zudem Kriege unmöglich machen – hier spielte also auch das Friedensmotiv eine Rolle. Aus Sicht der europäischen Nationalstaaten war die Aussicht auf die Finanzhilfe wichtig (auch wenn sie sich, wie oben geschildert, später als nicht so bedeutsam herausstellen sollte), sowie, vor allem für die Bundesrepublik Deutschland und Italien, die mit der Mitgliedschaft in der OEEC verbundene

---

131 Charles Maier, Günther Bischof (Hrsg.), Deutschland und der Marshall-Plan, Baden-Baden 1992. John Gimbel, The Origins of the Marshall-Plan, Stanford 1976.

132 Alan Milward, Was the Marshall-Plan necessary? In: Diplomatic History Vol. 13 (1989), S. 231–253. Werner Abelshauser, Wirtschaft in Westdeutschland 1945–1948. Rekonstruktion und Wachstumsbedingungen in der amerikanischen und britischen Zone, Stuttgart 1975.

133 Werner Bührer, Westdeutschland in der OEEC. Eingliederung, Krise, Bewährung 1947–1961, München 1997.

Einbindung in die westliche Welt. Wirtschafts- und außenpolitische Motive gingen also bei der Integration im Rahmen der OEEC eine insgesamt charakteristische Verbindung ein. Die OEEC wurde 1961 in die Organisation for European Cooperation and Development (OECD) umbenannt.

Ein weiteres wichtiges Beispiel für negative wirtschaftliche Integration ist die European Free Trade Area (EFTA).[134] Sie wurde auf britische Initiative am 20.11.1959 in Stockholm als Gegenmodell zur Europäischen Wirtschaftsgemeinschaft gegründet und umfasste jene Staaten Westeuropas, die das für die EWG verbindliche Prinzip der Supranationalität und die damit verbundenen politischen Ziele zunächst abgelehnt hatten. Das waren neben Großbritannien die skandinavischen Länder, die Schweiz, Österreich und Portugal. Irland hatte einen Sonderstatus, Finnland (assoziiertes Mitglied seit 1961) und Island (1.3.1970) traten später bei. Die EFTA war im Gegensatz zur EWG keine Zollunion, sondern eine Freihandelszone. Das bedeutet, dass es zwar wie in der EWG einen Zollabbau zwischen den Mitgliedern der Gemeinschaft gab, aber keinen gemeinsamen Außenzoll gegenüber Drittstaaten und folglich keine gemeinsame Außenwirtschaftspolitik. Zudem beschränkte sich der Abbau der Handelsbeschränkungen nur auf den Warensektor, nicht auf Dienstleistungen, Personen und Kapital. Die Erfolgsbilanz der EFTA ist durchwachsen: In politischer Hinsicht erwies sie sich bald als Fehlschlag, denn das insbesondere von der britischen Regierung angestrebte Ziel, eine Alternative zur supranationalen EWG nach britischen Vorstellungen zu schaffen, konnte nicht realisiert werden. Spätestens mit dem Beitritt Großbritanniens, Dänemarks und Irlands zur EG und ihrem damit verbundenen Austritt aus der EFTA zum 1.1.1973 verlor die Organisation an Bedeutung. In wirtschaftlicher Hinsicht war die EFTA erfolgreicher: Der Zollabbau für Güter war bereits 1966 vollständig re-

---

134 Die EFTA ist bislang von der Geschichts- und Politikwissenschaft nur wenig untersucht worden. Thomas Pedersen, European Union and the EFTA Countries. Enlargement and Integration, London New York 1994. Michael Gehler, Das Scheitern der großen Freihandelszone 1958 und die Gründung der EFTA 1959/60, in: Ders. (Hrsg.), Vom gemeinsamen Markt zur europäischen Unionsbildung. 50 Jahre Römische Verträge 1957–2007, Wien, Köln, Weimar 2009, S. 243–282.

alisiert, der Handel zwischen den Mitgliedstaaten intensivierte sich in starkem Maße. Gerade für die wirtschaftliche Integration war die EFTA daher von großer Bedeutung. Hauptproblem blieb jedoch die Rivalität zur stark dominierenden EG. Diese wurde erst mit dem zwischen beiden Organisationen geschlossenen Vertrag von Porto vom 2.5.1992 überwunden, mit dem der Europäische Wirtschaftsraum (EWR) geschaffen wurde. Damit wurde zum 1.1.1994 ein gemeinsamer Wirtschaftsraum zwischen den EFTA-Staaten und der EG errichtet. EFTA und OEEC sind (neben dem General Agreement on Tarifs and Trade, GATT, auf weltweiter Ebene) die wichtigsten Beispiele für negative wirtschaftliche Integration. Demgegenüber ist die EWG das herausragende Beispiel für die positive wirtschaftliche Integration.

Das Motiv der Wohlstandssteigerung

Das wichtigste Motiv wirtschaftspolitischer Integration war die Steigerung des Wohlstandes in den westeuropäischen Staaten. Wohlstandssteigerung konnte ein Selbstzweck sein oder als Instrument dienen, um andere gesellschaftspolitische Ziele zu erreichen. Zunächst war sie ein Selbstzweck. Internationaler Handel, so lehrt die neoklassische Theorie seit Adam Smith (1723–1790) und David Ricardo (1772–1823), führt in allen beteiligten Gesellschaften zu Wohlstandssteigerungen. Zwar kann es, wie der deutsche Ökonom Friedrich List (1789–1856) zeigte, Situationen geben, in denen Protektionismus für die Wohlfahrt eines Landes besser ist als der Freihandel, grundsätzlich und langfristig jedoch, so lehrt die moderne Ökonomie bis heute, seien die allgemeinen Wohlfahrtsgewinne durch internationalen Freihandel höher als bei protektionistischer Wirtschaftspolitik. Begründet wird diese These damit, dass Freihandel zur Spezialisierung der Volkswirtschaften und damit zur Ausnutzung der komparativen Vorteile führe. So werde jedes Land das produzieren, wofür die dort herrschenden Gegebenheiten besonders günstig seien. Weiterhin argumentieren die Anhänger des Freihandels, dass internationale offene Märkte zu schnellen Anpassungen von Angebot und Nachfrage sowie zu rascher technischer Innovation führen.

Die Freihandelsidee spielte bei der Gründung aller europäischen Organisationen eine Rolle und immer wurde sie mit dem Motiv verknüpft, den Wohlstand der europäischen Gesellschaften zu steigern. Ideologisch getragen wurde sie in dieser Zeit vom Neoliberalismus, der – entgegen seiner Verwendung in der wirtschaftspolitischen Debatte der Gegenwart – die Reaktion einer Gruppe von Ökonomen auf die Fundamentalkrise der europäischen Wirtschaft zwischen 1914 und 1945 war.[135] Die Neoliberalen, wie sie sich selbst nannten, traten für eine Erneuerung des klassischen Liberalismus ein, der aus ihrer Sicht in der Epoche der Weltkriege versagt hatte. Der Staat, so die Überlegung, müsse eine wichtige Rolle im Wirtschaftsprozess einnehmen, indem er mit einer Rechtsordnung den Wettbewerb durchsetze und garantiere. Politisch bedeutete dies, dass internationale Organisationen gegründet werden sollten mit der Aufgabe, den Freihandel zwischen den Nationen einzuführen und langfristig zu sichern. So hieß es im Gründungsdokument der Organisation for European Economic Cooperation (OEEC) vom 16. April 1948, dass die 16 Mitgliedstaaten die Organisation gründen in der Erkenntnis, „dass ihre Wirtschaftssysteme miteinander verflochten sind und dass der Wohlstand jeder einzelnen Nation vom Wohlstand aller abhängig ist". Artikel fünf hielt fest, dass die Parteien übereinkommen, „ihre wirtschaftlichen Verbindungen auf jede Art und Weise zu stärken, die die Ziele dieses Abkommens ihrer Ansicht nach fördern würde."[136] Eine ähnliche Formulierung der Ziele wurde für die Europäische Wirtschaftsgemeinschaft vom 25.3.1957 gewählt: „Aufgabe der Gemeinschaft ist es, durch die Errichtung eines Gemeinsamen Marktes (…) eine harmonische Entwicklung des Wirtschaftslebens innerhalb der Gemeinschaft (…), eine beschleunigte Hebung der Lebenshaltung

---

135 Gerold Ambrosius, Der Neoliberalismus und die europäische Fundamentalkrise zwischen 1914 und 1945, in: Helga Scholten (Hrsg.), Die Wahrnehmung von Krisenphänomenen. Fallbeispiele von der Antike bis in die Neuzeit, Köln Weimar Wien 2007, S. 251–266. Michèle Wegmann, Früher Neoliberalismus und europäische Integration. Interdependenzen der nationalen, supranationalen und internationalen Ordnung von Wirtschaft und Gesellschaft (1932–1965), Baden-Baden 2002.

136 Abkommen über die Organisation für Europäische Wirtschaftliche Zusammenarbeit (OEEC) vom 16.4.1948, in: Europa-Archiv, Mai 1948, S. 1345–1348.

und engere Beziehungen zwischen den Staaten zu fördern (...).[137] Ähnlich war die Zielsetzung für die European Free Trade Area (EFTA) formuliert. Freihandel war nach 1945 bis in die 1990er-Jahre hinein ein wenig hinterfragtes Prinzip der europäischen Integration. Auch wenn es zu einfach ist, die Europäische Wirtschaftsgemeinschaft auf diesen Aspekt zu reduzieren, entwickelte diese sich zu einem Kernraum wirtschaftlicher Liberalisierung.[138] Vor allem das Binnenmarkt-Projekt der Einheitlichen Europäischen Akte (17.2.1986), mit dem der bereits bestehende gemeinsame Markt für Waren um freien Dienstleistungs-, Personen- und Kapitalverkehr erweitert wurde, spielte hier eine Rolle. Sie wurde fortgesetzt durch die mit dem Vertrag von Maastricht beschlossene Währungsunion, die den geldpolitischen Spielraum der Zentralbanken erheblich einschränkte und die Europäische Zentralbank auf das makroökonomische Ziel der Geldwertstabilität verpflichtete. Die sog. „Lissabon-Strategie" vom März 2000 mit dem Ziel, die Europäische Union „zum wettbewerbsfähigsten, und dynamischsten wissensbasierten Wirtschaftsraum der Welt zu machen", und die Ost-Erweiterung der Europäischen Union 2004 förderten die Durchsetzung des Wirtschaftsliberalismus als wirtschafts- und gesellschaftliches Steuerungsprinzip der EU ebenfalls. Die Europäische Kommission wurde zum wichtigsten Akteur in diesem Prozess, vor allem weil sie als „Hüterin der Verträge" die Aufgabe hat, die im Vertrag formulierten Ziele umzusetzen. Die europäische Öffentlichkeit hat diese neoliberale Ausgestaltung der Europäischen Wirtschaftsordnung bis in die 1990er-Jahre im so genannten „permissive consensus", das heißt ohne direkte Zustimmung, aber auch ohne Widerstand hingenommen. Dies scheint seit Mitte der 1990er-Jahre nicht mehr zu funktionieren. Vor allem in der Debatte

---

137 Vertrag zur Gründung der Europäischen Wirtschaftsgemeinschaft, Art. 2, zit. nach: Verträge zur Gründung der Europäischen Gemeinschaften, Luxemburg 1987, S. 223. Zum Einfluss dieser Theorien auf die Wettbewerbspolitik der EWG: Sibylle Hambloch, Europäische Integration und Wettbewerbspolitik. Die Frühphase der EWG, Baden-Baden 2009.

138 Hans-Jürgen Bieling, Die Europäische Union –ein neoliberales Projekt? Zur politischen Ökonomie der „Europäisierung", in: Gerd Steffens (Hrsg.), Politische und ökonomische Bildung in Zeiten der Globalisierung, Münster 2007, S. 213–225.

um die „Globalisierung" wurde die EU als „neoliberales Projekt" kritisiert. Das spielte auch beim Referendum über den Verfassungsvertrag in Frankreich im Mai 2005 eine wichtige Rolle.[139] Dieser Vorwurf ist nicht von der Hand zu weisen, greift jedoch insgesamt zu kurz, denn die Europäische Union ist mehr als ein „neoliberales Projekt", wie noch zu zeigen sein wird. Festzuhalten bleibt jedenfalls, dass das Motiv der Wohlstandssteigerung eine herausragende Rolle für die wirtschaftspolitische europäische Integration spielt. Gemessen an diesem Ziel war die Europäische Integration ein erfolgreiches Projekt. Die Wohlfahrt aller europäischer Gesellschaften stieg nicht zuletzt durch die wirtschaftliche Integration seit dem Zweiten Weltkrieg erheblich an, auch wenn die durchschnittlichen Wachstumsraten seit der Mitte der 1970er-Jahre nicht mehr so hoch sind wie in der Boomphase zwischen 1950 und 1970.

Frieden durch Freihandel

Die Wohlstandssteigerung war, wie gezeigt, zu einem großen Teil ein Selbstzweck; hinter ihr standen aber auch allgemeinpolitische Ziele. Von hoher Bedeutung ist auch hier, wie bei der politischen Integration, das Motiv der Friedenssicherung durch wirtschaftliche Verknüpfung. Ein frühes Beispiel hierfür ist ebenfalls der Marshallplan. Er verfolgte, wie bereits geschildert, ein ganzes Bündel an Zielen – ein wichtiges davon war die wirtschaftliche Verknüpfung zwischen den westeuropäischen Staaten als Instrument zur Erhaltung des Friedens in Europa. Damit wurde ein Denkmuster aufgegriffen, das ebenfalls aus der Tradition des politischen Liberalismus stammte und als „Commercial Peace These" in der Wissenschaft bis heute diskutiert wird. Die These vom „Commercial Peace" wurde zum ersten Mal von David Ricardo im Jahre 1821 formuliert. Systematisiert wurde sie erstmals von dem Wirtschafts- und Sozialwissenschaftler Joseph Schumpeter in seinem Buch „Kapitalismus, Sozialismus und Demokratie" im Jahre 1940: Der Kapitalismus,

---

139   Joachim Schild, Ein Sieg der Angst – Das gescheiterte französische Verfassungsreferendum, in: Integration, Heft 3 (2005), S. 187–200.

so argumentierte er, schaffe innerhalb einer Gesellschaft eine friedfertige Atmosphäre, er führe zu Demokratisierung, Individualisierung und Rationalisierung der Gesellschaften. Das tägliche Leben der Menschen werde durch die industrielle Produktion diszipliniert, der Markt erziehe sie zu ökonomischem Rationalismus. Die enge wirtschaftliche Abhängigkeit der Staaten untereinander führe zudem zu einer friedlichen Außenpolitik, weil die materiellen Kosten für einen Krieg umso größer wären, je enger die Wirtschaftsbeziehungen zwischen den Staaten sind. Dieser Gedanke findet sich seither in den Präambeln aller Verträge der europäischen Integration, der Montangemeinschaft, der Europäischen Wirtschaftsgemeinschaft und ihren Folgeverträgen. Wirtschaftliche Integration wurde als Instrument genutzt, um eine hohes politisches Ziel zu erreichen, den Frieden.

Wirtschaftliche Selbstbehauptung Europas in der Welt

Ein weiteres, bereits von den politischen Motiven bekanntes, wirtschaftspolitisches Motiv für die europäische Integration war die wirtschaftliche Selbstbehauptung Europas in der Welt. Damit beginnen die Beispiele für die positive wirtschaftliche Integration. Es spielte zum ersten Mal bei der Gründung des Gemeinsamen Marktes im Rahmen der Europäischen Wirtschaftsgemeinschaft 1957 eine Rolle, vor allem auf deutscher und französischer Seite. So stellte der deutsche Delegationsleiter bei den Verhandlungen über den Gemeinsamen Markt, Carl Friedrich Ophüls, am 17. September 1956 in einer Aufzeichnung fest, dass ein „zersplittertes Europa" zwischen den Supermächten USA und Sowjetunion stehe, weitere Weltmächte (China, Indien) würden sichtbar. „Unmittelbar vor unseren Toren sucht sich ein Block der arabischen Staaten zu formen, dessen Ausprägung noch unklar ist, der aber getragen wird von einem Einheit gebenden gemeinsamen Selbstbewusstsein. (…) Es liegt auf der Hand, dass gegenüber jenen großen weltpolitischen Blöcken (…) ein einzelner europäischer Staat nicht mehr in der Lage ist, seine berechtigten Interessen in der erforderlichen Weise zur Geltung zu bringen. (…) Nur wenn Europa geeint auftritt, um seine Rechte wahrzunehmen, kann es das Gehör finden, auf das es Anspruch hat."[140] Politische, wirtschaftliche und kulturelle Selbstbehauptung Europas in der Welt bedingten einander wechselseitig. Das betraf in anderer Weise auch die Landwirtschaftspolitik.[141] In diesem Sektor wurde zwar nach Inkrafttreten der Römischen Verträge sehr schnell ein Binnenmarkt geschaffen, der allerdings durch hohe Zolltarife nach außen abgeschottet war, um billigere Konkurrenz, vor allem aus den USA und Südamerika, vom europäischen Binnenmarkt fern zu halten. Eigene Überschüsse wurden subventioniert und auf dem Weltmarkt abgesetzt. Wichtiger noch war dieses Argument im Bereich der strategischen Handelspolitik. So war das europäische Gemeinschaftsunternehmen Airbus ein Instrument der europäischen Staaten, um die Dominanz vor allem US-amerikanischer Anbieter für Zivilflugzeuge auf dem Weltmarkt zu brechen.[142] Ein anderes Beispiel ist die Gründung der Europäischen Weltraumagentur European Space Agency (ESA), die in wissenschaftlicher und kommerzieller Hinsicht seit 1975 als Konkurrenz zu den sowjetischen und US-amerikanischen Raumfahrtbehörden entstand. Hinter beiden Projekten stand die Idee, dass ein einzelner europäischer Nationalstaat nicht das Potential hatte, eine nationale Raumfahrtindustrie zu gründen und deswegen in diesem Bereich das Gemeinschaftspotential nutzte. Gerade in diesen, auch militärisch und politisch wichtigen, als strategi-

---

140   Politisches Archiv des Auswärtigen Amtes, Berlin, Nachlass Carl Friedrich Ophüls, Bd. 5, Aufzeichnung Ophüls über den Zusammenschluss Europas, 17.9.1956.

141   Guido Thiemeyer, Vom „Pool Vert" zur Europäischen Wirtschaftsgemeinschaft. Europäische Integration, Kalter Krieg und die Anfänge der Gemeinsamen Europäischen Agrarpolitik, München 1999. N. Piers Ludlow, The Making of the CAP. Towards a Historical Analysis of the EU's First Major Policy, in: Contemporary European History Bd. 14 (2005), S. 347–371. Ann-Christina Lauring Knudsen, Farmers on Welfare. The Making of Europe's Common Agricultural Policy, Ithaca 2009. Kiran Klaus Patel, Fertile Ground for Europe? The History of European Integration and the Common Agricultural Policy since 1945, Baden-Baden 2009.

142   Glenn E. Bugos, The Airbus Matrix: The Reorganization of the Postwar European Aircraft Industry, in: Francis Heller, John R. Gillingham (Hrsg.), The United States and the Integration of Europe. Legacies of the Postwar Era, New York 1996, S. 379–400.

sche Schlüsselindustrien empfundenen Branchen, lassen sich politische und wirtschaftliche Motive zur Integration kaum voneinander trennen.

Ein weiteres wichtiges Beispiel für dieses Motiv ist die gemeinsame Währungspolitik. Bis in die Mitte der 1960er-Jahre wurde die Währungs- und Wechselkursstabilität Westeuropas durch das Internationale Währungssystem von Bretton Woods gesichert. In diesem System diente der US-Dollar als internationale Leitwährung. Als jedoch die amerikanische Währung in der Mitte der 1960er-Jahre, bedingt durch ein hohes Außenhandels- und Haushaltsdefizit der USA, an Wert verlor, wurden die europäischen Staaten gezwungen, die Währungsstabilität selbst zu garantieren. Ein erster Anlauf hierzu war der so genannte Werner-Plan, der am 8. Oktober 1970 öffentlich vorgestellt wurde.[143] Eine Kommission unter der Leitung des luxemburgischen Ministerpräsidenten Pierre Werner schlug vor, innerhalb von zehn Jahren eine europäische Währungsunion zu gründen. Doch scheiterte das ambitionierte Projekt schon zwei Jahre später, als die internationalen Währungsmärkte durch die Ölkrise erschüttert wurden. Die Ölkrise war jedoch nur der Anlass, nicht der Grund für das Scheitern. Der Werner-Plan war ein höchst fragiles Kompromiss-Papier, in dem deutsche und französische währungspolitische Vorstellungen und Traditionen unvermittelt nebeneinander gestellt worden waren und in seiner Urfassung kaum zu realisieren. Wesentlich pragmatischer war dagegen das Konzept für ein Europäisches Währungssystem, das ab 1977 in enger Kooperation zwischen der Europäischen Kommission (Roy Jenkins), der Bundesrepublik Deutschland und Frankreich entstand.[144] Das Europäische Währungs-

---

143 Andreas Wilkens, Der Werner-Plan. Währung, Politik und Europa 1968–1971, in: Franz Knipping, Matthias Schönwald (Hrsg.), Aufbruch zum Europa der zweiten Generation. Die Europäische Einigung 1969–1984, Trier 2004, S. 217–244. Grundlegend zur Währungsintegration: Kenneth Dyson, Kevin Featherstone, The Road to Maastricht. Negotiating economic and monetary union, Oxford 2004. Matthias Kaelberer, Money and Power in Europe. The Political Economy of European monetary cooperation, New York 2001. Harold James, International Monetary Cooperation since Bretton Woods, Cambridge 1996.

144 Peter Ludlow, The Making of the European Monetary System, London u.a. 1982. Guido Thiemeyer, Helmut Schmidt und die Gründung des Europäischen Währungssystems 1973–1979, in: Franz Knipping, Matthias Schönwald (Hrsg.), Aufbruch zum Europa der zweiten Generation, S. 245–268.

system (EWS), das am 13. März 1979 gegründet wurde, stabilisierte
die europäischen Währungsbeziehungen unabhängig vom US-Dollar
und kann rückblickend als Vorstufe zur Europäischen Währungsunion
angesehen werden. Es basierte auf drei Kernelementen: Das Erste war
ein Paritätengitter zwischen den Währungen der Mitgliedstaaten der
EG, die in einem System fester, aber flexibler Wechselkurse miteinander
verbunden wurden. Das zweite Element war die Korbwährung ECU
(European Currency Unit), die sich aus den gewichteten Anteilen der
Währungen der Mitgliedstaaten zusammensetzte. Schließlich wurde
ein Kreditmechanismus geschaffen, der den Zentralbanken für den
Fall von Geldmarktinterventionen in Fremdwährung die entsprechenden Reserven zur Verfügung stellte. Das System funktionierte einiger
Krisen zum Trotz, bis 1999 zufriedenstellend und wurde dann von der
Europäischen Währungsunion abgelöst. Die Gewichtung der mit der
europäischen Währungsintegration verbundenen Ziele und Motive sind
zwischen Ökonomen und Historikern umstritten. Die Wirtschaftswis-
senschaft betont in starkem Maße, dass die „Logik der europäischen
und internationalen Integration von Handel und Kapitalströmen" die
europäische Währungsintegration als notwendiges Resultat hervorge-
bracht habe.[145] In klassisch funktionalistischer Sichtweise erforderte die
handelspolitische Integration die der Währungspolitik. Dem steht die
These von Geschichts- und Politikwissenschaften gegenüber, die die
Europäische Währungsunion primär als Resultat der weltpolitischen
Veränderungen 1989/90, vor allem der deutschen Wiedervereinigung,
sehen.[146] Hierbei ging es für die westeuropäischen Staaten darum, die
Dominanz der Deutschen Mark in Westeuropa durch ihre Auflösung
in der Gemeinschaftswährung EURO zu brechen. Zudem, das war vor

---

145 Carsten Hefeker, Die Europäische Währungsintegration nach dem Zweiten
      Weltkrieg: Politik, Ideologie oder Interessen?, in: Christian Henrich-Franke,
      Cornelius Neutsch, Guido Thiemeyer (Hrsg.), Internationalismus und Europä-
      ische Integration im Vergleich. Fallstudien zu Währungen, Landwirtschaft, Ver-
      kehrs- und Nachrichtenwesen, Baden-Baden 2007, S. 57–81.
146 Werner Weidenfeld u.a (Hrsg.), Die doppelte Integration. Europa und das grö-
      ßere Deutschland, Gütersloh 1991. Lars Magnusson, Bo Strath (Hrsg.), From
      the Werner Plan to the EMU. In Search of a Political Economy for Europe,
      Brüssel 2001.

allem ein französisches Bedürfnis, sollte die europäische Währung ein Gegengewicht zum US-Dollar auf dem Weltmarkt bilden. Die Währungspolitik war aus dieser Sicht auch ein Instrument der Außenpolitik.

Die „Rettung des Nationalstaates"

Ein weiteres wesentliches wirtschaftspolitisches Motiv ist jenes, welches die Europäische Integration als Instrument zur „Rettung des National-staates" versteht. Die These wurde zuerst vom britischen Historiker Alan Milward formuliert, und dann von seinem amerikanischen Kollegen Andrew Moravcsik unter dem Schlagwort des „Liberalen Intergouver-nementalismus" aufgenommen und fortentwickelt. Sie spielt bis heute eine wichtige Rolle in der politik- und geschichtswissenschaftlichen Europa-Forschung.[147] Milward wandte sich in seiner Darstellung in zugespitzter Weise gegen die frühe europäische Integrationsforschung (Walter Lipgens), die den europäischen Einigungsprozess vor allem aus idealistischen Motiven (vor allem Friedenserhaltung) erklärt habe. Er versuchte zu zeigen, dass die europäischen Regierungen die supra-nationale Integration förderten, weil dies ihnen als die einzige Lösung für Probleme erschien, die der klassische europäische Nationalstaat des 20. Jahrhunderts alleine nicht mehr lösen konnte. Die europäische Inte-gration sei also ein Produkt nationaler Interessenpolitik. Besonders gut untersucht wurde diese These am Beispiel der europäischen Agrarpoli-tik.[148] Der Agrarsektor war in allen europäischen Nationalstaaten bereits in der Zwischenkriegszeit in eine Krise geraten, auf die die Regierungen alle sehr ähnlich reagiert hatten. Bedingt durch den Strukturwandel wa-ren die Einkommen im Agrarsektor deutlich hinter denen im Industrie- und Dienstleistungssektor zurückgeblieben. Dies führte große Teile der

---

147 Alan Milward, The European Rescue of the Nation-State, London 1992. An-drew Moravcsik, The Choice for Europe. Social Purpose and State Power from Messina to Maastricht, New York 1998.

148 Guido Thiemeyer, Vom „Pool Vert" zur Europäischen Wirtschaftsgemeinschaft. Europäische Integration, Kalter Krieg und die Anfänge der Gemeinsamen Euro-päischen Agrarpolitik, München 1999. Ann Christina Lauring-Knudsen, Far-mers on Welfare, Ithaca 2009.

Bevölkerung, die direkt oder indirekt von der Landwirtschaft lebten, in Existenznöte. Die westeuropäischen Staaten reagierten alle sehr ähnlich: Man gewährte den heimischen Produzenten Preis- und Absatzgarantien verbunden mit einem hohen Zollschutz vor auswärtiger Konkurrenz. Dieses System sorgte für eine Stabilisierung der Einkommen in der Landwirtschaft, führte aber gleichzeitig zu hohen Überschüssen, die von staatlichen Agenturen aufgekauft und gelagert wurden. Der Zweite Weltkrieg unterbrach diese Entwicklung, in den unmittelbaren Nachkriegsjahren waren Nahrungsmittel ein knappes Gut in Europa. Doch spätestens ab 1950 wurden in allen westeuropäischen Staaten die Folgen der Strukturkrise wieder evident: Die in der Landwirtschaft erzielten Einkommen blieben erneut hinter denen der anderen Wirtschaftssektoren zurück. Wie zuvor intervenierten die europäischen Regierungen in den Markt und fixierten Mindestpreise, zu denen die Produzenten ihre Produkte an Einfuhr- und Vorratsstellen abgeben konnten. Dies war eine besondere Form der Sozialpolitik: Es ging nämlich darum, einem wesentlichen Teil der Bevölkerung (immerhin im Durchschnitt 25%) durch staatliche Subventionierung ein angemessenes Einkommen zu garantieren. Die Agrarpolitik hatte ihren Charakter gewandelt: War sie im 19. Jahrhundert noch primär Ernährungspolitik gewesen, so war sie nun zur Sozialpolitik geworden. Das Problem war, dass diese Maßnahmen für die europäischen Staaten sehr teuer wurden. Während beispielsweise die Bundesrepublik Deutschland die Kosten für die Subvention der Landwirtschaft dank eines starken Industrie- und Dienstleistungssektors leicht aufbringen konnte, geriet Frankreich, wo in der ersten Hälfte der 1950er-Jahre noch 30% der berufstätigen Bevölkerung direkt oder indirekt im Agrarsektor arbeitete, bald in Finanzschwierigkeiten. So erklärte der französische Landwirtschaftsminister Pierre Pflimlin in einem Interview mit der Schweizer Nationalzeitung am 20. Januar 1952 unumwunden: „Die staatlichen Subventionen für die Landwirtschaft sind langfristig wenig rentabel, gleiches gilt für die Vernichtung der Überschüsse. Zudem erlaubt die finanzielle Situation der europäischen Länder keine unbefristete Subventionierung der Landwirtschaft."[149]

---

149   Interview mit Pierre Pflimlin in: Schweizer Nationalzeitung, 20.1.1952.

Pflimlin war daher einer der wichtigsten Befürworter der europäischen Agrarintegration. Die Übertragung der agrarpolitischen Lasten auf die europäische Ebene versprach also wegen des erheblich größeren finanziellen und ernährungspolitischen Potentials des europäischen Marktes eine Entlastung des Nationalstaates, ohne seine Existenz zu gefährden. Es war gewiss nicht das einzige Argument für eine gemeinsame europäische Agrarpolitik, aber es war ein besonders wichtiges. Ehemals nationale Aufgaben – hier im Bereich der Agrar- und Sozialpolitik – wurden zu europäischen erklärt; es galt, das Potential der Gemeinschaft dort zu nutzen, wo der klassische Nationalstaat an die Grenzen seiner Möglichkeiten stieß. Der Erfolg eines solchen Konzeptes hing allerdings davon ab, ob es gelang, die weniger an agrarpolitischen Problemen interessierten Staaten, wie beispielsweise die Bundesrepublik, für ein solches Konzept zu gewinnen. Eben dies war aus französischer Sicht ein Hauptproblem in den Verhandlungen über den Gemeinsamen Markt zwischen 1955 und 1957.

Ein anderes Beispiel für dieses Motiv war die belgische Politik gegenüber der Europäischen Gemeinschaft für Kohle und Stahl.[150] Die belgische Regierung hatte zunächst kein Interesse an einem gemeinsamen Markt für Kohle und Stahl, weil die wichtigste Kohle-Region des Landes, die in Südbelgien an der Grenze zu Frankreich liegende Borinage, hinsichtlich der Produktivität weit unter dem westeuropäischen Standard lag. Die belgische Regierung akzeptierte die EGKS erst, als diese in Artikel 56 des Vertrages ermächtigt wurde, Anpassungsbeihilfen für Regionen im Strukturwandel zu gewähren. Belgien erhielt darauf zwischen 1952 und 1958 umgerechnet 44,8 Millionen US-Dollar von der Hohen Behörde der EGKS für die Unterstützung der Borinage. Die belgische Regierung brachte aus eigenen Mitteln noch einmal so viel auf. Ähnlich wie Frankreich bei der Landwirtschafts-Integration war die belgische Regierung gewillt, aus sozialpolitischen Motiven eine Region zu unterstützen, konnte aber die hierfür notwendigen Mittel nicht aus eigener Kraft aufbringen. Deswegen nutzte man zu diesem Zweck die Europäische Gemeinschaft für Kohle und Stahl, die damit

---

150   Alan Milward, European Rescue, S. 46–118.

eine nationalstaatliche Aufgabe, die Unterstützung einer Region in der Strukturkrise, übernahm. Weitere Beispiele für dieses Motiv ließen sich finden, etwa die italienischen Bemühungen um eine europäische Regionalpolitik, die helfen sollte, das Mezzogiorno-Problem, mit dem der italienische Nationalstaat seit hundert Jahren vergeblich kämpfte, zu lösen.[151] Die europäische Integration, so schloss Milward, ist also weniger ein Resultat des Idealismus der Europabewegungen, sondern eine Reaktion der europäischen Regierungen auf eine Krise des europäischen Nationalstaates. Hierhinter stand auch ein neuer Anspruch an staatliches Handeln: Die Öffentlichkeit erwartete, dass der Staat sich in Zeiten der Krise handlungsfähig zeigte, dass er sozialpolitische Verantwortung übernahm für Wirtschaftssektoren (Landwirtschaft) oder Regionen (Borinage, Mezzogiorno), die in Schwierigkeiten geraten waren. Gerade diese Handlungsfähigkeit, die Tatsache, dass der Nationalstaat sozialpolitische Verantwortung für seine Bürger übernahm, war zu einem seiner wichtigsten Rechtfertigungsmuster geworden. Nationale Solidarität drückte sich verstärkt im sozialpolitischen Engagement des Staates aus. Dieser, das war die Kehrseite dieser Entwicklung, wurde aber durch diese gestiegenen Ansprüche mehr und mehr überfordert und geriet an die Grenzen seiner Leistungsfähigkeit. Eben das war die Situation, in der nationale Politiker dann eine europäische Lösung suchten. Die Europäische Integration, das war die Quintessenz dieser Überlegungen, ist vor allem wirtschafts- und sozialpolitisch motiviert.

In ganz ähnlicher Weise argumentierte etwas später der amerikanische Politikwissenschaftler Andrew Moravcsik.[152] Seine These ist, dass die Europäische Integration vor allem durch die Interessen der nationalen Regierungen entstand, die für die soziale Sicherheit ihrer Bevölkerung sorgten und unter dem Einfluss nationaler Interessenverbände

---

151 Antonio Varsori, Lorenzo Mechi, At the Origins of the European Structural Policy: The Community´s Social and Regional Policies from the late 1960s to the mid–1970s, in: Jan van der Harst (Hrsg.), Beyond the Customs Union: The Community´s Quest for Deepening, Widening and Completion, 1969–1975, Brüssel 2007, S. 223–250.

152 Andrew Moravcsik, Preferences and Power in the European Community. A Liberal Intergovernmentalist Approach, in: Journal of Common Market Studies, Bd. 31 (1993), S. 514.

standen. Nationale Regierungen waren aus dieser Sicht Vertretungen von wirtschafts- und sozialpolitischen Interessen, die zuvor auf nationaler Ebene durch Lobby-Verbände formuliert worden waren. So versuchte Moravcsik zu zeigen, dass die Ablehnung der beiden britischen Beitrittsgesuche zur EWG vom 14.1.1963 und vom 19.12.1967 durch den französischen Staatspräsidenten Charles de Gaulle nicht, wie der überwiegende Teil der Forschung annahm, auf geo-strategischen Überlegungen des französischen Präsidenten beruhte, der den anglo-amerikanischen Einfluss in Kontinental-Europa minimieren wollte. De Gaulles Haltung in dieser Frage sei vielmehr durch den Widerstand der französischen Landwirtschaftsverbände bestimmt worden, die verhindern wollten, dass die britische Agrarpolitik Einfluss auf die für die Franzosen vorteilhaften Regelungen innerhalb der EWG nahm.[153] Letzten Endes seien es also die Nationalstaaten und die in den jeweiligen politischen Systemen formulierten Interessen, die die europäische Integration vorantrieben, wobei die nationalen Regierungen lediglich als Vermittler zwischen Interessenverbänden im Innern und anderen Regierungen in der Außenpolitik fungierten. „Liberaler Intergouvernementalismus" nannte Moravcsik diese Theorie, die, auch wenn ihre Relevanz für die Erklärung der europäischen Integration anerkannt ist, nicht ohne Kritik blieb.[154] So wurde eingewandt, dass, auch wenn die innenpolitisch formulierten, sozial- und wirtschaftspolitischen Motive der Nationalstaaten für die europäische Integration wichtig seien, diese durch machtpolitische und ideologische Motive ergänzt werden müssen, um die Integration tatsächlich verstehen und erklären zu können. Zudem habe die Gemeinschaft, vor allem durch die sich entwickelnde europäische Rechtssprechung, eine Eigendynamik erhalten, die den Prozess auch ohne die Unterstützung der Nationalstaaten vorantreiben

---

153 Andrew Moravcsik, De Gaulle between Grain and Grandeur. The Political Economy of French EC Policy 1958–1970 (part 2), in: Journal of Cold War Studies 2 (2000), S. 4–68.

154 Piers Ludlow, The European Community and the Crisis of the 1960s. Negotiating the Gaullist Challenge, London New York 2006. Guido Thiemeyer, The Mansholt-Plan, the Definite Financing of the Common Agricultural Policy and the Enlargement of the Community, 1963–1973, in: Jan van der Harst (Hrsg.), Beyond the Customs Union, S. 197–222.

könne.[155] Gleichwohl bleibt mit Milward und Moravcsik festzuhalten, dass die in den Nationalstaaten formulierten wirtschafts- und sozialpolitischen Interessen ein wichtiger Motor für die wirtschaftspolitische Integration Europas sind.

Das Motiv der „Rettung des Nationalstaates" hat noch eine weitere, von der bisherigen Forschung erst ansatzweise thematisierten Aspekt. Die europäische Integration war auch ein Instrument, um den Staaten jene Effizienz zurückzugeben, die sie, vor allem in wirtschaftspolitischer Hinsicht, durch den ständigen, systembedingten Konflikt zwischen Interessengruppen und Regierung im demokratischen Prozess verloren hatten. In prägnanter Weise wurde dieses Motiv vom niederländischen Landwirtschaftsminister Sicco Mansholt formuliert, der in einem internen, in deutscher Sprache verfassten Arbeitspapier seines Ministeriums vom 18. Juni 1953 das Konzept einer supranationalen europäischen Landwirtschaftsintegration so begründete: „Nur auf diese Weise (gemeint ist die Supranationalität, G.T.) kann vermieden werden, dass Entscheidungen, welche erwünscht und erforderlich sind, auf das Veto von einem oder mehreren Teilnehmern scheitern. Ein solches Veto wird öfters ausgesprochen, wenn unveräußerliche Interessen angegriffen werden sollten. In einigen Ländern haben Gruppen unveräußerlicher Interessen Stellungen eingenommen, die sich nicht oder nur zum Teil vom wirtschaftlichen Standpunkte aus verantworten lassen. Solche Gruppen fühlen sich sicher hinter den Barrieren protektionistischer Natur. Diese Barrieren wurden aufgeworfen durch den Einfluss, den die betreffende Gruppe auf die Regierung ausübte. Es sei denn dass, die beratende Methode durch ein supranationales System ersetzt werden würde, werden solche Gruppen dauernd Widerstand, wie oben umschrieben, leisten können."[156] Der Hintergrund dieser Überlegungen war die schlechte Erfahrung, die Mansholt mit den nationalen Landwirtschaftsverbänden

---

155 Morton Rasmussen, State Power and the Aquis Communautaire in the European Community of the Early 1970s, in: Jan van der Harst (Hrsg.), Beyond the Customs Union, S. 359–375.

156 Ministerie van Landbouw, Natuurbeheer en Visserij, Archiefdepot, Den Haag. Directie internationale organisaties, Blok 2, Vol. 822, Memorandum über die Landwirtschaftsintegration, geheim, 18.6.1953. Vgl. auch Guido Thiemeyer, Das Demokratiedefizit der Europäischen Union. Geschichtswissenschaftliche

gemacht hatte. Diese, so sah es zumindest der niederländische Minister, hatten seine Pläne für eine Liberalisierung des europäischen Agrarhandels bekämpft, um sich selbst vor Konkurrenz zu schützen. Da die ländliche Bevölkerung zu diesem Zeitpunkt vor allem in Frankreich, Italien und der Bundesrepublik Deutschland noch ein hohes Wählerpotential stellte, war diese Politik sehr erfolgreich, denn dies sicherte den Agrarverbänden einen großen Einfluss auf die politischen Entscheidungen. Dies sei aber, so die Überlegung Mansholts, zum Nachteil des Allgemeinwohls und deswegen zu vermeiden. Mansholt schlug daher eine supranationale, dem Zugriff nationaler Politiker entzogene europäische Agrarunion vor, in der Experten in einer „Hohen Behörde" autonom und ausschließlich nach ökonomischen Kriterien entscheiden würden. Es war die Vorstellung von einer dem demokratischen Prozess entzogenen Expertokratie, in der nicht demokratisch legitimierte Mehrheiten, sondern am Allgemeinwohl orientierte Fachleute über wirtschaftspolitische Probleme entscheiden würden. Die europäische Integration diente hier dazu, die „Defekte" der nationalen Demokratien zu überwinden, indem zentrale Bereiche der Wirtschaftspolitik der Zuständigkeit der Nationalstaaten entzogen und einer neuen, supranationalen Institution zugewiesen wurden. Gerade ein „kleines" Land wie die Niederlande, das traditionell vom Außenhandel lebte, war nach den protektionistischen Erfahrungen der Zwischenkriegszeit in besonderem Maße daran interessiert, die Freiheit des Handels langfristig zu sichern.

Ein anderes Beispiel für dieses Motiv ist die europäische Währungsunion.[157] Mit ihr wurde die zentrale Zuständigkeit für die Währungspolitik im EURO-Raum auf die Europäische Zentralbank übertragen, die, gemäß den Bestimmungen des EU-Vertrages, in politischer, institutioneller und personeller Hinsicht unabhängig von anderen EU-Institutionen und den Mitgliedstaaten ist. Damit wurde die Geldpolitik dem Zugriff der nationalen Regierungen entzogen und einem Gremium von

---

Perspektiven. In: Themenportal Europäische Geschichte (2008), URL: www.europa.clio-online.de/2008/Article=292

157 Die Diskussion hierüber wird zusammengefasst in: Georg Jochum, Niels Petersson, Wolfgang Schröder, Katrin Ullrich, Legitimationsgrundlagen einer europäischen Verfassung. Von der Volkssouveränität zur Völkersouveränität, Berlin 2007.

Währungsexperten (Zentralbankdirektorium, Zentralbankrat) übertragen, die ausschließlich nach dem im Vertrag formulierten Kriterium der Währungsstabilität entscheiden und handeln sollte. Eine demokratische Kontrolle dieser Gremien wurde ausdrücklich ausgeschlossen. Auch hinter dieser Entscheidung stand die Erfahrung, dass die Stabilität der Währung nur dann gesichert ist, wenn die nationalen Regierungen in Krisenzeiten (Haushaltsdefiziten) nicht die Möglichkeit haben, auf die Ressourcen der Zentralbank zurückzugreifen. Andererseits wird immer wieder kritisiert, dass damit ein mögliches Instrument der Konjunkturpolitik den nationalen Regierungen entzogen wurde. Vor allem aber wird immer wieder die prinzipielle Frage gestellt, ob es sein darf, dass ein wesentlicher Teil der Wirtschaftspolitik der demokratischen Kontrolle durch die Parlamente entzogen wird.

Die hinter diesen Gedanken stehende Vorstellung von einer dem Allgemeinwohl verpflichteten „Expertokratie" ist der politischen Ideengeschichte nicht neu: Sie beginnt mit der Staatsphilosophie Platons, dessen Idealstaat von Philosophenkönigen regiert wird. „Wenn nicht entweder die Philosophen Könige werden in den Poleis, oder die heutigen so genannten Könige und Gewalthaber sich aufrichtig und gründlich mit Philosophie befassen und dieses beides in eines zusammenfällt, politische Macht und Philosophie, [...] gibt es kein Ende des Unheils für die Poleis [...] und auch nicht die einzelnen Menschen."[158] Herrschaft wurde hier legitimiert durch Einsicht, durch Expertentum. Eben das war das, was auch Mansholt vorschwebte, wenn er forderte, dass „Entscheidungen, welche erwünscht und erforderlich sind" durch ein mit Experten besetztes Gremium und nicht durch von der Wählergunst abhängige Politiker gefällt werden. Aus diesem Grunde plädierte er im Kontext der europäischen Landwirtschaftsintegration für eine supranationale Gemeinschaft, die unabhängig von den Nationalstaaten und den hier dominierenden politischen Einflüssen wäre.

Aus ideengeschichtlicher Perspektive ist aber auch ein anderer Aspekt wichtig. Mansholt ging es auch um die Effizienz politischer Ent-

---

158 Platon, Sämtliche Werke, hrsg. von Walter F. Otto, Ernesto Grassi, Gert Plamböck, Bd. 3, Politeia, Hamburg 1953, S. 193, 473cd.

scheidungen. Die nationalen Systeme, so seine Überzeugung, hätten in dieser Hinsicht versagt; politische Entscheidungsprozesse seien ineffizient und nicht immer am Gemeinwohl orientiert. Dies, so zeigte er sich überzeugt, war zurückzuführen auf das langwierige, von vielfältigen partikularen Interessen beeinflusste Entscheidungsverfahren in den Mitgliedstaaten. Es ging Mansholt also darum, die Effizienz politischen Handelns zu erhöhen. Der demokratische Nationalstaat hatte bei der Lösung wesentlicher Probleme (hier der Landwirtschaft) versagt, weil das hier dominierende Mehrheitsprinzip effiziente Entscheidungen verhinderte. Politische und wirtschaftliche Entscheidungen waren zwar im Nationalstaat durch die Mehrheitsentscheidung legitimiert, das Ergebnis war aber eben deswegen unzureichend. Es handelte sich aus Mansholts Sicht um ein grundsätzliches Problem der Demokratie, um ein Effizienzdefizit. Hierhinter steht eine Einschätzung, die die Legitimität politischen Handelns nicht von Art der Entstehung einer politischen Entscheidung her betrachtet (Input), sondern vom Ergebnis dieses Handelns (Output).[159] Es ist der Unterschied zwischen der „Herrschaft durch das Volk" (Input) und jener „für das Volk" (Output). Legitim ist eine politische Entscheidung also auch dann, wenn sie ein politisches Ergebnis erzeugt, das von der Mehrheit der Betroffenen als befriedigend betrachtet wird und es deswegen keinen breiten Widerstand gegen die Entscheidung gibt.

Aus dem bisher geschilderten ist deutlich geworden, dass die wirtschaftliche und die wirtschaftspolitische Integration eng zusammengehören. Am Beginn eines wirtschaftlichen Integrationsprozesses über Märkte stand fast immer eine politische Entscheidung, die durch den Abbau von Handelshemmnissen den freien Austausch von Gütern zwischen den Nationalstaaten erst ermöglichte. Nachdem diese Entscheidung gefällt war, konnte die Dynamik des Marktes einsetzen, die in allen hieran beteiligten Ländern Westeuropas zu beträchtlichen Wohlfahrts-Gewinnen führte. War jedoch einmal die Entscheidung zur wirtschaftlichen Liberalisierung, wenn auch nur in Teil-Sektoren der Wirtschaft, gefallen, dann gerieten die Regierungen oft unter den Druck der Märkte.

---

159   Fritz Scharpf, Regieren in Europa, Frankfurt 1999, S. 16–26.

Der europäische Nationalstaat des 19. und frühen 20. Jahrhundert war charakterisiert worden durch die Kongruenz von politischer Herrschaft, rechtlicher Regulierung und wirtschaftlicher Steuerung innerhalb eines exakt definierten Territoriums. Die ökonomische Liberalisierung führte nun zu einer wirtschaftlichen Entgrenzung, die sich bald auf den rechtlichen und politischen Sektor auswirkte.

c) Zivilgesellschaftliche Integration

Die internationale Gesellschaftsgeschichte Europas ist ein relativ neues Forschungsgebiet in den Geschichtswissenschaften, obwohl die methodisch zu Grunde liegende Sozialgeschichte schon älteren Datums ist. In den vergangenen Jahren sind jedoch einige grundlegende Untersuchungen zur europäischen Gesellschaftsgeschichte erschienen, die sich im Kern mit zwei Fragen beschäftigen.[160] Einerseits geht es um die Frage, ob es unabhängig von den nationalen Gesellschaften auch eine europäische Gesellschaft gibt. Hierbei stehen die Grundelemente der Sozialgeschichte im Mittelpunkt, soziale Grundkonstellationen etwa wie die Familie und die Arbeitswelt. Zudem wird nach sozialen Hierarchien sowie schließlich nach der Beziehung zwischen Gesellschaft und Staat gefragt. Dieser Ansatz stellt die Gemeinsamkeiten und Angleichungsprozesse der europäischen Gesellschaften in den Mittelpunkt des Interesses und fragt danach, ob es spezifisch europäische gesellschaftliche Entwicklungsmuster gibt. Eng verbunden damit ist die Frage nach den Besonderheiten Europas im Vergleich zu anderen Gesellschaftssystemen der Welt, insbesondere jenen in den Vereinigten Staaten von Amerika oder in asiatischen Ländern. Andererseits wird im Rahmen der Sozialgeschichte Europas auch nach der Verflechtung der europäischen nationalen Gesellschaften gefragt. Dies wurde schon für den wirtschaftlichen Bereich geschildert, doch lassen sich die Verflechtungen gewiss

---

160   Als beste deutschsprachige Synthese: Hartmut Kaelble, Sozialgeschichte Europas. 1945 bis zur Gegenwart, München 2007. In langfristiger Perspektive: Michael Mitterauer, Warum Europa? Mittelalterliche Grundlagen eines Sonderwegs, München 2003.

nicht allein auf den ökonomischen Sektor beschränken. In diesem Kontext hat sich in den vergangenen Jahren der Begriff der „transnationalen Geschichte", der „Entangled History", etabliert, oder im französischen Sprachraum, jener der „Histoire Croisée".[161] Hierbei geht es um die zunehmenden Verflechtungen und Transfers zwischen den europäischen Ländern, um Reisen, transnationale Heiraten und Fremdsprachenkenntnisse. Ebenso wichtig sind aber neben diesen materiellen Verflechtungen auch der Transfer von Ideen, Lebensgewohnheiten und Bildern. Ihre Erforschung ist sehr komplex, weil es niemals nur einen Transfer in eine Richtung gegeben hat, sondern eine wechselseitige Durchdringung der Gesellschaften. Hinzu kommt, dass die übermittelten Bilder, Gewohnheiten und Ideen nicht in ihrem „ursprünglichen" Zustand adaptiert wurden, sondern auf spezifische Weise verändert wurden. Die Sozialgeschichte der einzelnen Nationalstaaten ließe sich also als ein permanenter Prozess des Transfers, der Verflechtung und Anpassung beschreiben. Es ist völlig klar, dass diese Vorgänge eng mit den oben geschilderten politischen und wirtschaftlichen Integrationsvorgängen verknüpft sind. Zweifellos hat die Gründung der europäischen politischen Organisationen zur Verflechtung und Angleichung der Gesellschaften beigetragen, andererseits wurden aber auch die politischen Organisationen durch gesellschaftliche Entwicklungen verändert.

Die Motive und Antriebskräfte gesellschaftlicher Integration sind, ähnlich wie die der wirtschaftlichen Verflechtung, wegen ihrer Vielfältigkeit nur pauschal zu beschreiben. Darum sollen zunächst repräsentative Beispiele für die Angleichung der europäischen Gesellschaften und ihre Verflechtung seit dem 19. Jahrhundert dargestellt werden. Anschließend wird auf die hinter diesen Prozessen stehenden Antriebskräfte eingegangen.

---

161 Jürgen Osterhammel, Transnationale Gesellschaftsgeschichte, in: Geschichte und Gesellschaft Bd. 27 (2001), S. 464–479. Kiran Klaus Patel, Überlegungen zu einer transnationalen Geschichte, in: Zeitschrift für Geschichtswissenschaft, Bd. 52 (2004), S. 626–645. Michael Werner, Bénédicte Zimmermann, Vergleich, Transfer, Verflechtung. Der Ansatz der Histoire Croisée und die Herausforderung des Transnationalen, in: Geschichte und Gesellschaft, Bd. 28 (2002), S. 607–636.

Konvergenzen der europäischen Gesellschaft

Ein Beispiel für zunehmende Konvergenz gesellschaftlicher Entwicklungen in Europa ist die Familie.[162] Hier wiederum soll das Heiratsalter als Kriterium herangezogen werden.[163] In der Mitte des 19. Jahrhunderts lag das Durchschnittsalter der ersten Heirat in Westeuropa zwischen 25 und 30 Jahren. Damit war es etwa fünf Jahre höher als etwa in den Vereinigten Staaten und in Russland zur gleichen Zeit. Einschränkend muss gesagt werden, dass dies auch nur für den nördlichen und westlichen Teil des Kontinentes gilt, also insbesondere für England, Schottland, Skandinavien, Nordfrankreich, Belgien, die Niederlande, Deutschland und Österreich. In Süd- und Osteuropa hingegen war das durchschnittliche Heiratsalter deutlich höher. Hier dominierte auch die Mehrgenerationenfamilie, während in Nord- und Westeuropa – entgegen der Legende – die Kernfamilienhaushalte dominierten. Dieser Trend setzte sich im 20. Jahrhundert fort. Insbesondere in Nordwesteuropa näherte sich das Alter der Erstheirat stark an und auch die Unterschiede zu Süd- und Osteuropa wurden seit den 1990er-Jahren geringer. Das ging zudem mit einer Annäherung der Ziele staatlicher Familienpolitik in den europäischen Nationalstaaten einher. Die Struktur der europäischen Familien hat sich also in den letzten Jahrzehnten deutlich angenähert; die im 19. Jahrhundert noch existierenden Unterschiede zwischen Nord- und Südeuropa wurden tendenziell egalisiert.

Ein anderes Beispiel für die zunehmende Konvergenz der europäischen Gesellschaften ist die Ausbreitung und zunehmende Vereinheit-

---

162 Jack Goody, Geschichte der Familie, München 2002. (engl. Oxford 1999) François Höpflinger, Haushalts- und Familienstrukturen im europäischen Vergleich, in: Stefan Hradil, Stefan Immerfall (Hrsg.), Die westeuropäischen Gesellschaften im Vergleich, Opladen 1997, S. 97–130. Andreas Gestrich, Jens-Uwe Krause, Michael Mitterauer, Geschichte der Familie, Stuttgart 2003. Heinrich Dörner, Industrialisierung und Familienrecht. Die Auswirkungen des sozialen Wandels dargestellt an den Familienmodellen des ALR, BGB und des französischen Code Civil, Berlin 1974.

163 Hartmut Kaelble, Auf dem Weg zur europäischen Gesellschaft. Eine Sozialgeschichte Westeuropas 1880–1980, München 1987, S. 18–25. Ders. Sozialgeschichte Europas, S. 27–56.

lichung der Schulbildung.[164] Carlo Cipolla schätzt, dass in der Mitte des 19. Jahrhunderts noch rund 60% der europäischen Bevölkerung Analphabeten waren. Hierbei lassen sich allerdings in der Mitte des 19. Jahrhunderts noch deutliche Unterschiede ausmachen. In England und Preußen war die Analphabetenquote mit rund 20% für damalige Verhältnisse sehr gering, Frankreich und Norditalien lagen mit rd. 50% schon näher am Durchschnitt, Russland fiel mit nahezu 90% weit dahinter zurück. Um 1910 hatten sich die Zahlen (mit Ausnahme Russlands) schon deutlich den englischen und preußischen Werten angenähert. Dieser Trend setzte sich im 20. Jahrhundert fort. In den 1950er-Jahren war der Analphabetismus im westlichen und nördlichen Teil des Kontinents weitgehend beseitigt. Das galt allerdings nicht für den Süden und den Osten des Kontinents. So waren in Portugal noch 44%, in Italien 14% (mit deutlichen regionalen Unterschieden) und auf der Balkanhalbinsel rund 25% der Bevölkerung des Lesens und Schreibens nicht mächtig. Gegen Ende des 20. Jahrhunderts sanken auch hier die Analphabetenraten deutlich. Der Grund war, dass die Schulpflicht in allen europäischen Ländern eingeführt und durchgesetzt wurde. Hierhinter standen sowohl gesellschaftspolitische als auch ökonomische Motive; die Fähigkeit zum Lesen und Schreiben galt in Europa zunehmend als Menschenrecht, zudem war sie eine zentrale Voraussetzung für den wirtschaftlichen Aufstieg des Individuums. Nicht zu unterschätzen sind aber auch militärische Erfordernisse. Die modernen Massenheere und die zunehmend anspruchsvollere Militärtechnik erforderten auch eine bessere Bildung der Soldaten, deren Voraussetzung die Schriftlichkeit war. Festzuhalten bleibt, dass sich die europäischen Gesellschaften hinsichtlich der Elementarbildung deutlich angenähert haben.

Schließlich kann als Beispiel für zunehmende Konvergenz der Gesellschaften auch die Entwicklung des spezifisch europäischen Sozi-

---

164 Carlo M. Cipolla, Literacy and Development in the West, Harmondsworth 1969, S. 71. Michael Nikolaevič Kuz´min, Alphabetisierung im neuzeitlichen Europa. Versuch einer sozialgeschichtlichen Charakteristik, in: Hans Lemberg u.a. (Hrsg.), Bildungsgeschichte, Bevölkerungsgeschichte, Gesellschaftsgeschichte in den böhmischen Ländern und in Europa, München 1988, S. 95–113.

alstaates herangezogen werden.[165] Sozialpolitik war in der Mitte des 19. Jahrhunderts noch keine staatliche Aufgabe. Auch wenn der Wohlstand der Gesellschaft im Kontext der Industrialisierung insgesamt erheblich anstieg, wurden die sozialen Unterschiede deutlich größer. Vor allem die städtische Arbeiterschaft reagierte hierauf bald mit der Gründung von Arbeitervereinen und Hilfskassen zum Selbstschutz. Von Seiten der Wohlhabenden wurden Wohltätigkeitsvereine gegründet. Erst im späten 19. Jahrhundert entstanden staatliche Sozialversicherungen, zunächst im Deutschen Reich, wo auf Initiative Otto von Bismarcks ein System staatlicher Sozialversicherung aufgebaut wurde. Es umfasste Versicherungen gegen Krankheit und Unfall, später auch Alters- und Arbeitslosenversicherung. Ähnliche Systeme mit mehr oder weniger starker Beteiligung des Staates entstanden in allen industrialisierten europäischen Ländern, wobei nicht nur sozialpolitische Vorstellungen, sondern auch die Idee der Abwehr des sich politisch formierenden Sozialismus eine wichtige Rolle spielte. Vorreiter dieser Entwicklung war, wie gesagt, das Deutsche Reich in der Mitte der 1880er-Jahre, in Großbritannien wurde ein solches System erst 1908 eingeführt. Entscheidend war in allen Ländern der Übergang vom Bedürftigkeits- zum Versicherungsprinzip. Sozialer Schutz war nun nicht mehr vom Wohlwollen der Wohlhabenden abhängig; stattdessen wurde ein Rechtsanspruch auf Leistungen erworben. Auch wenn es in den europäischen Nationalstaaten erhebliche Unterschiede in der konkreten Ausführung gab, war dieses Prinzip allen gemeinsam. Das System war allerdings keineswegs umfassend. Jens Alber hat errechnet, dass in den europäischen Staaten nur rund 30% der Beschäftigten in einer Unfallversicherung waren, 15% waren gegen Krankheit versichert. In der Arbeitslosenversicherung waren sogar nur 0,9% der Arbeiter. Die Weltkriege

---

165 Jens Alber, Vom Armenhaus zum Wohlfahrtsstaat. Analysen zur Entwicklung der Sozialversicherung in Westeuropa, Frankfurt/M 1982. Gerhard A. Ritter, Der Sozialstaat. Entstehung und Entwicklung im internationalen Vergleich 2. Aufl. München 1991. Peter Köhler, Hans Zacher (Hrsg.), Ein Jahrhundert Sozialversicherung in der Bundesrepublik Deutschland, Frankreich, Großbritannien und der Schweiz, Berlin 1981. Hartmut Kaelble, Günter Schmid (Hrsg.), Das europäische Sozialmodell. Auf dem Weg zum transnationalen Wohlfahrtsstaat, Berlin 2004.

ruinierten in nahezu allen europäischen Ländern die wirtschaftliche Grundlage der Sozialversicherung. Dennoch blieb der Kerngedanke bestehen. Der Wiederaufbau der staatlichen Sozialversicherung war in allen westeuropäischen Ländern nach 1945 völlig unumstritten. Nahezu alle westeuropäischen Staaten bauten ihre bestehenden Systeme massiv aus, allen voran Großbritannien, Frankreich, die Bundesrepublik Deutschland und die skandinavischen Staaten. Die 1950er- bis 1970er-Jahre waren die Glanzzeit des westeuropäischen Wohlfahrtsstaates, der auch in anderen Teilen der Welt als vorbildlich galt. In der zweiten Hälfte der 1970er-Jahre geriet der westeuropäische Wohlfahrtsstaat in eine Krise, die bis heute nicht überwunden ist. Die Krise hatte drei Hauptursachen, die hier nur angedeutet werden können.[166] Zum einen geriet der europäische Sozialstaat in eine tiefe Finanzkrise, die ihre Ursachen in den seit 1970 vergleichsweise geringen Wachstumsraten der Wirtschaft hatte. Zweitens erwiesen sich die europäischen Sozialversicherungssysteme nicht als so umfassend leistungsfähig wie dies in der Phase der 1960er-Jahre erwartet worden war. Immer noch gab es viele Menschen, die aus verschiedenen Gründen durch das soziale Netz fielen. Schließlich entwickelte der moderne Sozialstaat eine riesige Bürokratie, die erhebliche Ressourcen band und sich bald mit dem Vorwurf mangelnder Effizienz konfrontiert sah. Insgesamt kann festgehalten werden, dass die Entstehung des Sozialstaates zwischen 1880 und 2008 zu einer zunehmenden Konvergenz der Gesellschaften in Westeuropa führte. Zum einen standen hinter den Wohlfahrtsstaaten ähnliche Wertvorstellungen von sozialer Gerechtigkeit und ein damit verbundenes gemeinsames Gesellschaftsideal. Zum anderen lässt sich eine weitgehend parallele Entwicklung des Wohlfahrtsstaates von seiner Entstehungsphase im 19. Jahrhundert über seine Hochzeit in den 1950er- bis 1970er-Jahren und seine Krise und Reform seither beobachten.

---

166 Hartmut Kaelble, Sozialgeschichte Europas, S. 344–350.

Die Verflechtung der europäischen Gesellschaften

Auf die europäische Verflechtung durch die wirtschaftlichen Märkte (Güter, Dienstleistungen, Kapital, Arbeit) wurde bereits eingegangen. Sie entwickelten sich keineswegs einheitlich. Europäische Integration in gesellschaftsgeschichtlicher Hinsicht fragt vor allem nach Verflechtungen des Konsums und des Lebensstils, nach Migration und Reisen sowie nach Fremdsprachenkenntnissen, um nur einige Kategorien zu nennen. Hier sollen beispielhaft zwei dieser Kategorien aufgegriffen werden, um die Spezifika europäischer Verflechtung gesellschaftlicher Art darzustellen, die Reisen und die Fremdsprachenkenntnisse der Europäer im 19. und 20. Jahrhundert.

Die Reise zu Bildungs- und Erholungszwecken, die hier als Beispiel im Mittelpunkt stehen soll, war keine Erfindung der Moderne.[167] Spätestens in der Renaissance war die Europareise bei jungen Adeligen zu einem Bestandteil der Ausbildung und Erziehung geworden. Die so genannte „Grand Tour" führte vor allem adelige Engländer über Paris und das Rheinland nach Italien und diente primär dem Kennenlernen fremder Sprachen und Kulturen. Im frühen 19. Jahrhundert vergrößerte sich die Zahl der Reisenden deutlich. Nicht mehr nur der Adel, auch das durch die industrielle Revolution vor allem in England zu Wohlstand gekommene Bürgertum brach nun zu Europa-Reisen auf. Vor allem Italien, die Alpen und der romantische Rhein zwischen Köln und Mainz wurden zu bevorzugten Zielen der Reisenden. Begünstigt wurde dies durch die Revolution der Verkehrstechnik durch Eisenbahn und Dampfschiffe, die das Reisen vereinfachten und insgesamt billiger machten. In der zweiten Hälfte des 19. Jahrhunderts veränderten sich auch die Reisemotive. Standen bislang Standesgepflogenheiten und Bildungsinteressen im Vordergrund, so wurde Reisen nun auch zu einer Freizeitbeschäftigung. In den 1860er-Jahren waren es wiederum vor allem Engländer, die als erste die Alpen als Natur- und Sportregion entdeckten und damit den Alpinismus begründeten. Dies wurde bald von anderen Nationen

---

167 Für das 19. Jahrhundert: Johannes Bilstein, Gabriele Uerscheln, Reisen. Ein
     Jahrhundert in Bewegung, Köln 2009. Ursula Becher, Geschichte des modernen
     Lebensstils. Essen, Wohnen, Freizeit, Reisen, München 1990.

aufgegriffen und imitiert. Ebenfalls in England hatte Thomas Cook schon 1845 das erste Reisebüro gegründet und organisierte Gruppenfernreisen von Leicester zur Weltausstellung nach London, später nach Paris und an den Nil. Auch wenn dies in der einschlägigen Literatur oft als Beginn des Pauschal- und Massentourismus beschrieben wird, darf nicht übersehen werden, dass das Reisen im 19. Jahrhundert das Privileg einer recht kleinen Minderheit der europäischen Bevölkerung war. Was Cook erfunden hatte war das Prinzip des Massentourismus, noch aber war die Anzahl der Reisenden recht gering. Das änderte sich erst im 20. Jahrhundert. Jetzt wurde Reisen zu Erholungszwecken auch für untere Gesellschaftsschichten erschwinglich, weil zum einen die Löhne stiegen, das Reisen auf der anderen Seite durch den Ausbau der Infrastruktur immer billiger wurde. Zudem wurde gerade im nationalsozialistischen Deutschland („Kraft durch Freude") und im faschistischen Italien („Opera Nazionale Dopolavoro") Reisen zu Erholungszwecken eine sozialpolitische Forderung. Seit den späten 1950er-Jahren wurden Urlaubsreisen dann in Europa zu einem Massenphänomen. Der Wirtschaftsboom hatte in allen westeuropäischen Ländern die Einkommen auch der Arbeiter und Angestellten kräftig steigen lassen, hinzu kam die im Vergleich zum 19. Jahrhundert stark verkürzte Arbeitszeit. Der Jahresurlaub gehört seither zu den sozialpolitischen Mindeststandards. Die Auslandsreise wurde allmählich zum Normalfall. Das wichtigste Auslandsziel wurde das Mittelmeer, zunächst Italien, dann ab den 1970er-Jahren auch Spanien. Doch nicht nur Nordeuropäer zog es nach Süden, auch Italiener, Portugiesen und Griechen kamen nach Nordeuropa, zunächst als Arbeitsmigranten, später auch als Touristen. Spätestens seit den 1980er-Jahren kann von einem Reiseboom gesprochen werden, der zu einer engen Vernetzung der europäischen Gesellschaften führte. Entscheidend ist nämlich, dass die Reiseerfahrungen die Lebenswelt und Kultur sowohl des Heimat- als auch des Gastlandes veränderten. Schon die auf der „Grand Tour" gesammelten Erfahrungen der Adeligen im 18. Jahrhundert wirkten sich auf die Kultur Großbritanniens aus. So war die Konfrontation mit der Baukunst Andrea Palladios in Italien entscheidend für den Durchbruch des Klassizismus in England. Auch die Bauten Karl Friedrich Schinkels in Deutschland sind ohne den italienischen Einfluss kaum vorstellbar. Gleiches gilt auch für die Musik, Malerei und die Literatur Großbritanniens, Frankreichs und Deutschlands im 19. Jahrhundert, die stark durch italienische Einflüsse geprägt ist. Mit dem Beginn des europäischen Massentourismus in den späten 1950er-Jahren veränderte sich auch die Massenkultur des Kontinents in signifikanter Weise. Mediterrane Spezialitäten, Olivenöl, regionaltypische Gemüsesorten, und auch ihre Zubereitungsart wurden in Nord- und Mitteleuropa sehr populär, weil sie nicht nur die dortigen Ernährungsgewohnheiten ergänzten, sondern auch mit dem im Urlaub erfahrenen mediterranen Lebensstil verknüpft wurden. Seither gehören griechische, türkische und spanische Lokale zum kulinarischen Angebot jeder nordeuropäischen Kleinstadt, auch italienisches Eis ist Bestandteil des Alltags. Dabei sind die in diesen Restaurants angebotenen Speisen keineswegs mit denen ihrer Herkunftsländer identisch, sondern passten sich in besonderer Weise den Ernährungsgewohnheiten des Gastlandes an. Doch nicht nur die Herkunftsländer der Reisenden und ihre Kultur veränderten sich unter dem Einfluss des Tourismus, auch die Zielländer passten sich den Erfordernissen der Reisenden an. So wurden aus kleinen Fischerdörfern in Italien und Spanien innerhalb von dreißig Jahren mit Hochhäusern bebaute Kleinstädte. Für die Einwohner war das oft mit einem immensen wirtschaftlichen Wohlstand verbunden, andererseits verloren diese Orte ihre Identität und wurden schnell mit ökologischen Problemen konfrontiert, die es in dieser Region nie zuvor gegeben hatte. Doch hatte der Massentourismus in den Zielländern nicht nur ökonomische und ökologische Folgen, auch die Gesellschafts- und Weltbilder der dortigen Bevölkerung veränderten sich und passten sich in starkem Maße westeuropäischen Maßstäben an. So brachte die Öffnung des franquistischen Spaniens für den Massentourismus dem zuvor isolierten Land zwar den erhofften wirtschaftlichen Aufschwung, zugleich wuchs mit der Erfahrung der westeuropäischen Liberalität durch die Touristen auch der Wunsch in der spanischen Bevölkerung nach einer politischen und gesellschaftlichen Veränderung in Spanien. Dies hat erheblich zum erstaunlich schnellen Übergang des Landes vom autoritären Franquismus zur liberalen Demokratie zwischen 1975 und 1985 beigetragen. Ähnliche Beobachtungen lassen sich in Portugal und

Griechenland machen. Auch hier muss betont werden, dass Verhaltensformen und Weltanschauungen nicht exakt übernommen wurden, sondern sich mit autochthonen Verhaltensformen und Weltanschauungen
vermischten. Es wäre daher falsch zu glauben, dass die hier am Beispiel
des Tourismus beschriebene zunehmende Verflechtung der europäischen Gesellschaften zu einer uniformierten, einheitlichen europäischen
Gesellschaft führen würde. Realistischer ist es davon auszugehen, dass
es sich um einen permanenten Austauschprozess von Verhaltensformen
und Weltanschauungen handelt, der sich dynamisch ohne konkretes
Ziel weiterentwickelt.

Ein anderes Beispiel für die Verflechtung der europäischen Gesellschaften sind die Fremdsprachenkenntnisse der Europäer.[168] Im 19.
Jahrhundert waren Fremdsprachenkenntnisse in Europa auf eine kleine
Elite aus Adel und Wissenschaft beschränkt. Dominant war hier das
Französische, das auch die Sprache der Diplomatie war. Dazu waren vor
allem in der Wissenschaft das Lateinische und Altgriechische verbreitet,
wenn auch nicht mehr als Umgangssprachen. Die breite Bevölkerung
jedoch hatte keinerlei Fremdsprachenkenntnisse, oft wurde nicht einmal
die jeweils nationale Hochsprache vollständig beherrscht, man bediente
sich regionaler Sprachen. Das gilt insbesondere für Frankreich und Italien, aber auch für andere europäische Staaten. Erst am Ende des 19.
Jahrhunderts wurde der Fremdsprachenunterricht an höheren Schulen
in Europa verbreitet und dies auch keineswegs flächendeckend. Fremdsprachenkenntnisse blieben das Privileg einer Bildungselite, die jedoch
größer wurde. Nach dem Ersten Weltkrieg hatte das Französische seine
Rolle als unumstrittene „Lingua Franca" Europas jedenfalls verloren.
Auch nach 1945 war die Sprachenfrage in Europa keineswegs entschieden. Englisch und Französisch dominierten als Verkehrssprachen
im Europarat, während das Französische in der Verwaltung der EWG
bevorzugt wurde.[169] Eine allgemeine Tendenz für eine europäische Spra-

---

168 Werner Hüllen, Kleine Geschichte des Fremdsprachenlernens, Berlin 2005. Eu-
     robarometer 243: Europeans and their Languages (http://ec.europa.eu/educa-
     tion/languages/pdf/doc631_en.pdf)
169 Achim Trunk, Eine Sprache für Europa, zwei oder viele? Die Sprachenfrage in
     der frühen europäischen Integration, in: Johannes Wiegand, Christiane Winkler
     (Hrsg.), Die kulturelle Integration Europas, Wiesbaden 2009.

che gab es in der Öffentlichkeit zu diesem Zeitpunkt nicht. Die Situation änderte sich erst in der zweiten Hälfte des 20. Jahrhunderts. Jetzt nahmen die Fremdsprachenkenntnisse der europäischen Bevölkerung in rasantem Maße zu, so dass tatsächlich zwischen 1970 und 2005 von einer kulturell-gesellschaftlichen Revolution gesprochen werden kann, die sich im Windschatten der medialen Öffentlichkeit vollzog. Insbesondere die Englischkenntnisse der europäischen Bevölkerung haben seither in eindrucksvoller Weise zugenommen. So beherrschten in der Bundesrepublik Deutschland 1969 nach eigenen Angaben 21% der Befragten die englische Sprache, 1996 waren es 49% und 2005 gaben schon 56% der Befragten an Englisch gut zu beherrschen. In Frankreich waren die Englisch-Kenntnisse insgesamt niedriger, 1969 gaben 10% der französischen Bevölkerung an Englisch als Fremdsprache zu sprechen, 1996 waren es 35% und 2005 36%. In der EU dominieren die Englisch-Kenntnisse bei weitem. 2005 gaben 38% der EU-Bürger an, Englisch als Fremdsprache zu beherrschen, es folgen Französisch und Deutsch mit je 14%. Auch die Französisch-Kenntnisse haben zugenommen, wenn auch in deutlich geringerem Maße, vor allem aber stagnierten sie in der Phase, in der das Englische stark an Bedeutung gewann. 1969 gaben 10% der Deutschen an, Französisch als Fremdsprache zu beherrschen, 1996 waren es 14% und 2005 15%. Die entsprechenden Zahlen für die Französisch-Kenntnisse der Briten sind 15% (1969), 25% (1996) und 23% (2005).[170] Fragt man nach den Fremdsprachenkenntnissen der Generationen, so bestätigt sich dieses Bild eindrucksvoll. Im Jahr 2005 gaben 19% der über 55-jährigen in der Europäischen Union an, zusätzlich zu ihrer Muttersprache noch zwei weitere Fremdsprachen so zu beherrschen, dass sie sich darin verständigen könnten. Mit abnehmendem Alter steigt die Zahl deutlich an, unter den 14–24 jährigen beherrschen gar 40% der EU-Bürger zwei Fremdsprachen neben ihrer Muttersprache. Das zeigt, dass sich insbesondere Jugendliche und junge

---

170   Zahlen bei Marianne Beisheim, Sabine Dreher, Gregor Walter, Berhard Zangl, Michael Zürn, Im Zeitalter der Globalisierung? Thesen und Daten zur gesellschaftlichen und politischen Denationalisierung, Baden-Baden 1999, S. 103. Eurobarometer 243: Europeans and their Languages, S. 14 (http://ec.europa.eu/education/languages/pdf/doc631_en.pdf)

Erwachsene für Fremdsprachen interessieren. Besonders hoch waren die Fremdsprachenkenntnisse in kleineren Ländern des europäischen Zentrums, in Luxemburg (92% der Befragten mit zwei Fremdsprachen), den Niederlanden (75%), und Slowenien (71%). Am unteren Ende der Skala rangieren hinsichtlich der Fremdsprachenkenntnisse die Türkei (5%), Irland (13%) und Italien (16%). Wichtig für die Frage nach der Verflechtung der europäischen Gesellschaften ist zudem auch, wann und warum die Europäer die Fremdsprachen benutzten. Fast die Hälfte der EU-Bevölkerung gab an, die Fremdsprache vor allem im Urlaub anzuwenden (45%), 26% erklärten, sie würden gerne fremdsprachige Radio- und Fernsehsendungen hören, bzw. sehen, ebenso viele benutzten die Fremdsprache, um mit Freunden im Ausland zu kommunizieren. Wirtschaftliche Interessen wurden nur von 10% der EU-Bevölkerung angegeben. Dies deutet auf die hohe Bedeutung von Urlaubsreisen, transnationaler Rezeption von Medien und individuellen Freundschaften für die Verflechtung der europäischen Gesellschaften hin.

Insgesamt kann man davon ausgehen, dass die grenzüberschreitende gesellschaftliche Verflechtung zwischen den europäischen Nationen seit dem 19. Jahrhundert zugenommen hat. Diese generelle Aussage muss jedoch in zweierlei Hinsicht eingeschränkt werden: Zum einen sind die hier beschrieben Phänomene nicht auf Europa beschränkt, sondern können auch global beobachtet werden. Dennoch können sie hier als Argument angeführt werden, weil die Verflechtung der europäischen Gesellschaften im Vergleich zur globalen Verflechtung besonders hoch war und ist. Der Hinweis auf die globale Dimension dieser Entwicklung relativiert die Aussage daher, widerlegt sie aber nicht. Zudem muss berücksichtigt werden, dass die hier beschriebenen Prozesse zwischen 1945 und 1990 nur für Westeuropa gelten. Nimmt man in dieser Zeit auch den sowjetisch dominierten Teil des Kontinents in den Blick, dann zeigt sich, dass es auch Phasen der gesellschaftlichen Desintegration gab. Reisen zwischen West- und Osteuropa waren zwischen 1945 und 1990 nur unter erschwerten Bedingungen möglich und deswegen gewiss kein Massenphänomen. Selbst innerhalb des östlichen Europas waren transnationale Reisen sehr viel seltener als in Westeuropa. Auch die Fremdsprachenbildung der Osteuropäer war eine ganz andere als die der

Bevölkerung in Westeuropa. Hier dominierte das zum Teil zwangsweise erlernte Russisch; erst nach 1990 gewannen Deutsch und insbesondere die englische Sprache an Bedeutung.

Welche waren nun die Antriebskräfte dieser gesellschaftlichen Angleichung und Verflechtung in Europa seit 1945? In der Forschung lassen sich drei verschiedene Ansätze identifizieren, die einander zum Teil ergänzen: Der erste Ansatz sieht den Prozess der Industrialisierung als den entscheidenden Motor der europäischen gesellschaftlichen Angleichung und Verflechtung. Ein zweiter Ansatz betont die Bedeutung von politischen Entscheidungen für die gesellschaftliche Integration Europas, während ein dritter als wichtigste Ursache gemeinsame Wertvorstellungen und Ideologien der Europäer als Motor der Integration identifiziert.

Die Industrialisierung ist ein säkularer Prozess, der in der Mitte des 18. Jahrhunderts in England begann und sich seit der Mitte des 19. Jahrhunderts schrittweise auf dem europäischen Kontinent und schließlich auch global durchsetzte.[171] Sie basierte auf zwei revolutionären Entwicklungen: Zum einen auf der Maschinisierung, der Revolution der Antriebskraft, in der menschliche und tierische Kraft durch Maschinenkraft ersetzt wurde. Zum Zweiten auf der Verkehrs- und Kommunikationsrevolution, die den Transport von Gütern und Personen sowie die Kommunikation erleichterte und verbilligte. Entscheidend für die Angleichung und Verflechtung der europäischen Gesellschaften wurde die diesem Prozess innewohnende Dynamik, die nationale Grenzen mühelos überwand. Die Industrialisierung hatte eine immanente Tendenz zur Ausdehnung, zur Europäisierung, letztlich zur Globalisierung. Auch wenn sie kein Werk der Planung war, wurde sie durch zielgerichtete menschliche Handlungen getragen, die allerdings begrenzte, individuelle Ziele verfolgten: Macht- und Gewinnstreben, Arbeit erleichtern und effizienter gestalten, Konkurrenz und auch Not. Wichtig waren hier der

---

171   Dieses Argument wurde schon früh von Sidney Pollard, Peaceful Conquest. The Industrialization of Europe 1760–1970, Oxford 1981, eingeführt. Vgl. auch Hartmut Kaelble, Auf dem Weg zu einer europäischen Gesellschaft. Eine Sozialgeschichte Westeuropas 1880–1980, München 1987, S. 144–146. Christoph Buchheim, Industrielle Revolution. Langfristige Wirtschaftsentwicklung in Großbritannien, Europa und Übersee, München 1994.

rationale, kapitalistische Unternehmer (Werner Sombart) und das für ihn maßgebende Weltbild des Liberalismus und Rationalismus. Dieser Prozess setzte sich überall in Europa durch, wenn auch nicht gleichzeitig, sondern mit spezifischen Besonderheiten.[172] Ausgehend von Großbritannien erfasste diese Entwicklung in der zweiten Hälfte des 19. Jahrhunderts einen westeuropäischen Kernraum, der die heutigen Staaten Frankreich, Benelux, die Bundesrepublik Deutschland, Norditalien, die Schweiz, Österreich und die skandinavischen Staaten umfasste. In diesem Kernraum begann die gesellschaftliche Angleichung und Verflechtung schon in der zweiten Hälfte des 19. Jahrhunderts. Sie zeigte sich an den hier gewählten Indikatoren (Familie, Sozialstaat, Reiseverhalten), aber auch daran, dass sich in diesem Raum ein recht homogenes Bild von Staat und Gesellschaft durchsetzte, das man vereinfachend als demokratisch legitimierte, sozial abgefederte Marktwirtschaft bezeichnen kann. Eine andere Entwicklung nahmen die Regionen in der südlichen Peripherie dieses Kerns, die Türkei, Griechenland, das südliche Italien, die iberische Halbinsel sowie als Sonderfall Irland. Hier setzte der durch die Industrialisierung induzierte Angleichungsprozess erst verspätet in den 1970er-Jahren ein. Ein wichtiger Grund war hier die aus politischen Motiven bewusst verzögerte Industrialisierung durch autoritäre Regime (Griechenland, Spanien, Portugal, z.T. Türkei) und gesellschaftliche und politische Besonderheiten (Süditalien, Irland). Daher blieben diese Regionen bis in die Mitte des 20. Jahrhunderts stark agrarwirtschaftlich geprägt, wenn auch mit industriellen Einsprengseln. Noch einmal anders war die Situation in Osteuropa. Hier blieb die Industrialisierung bis in die Mitte des 20. Jahrhunderts rudimentär, wurde dann aber durch staatssozialistisch-autoritäre Regime unter bewusster Abgrenzung von Westeuropa politisch erzwungen. Die Industrialisierung führte zu gesellschaftlicher Angleichung, weil sie durch die maschinelle Produktion in Fabriken den Lebensalltag der Menschen vereinheitlichte. Auch politisch-gesellschaftliche Formationen wurden durch gleiche politische Probleme (soziale Ungleichheit) vereinheitlicht. Die Möglichkeiten des

---

172 Für das Folgende: Christoph Boyer, Die Einheit der europäischen Zeitgeschichte, in: VfZ Bd. 55 (2007), S. 487–496.

billigen Massentransportes und der Kommunikation führten schließlich zu einer immer engeren Verflechtung der europäischen Gesellschaften. Die Industrialisierung ist gewiss eine der wichtigsten Antriebskräfte der europäischen gesellschaftlichen (und wirtschaftlichen) Integration. Sie zeigt, dass die europäische Integration ein langfristiger, auf einer spezifischen technischen und geistigen Basis ruhender Prozess ist. Was sie allerdings nicht erklärt, und darin liegt die Schwäche dieses Ansatzes, das sind die deutlichen Unterschiede, die nach wir vor zwischen den europäischen Gesellschaften bestehen. Man kann, wie oben gezeigt, zwar grundsätzlich von einer zunehmenden Angleichung und Verflechtung der Gesellschaften sprechen, doch bleiben Unterschiede, die der Erklärungsansatz der Industrialisierung nicht erfasst.

Eine zweite Antriebskraft der gesellschaftlichen Integration ist der politische Wille zur Integration. Er kann, wie in Kap. III.1 geschildert, verschiedene Motive verfolgen. Gemeinsam ist allen diesen Motiven aber, dass die Angleichung und Verflechtung der europäischen Gesellschaften entweder das Ziel selbst oder die Konsequenz des Handelns ist. Vor allem die politisch und wirtschaftlich gewünschte Liberalisierung des Handels führte sowohl im 19. als auch in der zweiten Hälfte des 20. Jahrhunderts zu einer beschleunigten Angleichung und Verflechtung auch der Gesellschaften. Nicht zufällig sind die Epoche zwischen 1860 und 1914 ebenso wie die zwischen 1950 und 1970 Phasen starken Wirtschaftswachstums und gleichzeitig Phasen beschleunigter gesellschaftlicher Angleichung und Verflechtung. Demgegenüber gilt die Epoche der Weltkriege (1914–1945) als Phase wirtschaftlicher Stagnation und Desintegration. Auch die Verflechtung und Angleichung der Gesellschaften stagnierte in dieser Zeit. Beide gesellschaftlichen Integrationsepochen, jene vor dem Ersten Weltkrieg und die nach 1945, wurden durch konkrete politische Schritte eingeleitet. Für die Zeit vor 1914 war das der Cobden-Chevalier-Vertrag vom 23. Januar 1860, der ein ganzes Netz von bilateralen Freihandelsverträgen in Europa initialisierte. Nach 1945 waren es die ebenfalls bereits erwähnten politischen Organisationen wie die OEEC, die EWG und die EFTA, die die Prozesse der Verflechtung und Angleichung einleiteten und beschleunigten. Das gilt in besonderem Maße ab 1958 für die EWG, deren Kommission das Ziel der

Verflechtung und Angleichung der Gesellschaften der Mitgliedstaaten seither aktiv verfolgt. Das geschieht beispielsweise durch die europäische Wettbewerbspolitik im wirtschaftlichen Sektor und durch Studenten-Austauschprogramme wie ERASMUS auch im gesellschaftlichen Bereich. Insofern sind nicht nur langfristig wirksame ökonomisch-gesellschaftliche Strukturen, sondern auch konkrete politische Entscheidungen, Antriebskräfte für die europäische gesellschaftliche Integration.

Eine dritte wesentliche Antriebskraft der gesellschaftlichen Integration sind gemeinsame politische Wertvorstellungen und Ideologien der Europäer. Von besonderer Bedeutung war hier die Idee der Gleichheit der Menschen.[173] Diese war gedanklich ein Produkt der Aufklärung im 17. und 18. Jahrhundert, gewann aber erst mit der französischen Revolution an politischer Bedeutung für Europa. Von nun an entwickelte das Prinzip eigenständige Kraft: Es veränderte die Welt, indem es zum Maßstab politischen und gesellschaftlichen Handelns wurde. Es ist in diesem Kontext sinnvoll, drei verschiedene Gleichheitsbegriffe zu unterscheiden, auch wenn diese inhaltlich eng miteinander zusammenhängen.[174] Wichtig ist zum einen die Rechtsgleichheit, die postuliert, dass alle Menschen einer Gemeinschaft vor dem Gesetz gleich sind und ebenso gleiche Rechte und Pflichten haben. Sie setzte sich seit dem frühen 19. Jahrhundert zunächst in West-, dann auch in Osteuropa durch. Wichtig wurde hier die Bauernbefreiung, der Kampf um die rechtliche Gleichheit der Geschlechter und schließlich auch die Formulierung der Rechte von Behinderten und anderen Minoritäten in der Gesellschaft am Ende des 20. Jahrhunderts. Eng verbunden ist das rechtliche Gleichheitspostulat mit der Durchsetzung der Menschenrechte in Europa. Aus dem rechtlichen Gleichheitsbegriff wird – zweitens – die politische Gleichheit abgeleitet, die besagt, dass alle Mitglieder der Gemeinschaft an den politischen Entscheidungen für die Gemeinschaft beteiligt werden müssen, wenn sie dies wollen. Das führt letztlich zum Kerngedanken der Demokratie, und man kann die Geschichte Europas daher auch seit

---

173 Für das Folgende: Jörg Fisch, Europa zwischen Wachstum und Gleichheit 1850–1914, Stuttgart 2002, S. 27–37.
174 Otto Dann, Gleichheit, in: Geschichtliche Grundbegriffe, Bd. 2, Stuttgart 1975, S. 997–1046.

der Mitte des 19. Jahrhunderts bis in die Gegenwart als die langsame, mit Rückschlägen verbundene, aber letztlich erfolgreiche Durchsetzung des demokratischen Prinzips schreiben.[175] Von Bedeutung ist schließlich der materielle Gleichheitsbegriff, der auf die Verteilung des Besitzes in der Gesellschaft abzielt. Diese ist ein Ideal und als politisches Ziel kaum zu erreichen. Dennoch hat das Ideal für den Sozialismus in Europa seit der zweiten Hälfte des 19. Jahrhunderts bis in die Gegenwart hinein eine herausragende Bedeutung als Motor für politisches Handeln. Ihm entsprach die Sozialgesetzgebung in den europäischen Nationalstaaten vor dem Ersten Weltkrieg, die Europäische Agrarpolitik, wie sie in den 1960er-Jahren realisiert wurde, und auch die europäische Regionalpolitik, die das Ziel einer Angleichung des Lebensstandards in den Regionen der Europäischen Union verfolgt.

Auch für die Antriebskräfte der gesellschaftlichen und wirtschaftlichen Integration gilt, was schon für die politischen Motive gesagt wurde. Sie waren nicht immer gleich stark, wirkten nicht immer in die gleiche Richtung, sind keinesfalls als linearer Prozess zu verstehen. Entscheidend aber ist, dass sie seit Beginn des 19. Jahrhunderts bis in die Gegenwart für die europäische gesellschaftliche Integration relevant sind.

Weiterführende Literatur in Auswahl

Jens Alber, Vom Armenhaus zum Wohlfahrtsstaat. Analysen zur Entwicklung der Sozialversicherung in Westeuropa. Frankfurt/M 1982.

Ambrosius, Gerold, Wirtschaftsraum Europa. Vom Ende der Nationalökonomien, Frankfurt am Main 1996.

Bade, Klaus, Europa in Bewegung. Migration vom späten 18. Jahrhundert bis zur Gegenwart, 2000.

Beisheim, Marianne, Sabine Dreher, Gregor Walter, Berhard Zangl, Michael Zürn, Im Zeitalter der Globalisierung? Thesen und Daten zur gesellschaftlichen und politischen Denationalisierung, Baden-Baden 1999.

Boyer, Christoph, Die Einheit der europäischen Zeitgeschichte, in: VfZ Bd. 55 (2007), S. 487–496.

---

175 Hartmut Kaelble, Wege zur Demokratie. Von der französischen Revolution zur Europäischen Union, Stuttgart, München 2001.

Bussière, Christoph, Pascal Grise, Christoph Bouneau, Jean-Pierre Williot, Industrialisation et Societés en Europe Occidentale 1880–1970, Paris 1998.

Fisch, Jörg, Europa zwischen Wachstum und Gleichheit 1850–1914, Stuttgart 2002.

Geyer, Martin, Johannes Paulmann (Hrsg.), The Mechanics of Internationalism. Culture, Society, and Politics from the 1840s to the First World War, Oxford 2001.

Goody, Jack, Geschichte der Familie, München 2002.

Hambloch, Sibylle, Europäische Integration und Wettbewerbspolitik. Die Frühphase der EWG, Baden-Baden 2009.

Hildermeier, Manfred, Jürgen Kocka, Christoph Conrad (Hrsg.), Europäische Zivilgesellschaft in Ost und West, Frankfurt/M. 2000.

Hradil, Stefan, Stefan Immerfall (Hrsg.), Die westeuropäischen Gesellschaften im Vergleich, Opladen 1997.

Kaelble, Hartmut, Auf dem Weg zu einer europäischen Gesellschaft. Eine Sozialgeschichte Westeuropas 1880–1980, München 1987.

Kaelble, Hartmut, Günter Schmid (Hrsg.), Das europäische Sozialmodell. Auf dem Weg zum transnationalen Wohlfahrtsstaat, Berlin 2004.

Kaelble, Hartmut, Europäer über Europa. Die Entstehung des europäischen Selbstverständnisses im 19. und 20. Jahrhundert, Frankfurt/M, New York 2001.

Kaelble, Hartmut, Sozialgeschichte Europas. 1945 bis zur Gegenwart, München 2007.

Köhler, Peter, Hans Zacher (Hrsg.), Ein Jahrhundert Sozialversicherung in der Bundesrepublik Deutschland, Frankreich, Großbritannien und der Schweiz, Berlin 1981.

Lauring-Knudsen, Ann Christina, Farmers on Welfare. The Making of Europe's Common Agricultural Policy, Ithaca 2009.

Leboutte, René, Histoire économique et sociale de la construction européenne, Brüssel u.a. 2008.

Milward, Alan, The European Rescue of the Nation-State, London 1992.

Mitterauer, Michael, Warum Europa? Mittelalterliche Grundlagen eines Sonderwegs, München 2003.

Moravcsik, Andrew, The Choice for Europe. Social Purpose and State Power from Messina to Maastricht, New York 1998.

Pollard, Sidney, Peaceful Conquest. The Industrialization of Europe 1760–1970, Oxford 1981

Ritter, Gerhard A., Der Sozialstaat. Entstehung und Entwicklung im internationalen Vergleich 2. Aufl. München 1991.

Schild, Axel, Sozialkulturelle Aspekte der westeuropäischen Integration in den ersten beiden Nachkriegsjahrzehnten. Überlegungen zu einem geschichtswissenschaftlichen Forschungsfeld, in: Wissenschaftszentrum Nordrhein-Westfalen, Jahrbuch 1994, S. 131–144.

Steidl, Annemarie u.a. (Hrsg.), Internal, International and Transatlantic Moves in the 19th and early 20th Centuries, Göttingen 2009.

Therborn, Göran, European Modernity and Beyond. The Tracectory of European Societies 1945–2000, London 1995.

Thiemeyer, Guido, Vom „Pool Vert" zur Europäischen Wirtschaftsgemeinschaft. Europäische Integration, Kalter Krieg und die Anfänge der Gemeinsamen Europäischen Agrarpolitik, München 1999.

Trunk, Achim, Eine Sprache für Europa, zwei oder viele? Die Sprachenfrage in der frühen europäischen Integration, in: Johannes Wiegand, Christiane Winkler (Hrsg.), Die kulturelle Integration Europas, Wiesbaden 2009.

Vec, Miloš, Recht und Normierung in der Industriellen Revolution. Neue Strukturen der Normsetzung in Völkerrecht, staatlicher Gesetzgebung und gesellschaftlicher Selbstnormierung, Frankfurt/M 2006.

3. Kulturelle Motive und Antriebskräfte der Europäischen Integration

Nicht nur politische und wirtschaftlich-gesellschaftliche Antriebskräfte lassen sich als Motoren für den europäischen Integrationsprozess finden, auch kulturelle Strukturen spielen eine wesentliche Rolle. Wichtig sind in diesem Kontext zwei Begriffe, einmal jener der europäischen Identität, zum anderen der Begriff der europäischen Öffentlichkeit. Die Bedeutung des Begriffes „Identität" ist umstritten. Vereinfachend lassen sich hinsichtlich der europäischen Identität zwei Definitionen ausmachen. Die Erste versteht unter europäischer Identität die Attribute, die Europa ausmachen, die diesen Kontinent, seine Kultur, seine Bevölkerung prägen und von anderen Kontinenten, Kulturen und Bevölkerungen unterscheiden. Es geht um das Wesen Europas, daher spricht man auch vom „essentialistischen" Identitätsbegriff.[176] Die zweite Definition geht davon aus, dass es eine essentialistische Identität gar nicht geben kann. Identität beruhe vielmehr auf einer diskursiv erzeugten Selbstzuschreibung von Individuen in Gruppen. Im Anschluss an den Konstruktivismus betrachtet sie die Realität und damit auch die Identität als diskursiv und sozial konstruiert, das heißt Identitäten sind keine objek-

---

176 Klassisch hierzu: Egon Friedell, Kulturgeschichte der Neuzeit, München 1931.
     Peter Dinzelbacher (Hrsg.), Europäische Mentalitätsgeschichte. Hauptthemen
     in Einzeldarstellungen, Stuttgart 1993. Jean Baptiste Duroselle, L'Europe. Histoire de ses peuples, Paris 1990.

tiv existierenden Tatsachen, sondern in einem kommunikativen Prozess zwischen Menschen erzeugte Realitäten. Man spricht daher auch vom „konstruktivistischen" Identitätsbegriff. Beide Identitätsbegriffe können als Antriebskräfte der europäischen Einigung angesehen werden – sie sollen im Folgenden vorgestellt werden. Anschließend soll geklärt werden, was man unter der europäischen Öffentlichkeit versteht und wie diese als Antriebskraft der Integration gewirkt hat.

a) Essentialistische Europäische Identität

Der essentialistische europäische Identitätsbegriff geht davon aus, dass es eine objektiv feststellbare Identität Europas gibt, die sich daher auch aus den Quellen rekonstruieren lässt. Europa, so diese These, sei charakterisiert durch nationenübergreifende kulturelle und politische Werte, die sich folglich in der Geschichte Europas finden lassen. Europäische Identität wird in diesem Ansatz definiert als objektiv existierende, langfristig wirksame, bewusste oder unbewusste Leitlinie menschlichen Handelns oder Empfindens. „Alle Menschen, Gegenstände und Ereignisse", so fasst Egon Friedell diesen Ansatz zusammen, „sind Verkörperungen eines bestimmten Naturgedankens, einer eigentümlichen Weltabsicht."[177] Eine Aufgabe der Geschichts- und Kulturwissenschaften sei es daher, diese Leitlinien, die „Naturgedanken" oder „Weltabsichten" in Längsschnitt-Studien offen zu legen und zu beschreiben. Diese These ist keineswegs neu. Sie existierte schon im 19. Jahrhundert (Hegel), erlebte aber vor allem in den Jahren nach dem Zweiten Weltkrieg, in der experimentellen Phase der Europäischen Integration, ihre erste Konjunktur. Sie ist in Bezug auf die europäische Geschichte verbunden mit den Namen von Denis de Rougement, Max Beloff, Oskar Halecki, Federico Chabord und Heinz Gollwitzer, um nur einige wenige zu nennen.[178] Ihre Argumentation lief bei deutlichen Unterschieden im

---

177 Egon Friedell, Kulturgeschichte, S. 3f.
178 Max Beloff, Europa und die Europäer. Eine internationale Diskussion, Köln 1959. Federico Chabord, Der Europagedanke von Alexander dem Großen bis Zar Alexander I., Stuttgart u.a. 1963. Denis de Rougement, Europa. Vom My-

Detail darauf hinaus zu zeigen, dass die europäische Identität sich in der Geschichte der europäischen Kultur finden lasse. Die Modi dieser Entwicklung jedoch waren sehr vielfältig. Hohe Popularität genoss insbesondere in den 1950er-Jahren, aber nicht nur dann, die These von der Genese der europäischen Identität aus Antike und Christentum. Gemeint ist hier zum einen der Beginn der auf der rationalen Erkenntnis basierenden Wissenschaft in der Philosophie der griechischen Antike. Diese sei über die römische Kultur und die Klosterkultur des Mittelalters in die Renaissance übertragen worden. Von dort habe sie über die Aufklärung in die moderne Wissenschaft geführt. Zur Erklärung der europäischen Identität aber reiche dies nicht aus, es müsse noch die Tradition des Glaubens hinzukommen, der in der jüdisch-christlichen Religion verwirklicht werde. Diese These hat im Kontext der Debatte um die Präambel des Europäischen Verfassungsvertrages einen neuen Aufschwung erlebt. Silvio Vietta griff sie in diesem Kontext wieder auf: „Das kulturelle Europa", so schrieb er 2005 in seiner Einführung in die Kulturgeschichte, "hat in seiner Geschichte vor allen Dingen zwei große Kulturzweige ausgebildet: die antike Logos-Kodierung und die christliche Pistis-Kodierung, die sich in vielen Motiven treffen, insbesondere in der kritischen Abwendung von der Welt des Diesseits und der körperlichen Dinge zugunsten einer Metaphysik des Jenseits, bzw. der Abstraktion."[179] Vor allem die Debatte um den möglichen Beitritt der Türkei zur Europäischen Union hat in den vergangenen zehn Jahren zu weiteren Versuchen geführt die Inhalte europäischer Identität essentialistisch zu definieren. Ein typisches Argumentationsmuster lieferte der Historiker Hans Ulrich Wehler, der in einem Diskussionsbeitrag für die Frankfurter Allgemeine Zeitung am 19.12.2003 gegen den Beitritt der Türkei zur EU stritt, mit dem Argument, dass die Türkei nie Bestandteil des historischen Europas gewesen sei. Sie sei „nicht durch die Antike,

---

thos zur Wirklichkeit, München 1962.Heinz Gollwitzer, Europabild und Europagedanke. Beiträge zur deutschen Geistesgeschichte des 18. und 19. Jahrhunderts, München 1964.Oskar Halecki, Europa. Grenzen und Gliederung seiner Geschichte, Darmstadt 1957. Ferdinand Seibt, Die Begründung Europas. Ein Zwischenbericht über die letzten tausend Jahre, Frankfurt 2002.

179 Silvio Vietta, Europäische Kulturgeschichte. Eine Einführung, München 2005, S. 61.

das römische Recht, die Reformation, geschweige denn die Aufklärung, nicht durch das okzidentale Bürgertum mit seinen autonomen Bürgerstädten, durch den europäischen Adel, das europäische Bauerntum geprägt worden (…)".[180]

Die These von Antike und Christentum als Kernelementen der europäischen Identität ist das wichtigste Beispiel für den essentialistischen europäischen Identitätsbegriff. Es gibt aber auch andere. So hat der französische Religionssoziologe Rémi Brague die These aufgestellt, dass es eine genuine europäische Identität gar nicht gebe.[181] Europäische Identität sei „exzentrisch", das heißt, ohne eigenen Ursprung – das europäische Selbstverständnis habe immer auf etwas anderes verwiesen. Dies gelte für das Christentum, das aus dem Judentum hervorgegangen sei; es gelte auch für die römisch-republikanische Tradition, die griechischen Ursprungs sei. Damit ist ein anderes Element angesprochen, das zum klassischen Repertoire der objektiven europäischen Identitätsbestimmung gehört: die Einheit in der Vielfalt. Die europäische Kultur, so diese immer wieder aufgegriffene These, sei dadurch gekennzeichnet, dass sie so vielfältig sei. So kommt auch Peter Wagner zu dem Schluss, dass die europäische Identität in starkem Maße durch Spaltungen und ihre Überwindung gekennzeichnet sei.[182] Als Beispiele führt er die Reformation und die Religionskriege an, die durch den Gedanken der Staatssouveränität im Westfälischen Frieden 1648 überwunden worden seien. Dies habe zu einer neuen Spaltung geführt, jener zwischen den Nationalstaaten. Diese Spaltung habe in der Epoche der Weltkriege ihren Höhepunkt gefunden und sei erst nach 1945 überwunden worden. Andere Gegensätze sieht er zwischen der Öffentlichkeit und der Privatheit: Hier geht es um die Individualität im Gegensatz zum Gemeinwesen. Schließlich habe die kapitalistische Wirtschaftsweise zum

---

180 Hans-Ulrich Wehler, Die türkische Frage. Europas Bürger müssen sich entscheiden, in: FAZ 19.12.2003.
181 Rémi Brague, Wandlungen im Selbstverständnis und in der Identität, in: Hans Jürgen Heinrichs (Hrsg.), Die Geschichte ist nicht zu Ende! Gespräche über die Geschichte des Menschen und Europas, Wien 1999, S. 293–306.
182 Peter Wagner, Hat Europa eine kulturelle Identität? In: Hans Joas, Klaus Wiegand (Hrsg.), Die kulturellen Werte Europas, 2. Auflage, Frankfurt 2005, S. 494–511.

Gegensatz zwischen den Klassen geführt, dieser sei durch den Sozial-
staat überwunden worden. Auch die Geschichte des Kalten Krieges in
Europa ließe sich nach diesem Muster beschreiben.[183] Die Europäische
Identität erscheint hier in gemeinsamen Prozessen der Separation der
Gesellschaft und der Überwindung dieser Spaltung zu bestehen.

Andere Autoren betonen nicht nur die positiven Traditionen europäischer Geschichte, sondern weisen insbesondere auf die Leitlinie der
Gewalt hin.[184] Diese lasse sich seit der Antike in Europa nachweisen
und habe ihren Höhepunkt in der Mitte des 20. Jahrhunderts mit den
Verbrechen vor allem des Nationalsozialismus und des Stalinismus erlebt. Der in diesem Kontext entstandene Begriff des Totalitarismus wird
aus dieser Perspektive Bestandteil europäischer Identität, wenn auch
im negativen Sinne. Gerade die Überwindung des Totalitarismus und
seine Verarbeitung im Sinne einer Anerkennung von Schuld gegenüber
den Opfern ist ein Element essentialistischer europäischer Identität, das
seit Mitte der 1990er-Jahre eine bedeutsame Rolle spielt. Dies wurde
beispielsweise dadurch deutlich, dass in fast allen europäischen Nationen seither intensive Debatten geführt werden über die Kollabora-
tion mit den Deutschen bei der Vernichtung der europäischen Juden
im Zweiten Weltkrieg. Vom 26. bis 28. Januar 2000 fand in Stockholm
auf Einladung der schwedischen Regierung eine Konferenz mit dem
Titel „Holocaust: Erziehung, Gedenken und Forschung" statt, auf der
hochrangige Vertreter aus 45 zumeist europäischen Staaten vertreten
waren.[185] Der deutsche Bundeskanzler Gerhard Schröder nahm ebenso
teil wie der polnische Präsident Alexander Kwaśniewski, der französische Ministerpräsident Lionel Jospin und der britische Außenminister
Robin Cook. Alle Redner betonten, dass es ähnliches wie den Holocaust
nie wieder geben dürfe. Europa fand hier seine Einheit und Identität

---

183   Antonio Varsori, Elena Calandri (Hrsg.), The Failure of Peace in Europe, 1943–
      1948, Basingstoke 2002. Saki Dockrill, Robert Frank, Antonio Varsori (Hrsg.),
      L'Europe de l'Est et de l'Ouest dans la guerre froide, Paris 2002.
184   Mark Mazower, Der dunkle Kontinent. Europa im 20. Jahrhundert, Frankfurt
      2002. Volker Berghahn, Europe in the Era of two World Wars. From Militarism
      and Genocide to Civil Society, 1900–1950, Princeton 2006.
185   Jens Kroh, Transnationale Erinnerung. Der Holocaust im Fokus geschichtspoli-
      tischer Initiativen, Frankfurt 2008.

durch seine gemeinsame Ablehnung von Rassismus und Antisemitismus. Dies wirkte einerseits integrativ, vor allem für die Deutschen, aber auch exkludierend, wie vor allem am Beispiel der Türkei deutlich wird. Die Tatsache, dass die türkische Regierung den 1915 an den Armeniern begangenen Völkermord nach wie vor leugnet, dürfte ein wesentlicher Grund dafür sein, dass ein Beitritt zur EU gegenwärtig in weiter Ferne ist. Ähnliches gilt für die serbische Regierung, die die Verantwortung ihres Landes für die Verbrechen im jugoslawischen Bürgerkrieg nicht zu übernehmen bereit ist.[186]

Besonders aktiv hinsichtlich der Definition einer essentialistischen europäischen Identität waren auch die europäischen Organisationen. Schon der Marshallplan war nicht nur ein wirtschaftliches und politisches Einigungs-Programm, sondern auch verbunden mit einem gewaltigen Propaganda-Aufwand, in dem Europa visuell definiert wurde. Am berühmtesten wurde das Europa-Schiff, dessen Rumpf aus dem Schriftzug „Europa" bestand und dessen vom Wind geblähte Segel die Flaggen der westeuropäischen Staaten bildeten. „All our colours to the mast" hieß die programmatisch gemeinte Unterschrift. Zudem rollte ein „Europa-Zug" quer durch den westlichen Kontinent, in dem die Europa-Idee propagiert wurde.[187]

Ein anderes wichtiges Konzept zur Visualisierung europäischer Identität war die europäische Fahne.[188] Schon in der Zwischenkriegszeit hatte die Pan-Europa-Bewegung Richard Coudenhove-Kalergis ein rotes Kreuz mit goldener Sonne als Symbol gewählt. Das Kreuz verwies auf die christliche Basis Europas, die aufgehende Sonne konnte als Hoffnungssymbol verstanden werden. Auf dem Haager Kongress der Europa-Bewegung im Mai 1948 wurde erstmals das weiße E, zu-

---

186 Tony Judt, Die Geschichte Europas seit dem Zweiten Weltkrieg, Bonn 2006, S. 933–966. Volkhard Knigge, Norbert Frei (Hrsg.), Verbrechen erinnern. Die Auseinandersetzung mit Holocaust und Völkermord, München 2002.

187 Stefan Leonards, Der Europazug – Informationen über den Marshall-Plan, in: Haus der Geschichte der Bundesrepublik Deutschland (Hrsg.), Markt oder Plan. Wirtschaftsordnungen in Deutschland 1945–1961, Frankfurt 1997, S. 62–63.

188 Michael Göldner, Politische Symbole der europäischen Integration. Fahne, Hymne Hauptstadt, Paß, Briefmarke, Auszeichnungen, Frankfurt/M 1988. Achim Trunk, Ausweg Europa, S. 101–115.

nächst auf rotem, ab 1949 auf grünem Grund als Europa-Fahne benutzt. Auch die Montan-Gemeinschaft erhielt bald eine eigene Flagge,
sechs silberne Sterne (für die Mitgliedstaaten) mit zwei Querstreifen,
einen in schwarz (Kohle) und den anderen in (stahl-) blau. Ebenso gab
sich die Westeuropäische Union eine Fahne, gleiches tat der Europarat. Hier einigte man sich nach langen Diskussionen auf 12 kreisför-
mig angeordnete goldene Sterne auf blauem Grund. Die Anzahl der
Sterne entsprach bewusst nicht der Zahl der damaligen Mitglieder des
Europarates (15), weil man sich nicht darauf verständigen konnte, ob
das Saarland nun als Mitglied galt oder nicht. In der europäischen Öffentlichkeit wurden diese Diskussionen kaum wahrgenommen. Zwar
gewann das weiße E auf grünem Grund einige Popularität, wichtiger
zur Popularisierung europäischer Symbole wurden aber in dieser Phase
die Live-Übertragungen der Europäischen Rundfunk Union (1950), des
Eurovisions-Netzwerkes ab 1954 und der Musikwettbewerb „Eurovision Song Contest". Bemerkenswert an dieser Entwicklung ist zweierlei: Zum einen gab es offenbar schon unmittelbar nach dem Zweiten
Weltkrieg das Bedürfnis ein europäisches Symbol zu entwickeln, das
eine europäische Identität repräsentieren und herstellen sollte. Andererseits gelang es nicht, ein einheitliches Symbol für diese Identität zu
entwickeln; jede europäische Organisation entwarf ein eigenes. Auch im
Rahmen der Europäischen Gemeinschaft entwickelte sich zu Beginn
der 1970er-Jahre vor dem Hintergrund der Krise des Integrationsprozesses eine Identitätsdebatte. Auf dem Treffen der EG-Außenminister
in Kopenhagen am 14.12.1973 verabschiedeten diese ein „Dokument
über die europäische Identität". Hier wurde allerdings noch nichts über
den Inhalt dieser Identität gesagt, sondern lediglich festgehalten, dass
eine nähere Bestimmung der Identität „das gemeinsame Erbe, die eigenen Interessen, die besonderen Verpflichtungen der Neun und den
Stand des Einigungsprozesses in der Gemeinschaft" erfassen müsse.
Zudem wurden die Verantwortlichkeit gegenüber der restlichen Welt
und der dynamische Charakter des Einigungswerks hervorgehoben.[189]

---

189 Dokument über die europäische Identität, angenommen von den Außenmini-
     stern der Mitgliedstaaten der Europäischen Gemeinschaft am 14. Dezember
     1973 in Kopenhagen, in: Europa-Archiv 1974, D 50.

1983 wurde in einer Erklärung des Europäischen Rates betont, dass die kulturelle Zusammenarbeit im Rahmen der EG gestärkt werden müsse, „um das Bewusstsein eines gemeinsamen kulturellen Erbes als Teil der europäischen Identität zu festigen".[190] Allerdings wurde auch jetzt nicht definiert, was denn das gemeinsame kulturelle Erbe Europas eigentlich ist.

Einen anderen Weg essentialistischer Identitätsfindung hatte in der Mitte der 1970er-Jahre der belgische Ministerpräsident Leo Tindemans eingeschlagen, der das „Europa der Bürger" in den Mittelpunkt rückte und forderte, dass den Menschen „die europäische Realität als eine persönliche und konkrete Erfahrung vor Augen geführt werden" sollte, indem ihnen „eine gründliche Kenntnis unserer Sprachen und unserer Kultur vermittelt werden."[191] Damit sollte für die EG eine neue Strategie der Identitätsfindung etabliert werden, die darauf abzielte, europäische Symbole im Alltag der Bürger zu verankern. Sie wurde auf dem Europäischen Rat von Fontainebleau 1984 aufgenommen, auf dem der Adonnino-Ausschuss eingesetzt wurde mit dem Ziel, die „Identität der Gemeinschaft gegenüber den europäischen Bürgern und der Welt" zu stärken.[192] In diesem Ausschuss entstand die Idee, europäische Führerscheine und Reisepässe auszugeben und konkrete Symbole für die Gemeinschaft, eine Hymne, eine Flagge und einen Feiertag einzuführen. Damit wurden dem Anspruch nach die klassischen Symbole des Nationalstaates, wie er sich seit dem 19. Jahrhundert in Europa entwickelt hatte, auf die Gemeinschaft übertragen. Am 29. Mai 1986 wurde die bereits vom Europarat als Flagge genutzte Fahne mit den zwölf Sternen auf blauem Hintergrund erstmals als Symbol vor dem Amtssitz der Europäischen Kommission in Brüssel gehisst. Dazu wurde die Europa-Hymne intoniert, die „Ode an die Freude" aus dem letzten Satz der 9. Symphonie Ludwig van Beethovens, die ebenfalls bereits als Hymne des Europarates genutzt wurde. Wolfgang Schmale sieht daher das Jahr

---

190 Walter Lipgens 1986, S. 681–687.
191 Heinrich Schneider, Wolfgang Wessels (Hrsg.), Auf dem Weg zur Europäischen Union? Diskussionsbeiträge zum Tindemans-Bericht, Bonn 1977, S. 272.
192 Europa-Archiv 1984, D 442.

1986 als Beginn der „reflexiven Phase europäischer Identitätspolitik" und meint damit die „Ausrichtung eines Teils des EU-politischen Handelns an den Paradigmen der Einheit des Nationalstaates".[193] Ein anderes, ebenfalls ursprünglich klassisches nationalstaatliches Hoheitszeichen, ist das Geld. Die im Januar 2002 eingeführten Euro-Geldscheine erzählen auf ihrer Rückseite die europäische Architekturgeschichte, beginnend mit einer fiktiven antiken Brückenkonstruktion auf dem 5-Euro-Schein bis zu einem modern anmutenden, ebenso erfundenen Gebäude auf dem 500-Euro-Schein. Auch hier wird die direkte Kontinuität europäischer Architekturgeschichte von der Antike bis in die Moderne suggeriert. Die Beispiele für essentialistische europäische Identitätsentwürfe lassen sich nahezu beliebig lange fortsetzen.

b) Konstruktivistische Europäische Identität

Diesen essentialistischen europäischen Identitätsentwürfen steht ein zweiter Ansatz gegenüber, den man als den konstruktivistischen europäischen Identitätsentwurf bezeichnen könnte. Diesem Ansatz liegt die Annahme zu Grunde, dass es eine objektive Existenz Europas gar nicht gibt, und deswegen auch keine europäische Identität im essentialistischen Sinne definiert werden könne. Die essentialistischen Europa-Definitionen, so der Vorwurf, beruhten auf einem traditionellen Kultur-Verständnis, das dann obsolet werde, wenn man die Kontexte mitberücksichtigt, in denen sie entstanden.[194] Europa existiere nicht an sich, es sei vielmehr ein diskursiv erzeugtes Konstrukt. Damit greift dieser Zweig der Europa-Forschung auf die Erkenntnisse der Nationalismus-Forschung zurück, die postulierte, dass auch Nationen nicht objektiv existierten, sondern vielmehr „vorgestellte Gemeinschaften" (Benedict Anderson) sind. Europäische Identität beruht also auf einer

---

193   Wolfgang Schmale, Geschichte und Zukunft der Europäischen Identität, S. 130.

194   Moritz Csáksy, Einleitung, in: Ders., Johannes Feichtinger (Hrsg.), Europa – geeint durch Werte? Die europäische Wertedebatte auf dem Prüfstand der Geschichte, Bielefeld 2007, S. 10.

immer wieder neu entstehenden und deswegen dynamischen Selbstzu-schreibung der Europäer. Einer der Hauptvertreter dieses Ansatzes, der Wiener Historiker Wolfgang Schmale, plädiert daher dafür, „die Ge-schichte Europas an dem festzumachen, was Menschen in der Antike, im Mittelalter und in der Neuzeit als Europa bezeichnet, als Europa wahrgenommen haben. Europa ist da, wo Menschen von Europa reden und schreiben, wo Menschen Europa malen oder in Stein meißeln, oder anders ausgedrückt, wo Menschen Europa imaginieren und visualisie-ren, wo Menschen in Verbindung mit dem Namen und dem Begriff Europa Sinn und Bedeutung konstituieren."[195] Essentialistische Defi-nitionen europäischer Identität, wie sie oben vorgestellt wurden, werden aus dieser Perspektive abgelehnt. Der Begriff der europäischen Identi-tät wird damit komplizierter in dreierlei Hinsicht: Zum einen gibt es nun nicht mehr *die* europäische Identität, sondern multiple europäische Identitäten, die einander ergänzen, sich aber auch widersprechen kön-nen. Identitäten sind historischem Wandel unterworfen, sie entstehen, können aber auch wieder verschwinden. Die Frage nach der europäi-schen Identität ist damit ein dynamischer Kommunikationsprozess, in dem permanent darüber verhandelt wird, was nun zum jeweiligen Zeit-punkt europäische Identität bedeutet. Das heißt zweitens, dass es diese Diskussion in der gesamten Geschichte Europas gegeben hat und sie wird auch in Zukunft ad infinitum weitergehen. Drittens wird damit die „Europazentrik" der essentialistischen Identitätsentwürfe in Frage gestellt, die These nämlich, dass der europäische Weg in die Moderne der eigentliche und richtige sei. Die westliche Monopolstellung in Be-zug auf diesen Begriff wird damit angezweifelt. Der Soziologe Shmuel N. Eisenstadt hat daher von einer „multiplen Moderne" gesprochen, von verschiedenen, grundsätzlich gleichberechtigten Kulturmustern, die sich in der von ihm so genannten „Achsenzeit" zwischen 500 vor Christus bis zum Aufstieg des Islam herausgebildet hätten. Hierzu gehören das alte Judentum, das Christentum, das alte Griechenland, der zarathustrische Iran, das frühe kaiserliche China, Hinduismus und Buddhismus sowie

---

195 Wolfgang Schmale, Geschichte Europas, Wien, Köln, Weimar 2000, S. 14.

der Islam.[196] Alle diese Kulturen würden ebenfalls permanente Identitäts-Debatten führen, die der europäischen gleichgestellt seien.

Legt man diesen konstruktivistischen Identitäts-Begriff zu Grunde, dann ist es Aufgabe der Geschichtswissenschaft zu ermitteln, welche Bilder, Anschauungen und Projektionen von Europa zu verschiedenen Zeiten existierten, wie sie entstanden und warum sie eventuell wieder verschwanden. Hierzu ist bereits intensiv geforscht worden, nicht nur für das 19. und 20. Jahrhundert, sondern auch für die Antike, das Mittelalter und die Frühe Neuzeit. Wolfgang Schmale hat in diesem Kontext von einem älteren und einem jüngeren Europa-Begriff gesprochen. Der ältere Europa-Begriff tauchte bereits im 6. Jahrhundert vor Christus auf. Gemeinsam mit „Asia" und „Lybia" (später „Africa") wurde „Europa" seither auf ein immer größeres Gebiet bezogen und mit empirisch erworbenem Wissen verbunden, das Mythen und Sagen ersetzte.[197] Im Imperium Romanum existierte der Begriff „Europa" wohl, spielte aber im allgemeinen Diskurs keine zentrale Rolle. Ähnliches ist auch für das Mittelalter formuliert worden.[198] Zwar taucht auch hier der Europa-Begriff auf, vor allem im Kontext der Abwehr eines arabischen Invasionsheeres durch Karl Martell im frühen 8. Jahrhundert oder im Zusammenhang mit den Kreuzzügen des 11. und 12. Jahrhunderts, aber nicht als zentrales Element der Selbstzuschreibung. Ähnlich war die Situation anlässlich der Eroberung Konstantinopels durch Sultan Mehmet II. 1453 oder die Abwehrschlacht gegen die Osmanen vor Wien zweihundert Jahre später. Offenbar wurde der Begriff vor allem dann gewählt, wenn es um die Abwehr einer gemeinsam wahrgenommenen Bedrohung ging, das Eigene wurde gegenüber dem Fremden definiert. Nach der Abwehr der Gefahr dominierten wieder andere Selbstverortungen. Erst um das Jahr

---

196   Shmuel N. Eisenstadt, Multiple Modernities. Der Streit um die Gegenwart, Berlin 2007. Ders., Die Achsenzeit der Weltgeschichte, in: Hans Joas, Klaus Wiegand (Hrsg.), Die kulturellen Werte Europas, Bonn 2005, S. 40–68.

197   Wolfgang Schmale, Geschichte Europas, S. 17.

198   Ernst Pitz, Die griechisch-römische Ökumene und die drei Kulturen des Mittelalters. Geschichte des mediterranen Weltteils zwischen Atlantik und Indischem Ozean, 270–812, Berlin 2001. Kritisch hierzu: Michael Borgolte, Wie Europa seine Vielfalt fand. Über die mittelalterlichen Wurzeln für die Pluralität, in: Hans Joas, Klaus Wiegand (Hrsg.), Die kulturellen Werte Europas, S. 117–163.

1500 änderte sich die Bedeutung des Begriffes „Europa". Der nun verwandte neue Europa-Begriff, so Schmale, war dadurch gekennzeichnet, dass er „mit zwei anderen Schlüsselbegriffen ein dreipoliges Bezugssystem bildet. Diese drei Pole sind Christenheit, Europa und Nation."[199] Vereinfacht lassen sich drei Gründe für die Entstehung des neuen Europa-Begriffs nennen. Zum einen zerbrach durch die Reformation die zuvor wahrgenommene Einheit der Kirche und des Christentums. Zum anderen führte die Entdeckung der Neuen Welt in Amerika zu einer veränderten Selbsteinschätzung des eigenen Kontinents. Und drittens veränderte die zunehmende Verwissenschaftlichung der Welt, ihre zunehmend rationale Durchdringung, auch die Begrifflichkeiten.

(1) Gerade das Zerbrechen der Einheit des Christentums und die nachfolgende Epoche der Religionskriege wirkten als wesentliche Motive der Europa-Konstruktionen. Oft lag diesen die mythische Vorstellung von der Einheit des Kontinents im Mittelalter zu Grunde, die es nun wiederzugewinnen gelte. Zumal die Europa-Pläne des Grafen von Sully von 1662, William Penns (1712) und John Bellers (1710) müssen in diesem Kontext gesehen werden. Sie sind die ersten einer langen Tradition von europäischen Einigungsplänen, die vor allem das Ziel verfolgten, den europäischen Frieden zu erhalten.[200] Dieser Europa-Begriff bildet daher den geistigen Hintergrund des bereits unter den politischen Antriebskräften der Europäischen Integration vorgestellten Friedensmotives.

(2) Ein zweiter Grund für die Entstehung des neuen Europa-Begriffs um 1500 war die Konfrontation der Europäer mit anderen Kontinenten und Kulturen, die dazu führten, dass diese sich in der Abgrenzung zu diesen als Europäer definieren konnten.[201] Vor allem der nun einsetzende Kolonialismus, zunächst Spaniens, Portugals, der Niederlande und Großbritanniens, dann, im 19. Jahrhundert, auch Frankreichs, Belgiens, des Deutschen Reiches und Italiens, wirkte als einigendes Ferment in dreierlei Hinsicht: Zum einen entwickelten die Europäer sehr schnell

199 Wolfgang Schmale, Geschichte Europas, S. 18.
200 Hierzu Derek Heater, Europäische Einheit – Biographie einer Idee, Bochum 2005, S. 37–100.
201 Ute Frevert, Eurovisionen, S. 44–77. Rudolf von Albertini, Europäische Kolonialherrschaft 1880–1914, Zürich 1976.

ein politisches, wirtschaftliches und kulturelles Überlegenheitsgefühl, das im 19. Jahrhundert teilweise in Rassismus umschlug. Zeitgenössische Quellen sprechen von Europa als der „zivilisierten Welt" und werteten damit die restliche Welt ab. Wirtschaftliche und politische Motive der kolonialen Expansion mischten sich daher mit einem Zivilisations-Auftrag Europas für die ganze Welt. Es galt die vermeintlich überlegene Kultur Europas zum Wohle der anderen Erdteile in diese zu exportieren. Zweitens wurden die Kolonialisten von den indigenen Völkern als Europäer angesehen und nicht primär als Briten oder Franzosen. Das lag vor allem daran, dass die Europäer über ihre Hautfarbe als Weiße wahrgenommen wurden, weil dies das wichtigste Unterscheidungsmerkmal gegenüber der indigenen Bevölkerung war. Europäische Einigung vollzog sich in diesem Fall über die Fremdwahrnehmung. Das galt auch für Kulturen wie China oder Japan, die sich im 19. Jahrhundert lange dem europäischen Einfluss zu entziehen wussten. Drittens wirkten der Kolonialismus und der Imperialismus als Blitzableiter für innereuropäische Konflikte und führten so auch zu wachsender Einigkeit unter den europäischen Nationen. Insbesondere seit den 1880er-Jahren konnte das als natürlich empfundene Bedürfnis der Nationalstaaten nach Expansion durch den Erwerb von Kolonien befriedigt und damit Konflikte innerhalb Europas vermieden werden. Auch wenn die Faschoda-Krise von 1898 zeigte, dass die kolonialen Rivalitäten durchaus auch wieder auf Europa zurückschlagen konnten, war dies ein Element der europäischen Friedensordnung vor dem Ersten Weltkrieg. Die europäische Identitäts-Konstruktion über die Konfrontation mit anderen Teilen der Welt nach diesem Muster wirkte bis weit in das 20. Jahrhundert hinein, letztlich bis zum Ende der Dekolonisation in den 1970er-Jahren. Es wurde von einem anderen Konstrukt abgelöst, das seit 1945 an Bedeutung gewonnen hatte, der Vorstellung von Europa als einem Hort der Menschenrechte, der Demokratie und des Sozialstaates. Hierbei wird unterstellt, dass diese Werte genuin europäischen Ursprungs seien, eine These, die sich so kaum belegen lässt.[202] Dennoch ist die Politik der europäischen Nati-

---

202 Jack Goody, The Appropriation of Values. Humanism, Democracy and Individualism, in: The Theft of History, Cambridge 2006, S. 240–260.

onalstaaten und auch der Europäischen Gemeinschaften, insbesondere gegenüber afrikanischen, asiatischen und südamerikanischen Staaten, in starkem Maße von diesen Vorstellungen geprägt.[203] Die europäische Identitäts-Konstruktion durch die Konfrontation mit anderen Kulturen und Kontinenten und die dadurch erzeugten Differenzerfahrungen war daher auch der geistige Hintergrund des politischen Motives der Selbstbehauptung Europas in der Welt (vgl. Kap. III.1.c).

(3) Der dritte Grund für die Begründung des neuen Europabegriffs um 1500 war die Entstehung der rationalen, empirisch nachprüfbaren Wissenschaften als wichtiges Deutungsmuster für die Welt. Insbesondere Geistes- und Sozialwissenschaftler, aber auch Biologen und Mediziner, trugen in starkem Maße dazu bei, europäische Identität zu konstruieren. Theologische Dogmen wurden in Frage gestellt und es entstand das Bedürfnis, die Welt zu vermessen, ihre Bausteine zu identifizieren und die gewonnenen Erkenntnisse zu systematisieren. Daher lag es nahe, auch die Menschen als Teil der Natur aufzufassen und zu klassifizieren. Schon im 18. Jahrhundert entstanden daher Werke von so genannten Naturforschern, etwa von Carl Linné, Georg Friedrich Lichtenberg und anderen, die versuchten, Menschen durch Haut-, Augen- und Haarfarbe zu klassifizieren. Damit war gewissermaßen die Blaupause geliefert, die die Anthropologie bis weit in das 20. Jahrhundert hinein bestimmen sollte. Die Menschen in Europa wurden als eigenständige, von Menschen auf anderen Kontinenten verschiedene Rasse angesehen. Johann Friedrich Blumenberg bezeichnete sie 1798 als „Kaukasier", weil er annahm, dass der Ursprung dieser Rasse im Kaukasus zu finden sei. Diese Auffassung schien im 19. Jahrhundert, nicht zuletzt durch die Forschungen von Charles Darwin, bestätigt zu werden und seit den 1930er-Jahren wurde daher in der Anthropologie von „Europiden" (neben „Negriden" und „Mongoliden") gesprochen. „Dass die Europäer eine eindeutig abgrenzbare Gruppe darstellten, wurde von den Anthropologen lange Zeit so selbstverständlich vorausgesetzt, dass sie weniger als Forschungsobjekt, sondern vielmehr als Referenz- und

---

203 Marie-Thérèse Bitsch, Gérard Bossuat (Hrsg.), L'Europe Unie et l'Afrique. De l'Idée d'Eurafrique à la Convention de Lomé I, Brüssel, Paris, Baden-Baden 2005.

Kontrollgröße gegenüber den intensiv beforschten Nichteuropäern herangezogen wurden."[204] Erst zum Ende des 20. Jahrhunderts setzte sich innerhalb der Biogenetik die These durch, dass die genetische Diversität der Menschen eine Einteilung in „Europide" und andere gar nicht zulässt. Hier wurde deutlich, wie stark kulturell geprägte Denkmuster auch die scheinbar objektiven Naturwissenschaften prägen. Die Existenz des „Europäers" wurde von Anthropologen lange Zeit schlicht als unhinterfragte Prämisse akzeptiert; es schien einfach klar zu sein, dass er existierte. Ein anderes Beispiel für die Konstruktion Europas in den modernen Wissenschaften liefert die Geographie.[205] Hier dominierten um die Jahrhundertwende drei Vorstellungen dessen, was Europa sei: Der französische Geograph Paul Vidal de la Blache erklärte 1891, dass Europa vor allem durch die Nationen definiert sei. Hierunter verstand er nicht nur die Nationalstaaten, sondern auch die staatenlosen Nationalismen seiner Zeit – Polen, Basken und Iren etwa. Sein deutscher Kollege Alfred Philippson dagegen definierte „Europa" nicht über die Nationen, sondern als eigenständigen Erdteil. In Abgrenzung zu anderen Kontinenten sah Philippson Europa charakterisiert durch eine genuin europäische Flora und Fauna, von „Gebirgsbau und Lebenswelt". Insbesondere Europa und Asien wurden als Gegenpole entworfen: „Dort in Asien langhinstreichende, absperrende Gebirgswälle, ein mächtiges abgeschlossenes zentrales Hochland, hier in Europa die Kettengebirge unterbrochen von zahlreichen Senken, die teils von reich gegliederten Meeren, teils von Schwemmlandsebenen bedeckt sind; in der Mitte nur das schlanke, leicht zugängliche Alpensystem. Dort eine riesige Landmasse, nur an den Rändern eingekerbt, hier der ganze

---

204 Veronika Lipphardt, Kiran Klaus Patel, Auf der Suche nach dem Europäer. Wissenschaftliche Konstruktion des Homo Europaeus, in: Themenportal Europäische Geschichte (2007), URL: www.europa.clio-online.de/2007/Article=204, S. 2.

205 Iris Schröder, Das Europa der Geographen: Deutsch-französische Geographien Europas im späten 19. und frühen 20. Jahrhundert, in: Hartmut Kaelble, Martin Kirsch (Hrsg.), Selbstverständnis und Gesellschaft der Europäer, S. 29–60. Jürgen Kocka, Die Grenzen Europas. Ein Essay aus historischer Perspektive, in: Gunnar Folke Schuppert, Ingolf Pernice, Ulrich Haltern (Hrsg.), Europawissenschaft, Baden-Baden 2005, S. 275–288.

Erdteil bis ins Herz zerschnitten durch verzweigte Golfe."[206] Europa war in diesem Entwurf definiert durch seine geographischen Besonderheiten. Auch wenn diese Thesen nicht unumstritten waren, prägten sie doch die Vorstellungen der Geographie bis weit in das 20. Jahrhundert hinein. Über die Europa-Konstruktionen der Geschichtswissenschaft wurde schon ausführlich gesprochen.[207] Ähnliche Europa-Konstruktionen lassen sich auch in der soziologischen Intellektuellen-Forschung und anderen Wissenschaften finden.[208] Eine systematisierende Übersicht über die verschiedenen Europa-Konstruktionen, insbesondere der Wissenschaften, ist ein Forschungsdesiderat. Festzuhalten bleibt jedenfalls, auch nach diesem kursorischen Überblick, dass die Wissenschaften sehr verschiedene Europa-Begriffe erzeugten und damit – oft unbewusst und ungewollt – zur Debatte um die Europäische Identität beitrugen.

c) Die europäische Öffentlichkeit

Im Kontext der kulturhistorischen Europa-Debatte steht zudem seit einigen Jahren die Frage nach der europäischen Öffentlichkeit. Hierunter versteht man grundsätzlich einen allgemein zugänglichen Raum, in dem die wichtigen Fragen der Gemeinschaft unter potentieller Beteiligung aller Betroffenen diskutiert werden. Er bildet die Voraussetzung für die Entstehung einer öffentlichen Meinung und es ist offensichtlich, dass die Medien hierbei eine wesentliche Rolle spielen. Zudem hat die politikwissenschaftliche Demokratie-Forschung gezeigt, dass eine Öffent-

---

206 Alfred Philippson, Europa, Leipzig 1906, S. 5, zit. nach Iris Schröder, Das Europa der Geographen, S. 55f.

207 Hierzu insbesondere: René Girault, Das Europa der Historiker, in: Rainer Hudemann, Klaus Schwabe, Hartmut Kaelble (Hrsg.), Europa im Blick der Historiker, München 1995, S. 55–90. Martin Kirsch, Europa im Denken der Historiker in der Mitte des 20. Jahrhunderts zwischen „Selbstvergewisserung" und interkulturellem Vergleich, in: Hartmut Kaelble, Martin Kirsch (Hrsg.), Selbstverständnis und Gesellschaft der Europäer, S. 181–224.

208 Andrée Bachoud, Josefina Cuesta, Nicole Racine, Michel Trebitsch, Les élites intellectuelles et l'Europe. Espaces et représentations culturelles, in: Robert Frank (Hrsg.), Les identités européennes au XXè siècle, Paris 2004, S. 69–80.

lichkeit im oben genannten Sinne eine wesentliche Voraussetzung für eine funktionierende Demokratie ist. Der Großteil der politikwissenschaftlichen Forschung geht allerdings davon aus, dass es eine europäische Öffentlichkeit bislang nicht gibt und diagnostiziert daher auch ein Demokratiedefizit der Europäischen Union.[209]

Die geschichtswissenschaftliche Forschung zur Frage der europäischen Öffentlichkeit ist dagegen ganz am Anfang. Hier geht es vor allem darum zu ermitteln, ob es zu verschiedenen Zeitpunkten der Geschichte eine europäische Öffentlichkeit gegeben hat, und wenn ja, wie diese strukturiert war. Erste Forschungen zum 19. Jahrhundert zeigen, dass es zumindest in der zweiten Hälfte europäische Teilöffentlichkeiten gab, die vor allem durch Zeitungen entstanden.[210] Es war völlig üblich, dass Artikel, die etwa in der Londoner Times erschienen waren, übersetzt und in französischen oder deutschen Zeitungen reproduziert wurden. Die Zeitungs-Redaktionen beobachteten die Auslandspresse genau und bezogen sich auch intensiv aufeinander. Eine gemeinsame europäische Zeitung (andere Massenmedien gab es noch nicht) existierte unter diesen Bedingungen nicht. Hieran änderte sich in der Zwischenkriegszeit nur wenig. Erst nach 1945 entstand, so die These von Hartmut Kaelble, schrittweise eine – allerdings besondere – europäische Öffentlichkeit.[211] Kaelble arbeitete drei Phasen der Entwicklung einer europäischen Öffentlichkeit heraus: Zwischen 1945 und der Mitte der 1950er-Jahre gab es erste Ansätze zu einer europäischen Öffentlichkeit, europäische Symbole entstanden ebenso wie eine europäische Kulturszene. Medi-

---

209 Peter Graf Kielmansegg, Integration und Demokratie, in: Markus Jachtenfuchs, Beate Kohler-Koch (Hrsg.), Europäische Integration. 2. Auflage, Wiesbaden 2006, S. 49–84.

210 Implizit hierzu an einem Fallbeispiel: Rita Stöckli, Der Savoyerhandel von 1860. Die mediale Konstruktion eines politischen Ereignisses, Zürich 2008. Jürgen Wilke, Grundzüge der Medien- und Kommunikationsgeschichte. Von den Anfängen bis ins 20. Jahrhundert, Köln, Weimar, Wien 2000.

211 Hartmut Kaelble, Das europäische Selbstverständnis und die europäische Öffentlichkeit im 19. und 20. Jahrhundert, in: Ders., Martin Kirsch, Alexander Schmidt-Gernick (Hrsg.), Transnationale Öffentlichkeit und Identität im 20. Jahrhundert, 2002, S. 85–109. Hartmut Kaelble, The Historical Rise of an European Public Sphere? In: JEIH, Vol. 8 (2002), S. 9–22. Hartmut Kaelble, Sozialgeschichte Europas, S. 269–298.

ale Öffentlichkeit jedoch entwickelte sich allenfalls zaghaft, etwa in der „Union der europäischen Rundfunkorganisationen", Eurovision genannt, in deren Rahmen besondere Ereignisse, etwa der europäische Chansonpreis, übertragen wurden. Eine von Medien getragene transnationale politische Öffentlichkeit entwickelte sich in dieser Phase nicht. Die zweite Phase zwischen der Mitte der 1950er- und der Mitte der 1970er-Jahre ist vor allem durch zwei Prozesse gekennzeichnet. Zum einen setzte sich das Fernsehen als Leitmedium in Westeuropa durch und löste das Radio und die Tageszeitung ab. Zum anderen verstärkte sich in Westeuropa die Amerikanisierung der Medien, insbesondere des Fernsehens durch die Übernahme amerikanischer Sendeformate. Eine politische Medienöffentlichkeit, die hier im Zentrum steht, blieb immer noch ephemer. Erst in der dritten Phase seit Beginn der 1980er-Jahre entwickelte sich eine politische europäische Öffentlichkeit, wofür drei wesentliche Gründe ausschlaggebend waren:[212] Erstens entstand mit der Europäischen Gemeinschaft ein supranationales politisches Machtzentrum, das zu einer Europäisierung auch in den Medien führte, die zunehmend hierüber berichteten. Zum Zweiten entwickelten sich stärker als zuvor transnationale Netzwerke von Intellektuellen in Europa, in denen auch öffentlich über die Zukunft Europas diskutiert wurde. Schließlich internationalisierten sich die Medienkonzerne, vor allem jene der Privatwirtschaft. Doch war die Europäisierung der Medien und Öffentlichkeiten kein linearer Prozess – es gibt auch Beispiele für gescheiterte oder verhinderte Europäisierung der Öffentlichkeit. Insgesamt lässt sich daher festhalten, dass es sehr wohl eine europäische Öffentlichkeit gibt, die aber anders konstruiert ist als die – von den Politikwissenschaften und der Soziologie oft implizit als Referenzrahmen herangezogene – nationale Öffentlichkeit. Die europäische Öffentlichkeit unterscheidet sich von den nationalen Öffentlichkeiten in drei wesentlichen Punkten: Zum einen ist sie eine mehrsprachige Öffentlichkeit, wobei sich allerdings das Englische zunehmend als Referenzsprache entwickelt, gefolgt von Französisch und Deutsch. Zum Zweiten ist die europäische Öffent-

---

212 Hartmut Kaelble, Die Genese einer europäischen Öffentlichkeit. Anzeichen und Defizite der politischen Willensbildung auf europäischer Ebene, in: Neue Zürcher Zeitung. Internationale Ausgabe, 24./24.4.2004.

lichkeit eine zusammengesetzte Öffentlichkeit in dem Sinne, dass sie aus einer Vielzahl von nationalen Medien besteht. Europäische Medien, die Fernsehsender Eurosport oder Arte ausgenommen, existieren nicht oder spielen eine untergeordnete Rolle gegenüber nationalen Medien. Schließlich ist die europäische Öffentlichkeit, in stärkerem Maße als die nationalen Öffentlichkeiten, eine Eliten-Öffentlichkeit. Sie wird getragen von Journalisten, Wissenschaftlern, Entscheidungsträgern in der Wirtschaft, Sportlern und von Politikern. Sie ist damit gerade im Vergleich zu den nationalen Öffentlichkeiten keine Massenöffentlichkeit, auch wenn es verschiedene Versuche gegeben hat, breitere Bevölkerungsschichten in die europäischen Diskurse einzubinden.

Kulturelle Motive und Antriebskräfte der Europäischen Integration

Inwieweit haben diese hier systematisierend-vereinfacht vorgetragenen kulturellen Integrationsmuster den europäischen Einigungsprozess vorangetrieben? Inwieweit dienten sie als Motive der europäischen Integration? Folgt man zunächst den essentialistischen Identitätsbegriffen, so dienen diese als Legitimationsmuster für die europäische Politik der Gegenwart. Die europäische Einheit, so wird hier argumentiert, hat es immer gegeben und daher wird es sie auch immer geben. Europäische Integration wird zu einer historischen Potenz stilisiert, die scheinbar notwendig voranschreitet und daher auch in der Gegenwart unaufhaltsam und gut ist. Die Anhänger der europäischen Integration sakralisieren die eigenen Legitimationsquellen, gleich ob diese nun Antike und Christentum, Menschenrechte und Demokratie oder Aufklärung und Wissenschaft genannt werden. Diese Strategie funktioniert auch in negativer Hinsicht. Wenn man nämlich – so wie Marc Mazower – die europäische Geschichte des 20. Jahrhunderts als die Geschichte des Totalitarismus, der Völkermorde und der Kriege schreibt, dann kann Europäische Integration als die Überwindung dieser Erscheinungen durch Demokratie, Menschenrechte und Frieden dienen. Die Individuen in ihrer Gegenwart sind in dieser Perspektive Verkörperungen einer metaphysischen Kraft, die nur durch das Studium der Geschichte erkannt werden kann. Geschichte dient in diesen essentialistischen Identitätsbegriffen daher immer der Legitimation der Gegenwart und ist ein wesentlicher Motor der Europäischen Integration. Diese wird entweder als Fortsetzung der positiven Traditionen der eigenen Geschichte definiert (Christentum, Demokratie, Menschenrechte) oder als die Überwindung der negativen Überlieferungen (Kriege, Totalitarismen).

Demgegenüber betonen die kulturwissenschaftlich geschulten Anhänger des konstruktivistischen Europa-Begriffes, dass es sich bei dem Begriff „Europa" immer um eine kollektive, diskursiv erzeugte Realität handelt. Das bedeutet nicht, dass es „Europa" nicht gibt. Europa aber sind immer vor allem „Bilder, Anschauungen, Wahrnehmungsmuster, die den kleinsten aller Kontinente (…) in seinen Besonderheiten und Eigentümlichkeiten, in seinen Differenzen und Kohäsionen, in seinen Identifikations- und Distanzierungsangeboten erfassen und einfangen."[213] Obwohl die Europa-Begriffe des essentialistischen und des konstruktivistischen Identitäts-Konzeptes also sehr unterschiedlich sind, wirken sie in ähnlicher Weise als Antriebskräfte für den europäischen Integrationsprozess. Denn die institutionellen Ordnungen der europäischen Integration bedürfen der Identifikations- und Distanzierungsangebote, weil alle institutionellen Ordnungen, das hat die moderne Kultursoziologie herausgearbeitet, auf diesen gemeinsam geglaubten Fiktionen beruhen. Fiktion bedeutet hier, dass alle sozialen Ordnungen auf sozialen Konstruktionen und kollektiven Sinnzuschreibungen beruhen. Jede institutionelle Ordnung, auch die europäische, muss daher auf wechselseitige Erwartungen aller Teilnehmer eingehen: Alle Beteiligten glauben an das Funktionieren der Ordnung, sehen diese daher als etwas Selbstverständliches an und unterstellen allen anderen, dass sie ebenfalls daran glauben. Selbst wenn ihnen nicht bewusst ist, dass es sich um einen Glaubensakt handelt, agieren sie entsprechend. Alle Beteiligten teilen die dem Begriff „Europa" zugewiesenen Bedeutungen und richten ihr Handeln daran aus. Konstruktivistische Identitätsentwürfe wirken daher in starkem Maße als Antriebskräfte für das europäische Einigungsprojekt.

---

213   Ute Frevert, Eurovisionen, S. 13.

Damit wird schließlich auch deutlich, welche Funktion eine europäische Öffentlichkeit für das Konzept der Antriebskräfte hat. Sie ist der Raum, in dem die verschiedenen nationalen Europa-Diskurse harmonisiert und aufeinander abgestimmt werden. Es gibt zahlreiche Anzeichen dafür, dass sich insbesondere seit Beginn der 1980er- Jahre die grenzüberschreitenden Debatten der Europäer über Europa intensiviert haben. Das bedeutet nicht, dass es heute eine europäische Öffentlichkeit gibt, aber es gibt Ansätze dazu. Die Europa-Debatten werden keineswegs mehr rein national geführt, sondern sind zunehmend miteinander verzahnt. Europa ist eine politische, wirtschaftliche und auch kulturelle Größe im Bewusstsein der meisten Europäer – ob diese nun positiv oder negativ besetzt ist spielt hierbei keine Rolle. Auch die sich intensivierende wechselseitige Wahrnehmung und die daraus entstehende Interaktion haben daher als Motoren europäischer Einigung gewirkt.

Weiterführende Literatur in Auswahl

Berghahn, Volker, Europe in the Era of two World Wars. From Militarism and Genocide to Civil Society, 1900–1950, Princeton 2006.

Bogdandy, Armin von, Europäische Verfassung und europäische Identität, in: Gunnar Folke Schuppert, Ingolf Pernice, Ulrich Haltern (Hrsg.), Europawissenschaft, Baden-Baden 2005, S. 331–171.

Colombo, Arturo, Voci e Volti dell'Europa. Idee, Identità, Unificazione, Mailand 2009.

Csáky, Moritz, Johannes Feichtinger (Hrsg.), Europa – geeint durch Werte? Die europäische Wertedebatte auf dem Prüfstand der Geschichte, Bielefeld 2007.

Diner, Dan, Der Holocaust in den politischen Kulturen Europas: Erinnerung und Eigentum, in: Klaus Dietmar Henke (Hrsg.), Auschwitz. Sechs Essays zu Geschehen und Vergegenwärtigung, Dresden 2001, S. 65–73.

Dinzelbacher, Peter (Hrsg.), Europäische Mentalitätsgeschichte. Hauptthemen in Einzeldarstellungen, Stuttgart 1993.

Dülffer, Jost, Europa – aber wo liegt es? Zur Zeitgeschichte des Kontinents, in: Archiv für Sozialgeschichte, Bd. 44 (2004), S. 524–564.

Eckel, Jan, Claudia Moisel (Hrsg.), Universalisierung des Holocaust? Erinnerungskultur und Geschichtspolitik in internationaler Perspektive, Göttingen 2008.

Elvert, Jürgen, Jürgen Nielsen-Sikora (Hrsg.), Leitbild Europa? Europabilder und ihre Wirkungen in der Neuzeit, Stuttgart 2009.

François, Etienne, Europäische Lieux de Mémoire, in: Gunilla Budde, Sebastian Conrad, Oliver Janz (Hrsg.), Transnationale Geschiche, Göttingen 2006, S. 290–303.

Frei, Norbert, Deutschlands Vergangenheit und Europas Gedächtnis, in: Helmut König, Julia Schmidt, Manfred Sicking (Hrsg.), Europas Gedächtnis. Das neue Europa zwischen nationalen Erinnerungen und gemeinsamer Identität, Bielefeld 2008.

Frevert, Ute, Eurovisionen. Ansichten guter Europäer im 19. und 20. Jahrhundert, Frankfurt 2003.

Frank, Robert (Hrsg.), Les identités européennes au XXe siècle, Paris 2004.

Gerhards, Jürgen, Europäisierung von Ökonomie und Politik und die Trägheit der Entstehung einer europäischen Öffentlichkeit, in: Maurizio Bach (Hrsg.), Die Europäisierung nationaler Gesellschaften (Kölner Zeitschrift für Soziologie und Sozialpsychologie, Sonderheft) Opladen 2000, S. 277–305.

Giesen, Bernhard, Europäische Identität und transnationale Öffentlichkeit. Eine historische Perspektive, in: Hartmut Kaelble, Martin Kirsch, Alexander Schmidt-Gernigk (Hrsg.), Transnationale Öffentlichkeiten und Identitäten im 20. Jahrhundert, Frankfurt 2002, S. 67–84.

Heater, Derek, Europäische Einheit – Biographie einer Idee. Übersetzt und annotiert von Wolfgang Schmale und Brigitte Leucht, Bochum 2005. (engl.: Leicester 1992)

Joas, Hans, Christof Mandry, Europa als Werte- und Kulturgemeinschaft, in: Gunnar Folke Schuppert, Ingolf Pernice, Ulrich Haltern (Hrsg.), Europawissenschaft, Baden-Baden 2005, S. 541–572.

Joas, Hans, Klaus Wiegand (Hrsg.), Die kulturelle Werte Europas, Frankfurt/Main 2005.

Kaelble, Hartmut, Europäer über Europa. Die Entstehung des europäischen Selbstverständnisses im 19. und 20. Jahrhundert, Frankfurt, New York 2001.

Kanter, Cathleen, Collective Identity as Shared Ethical Self-Understanding. The Case of the Emerging European Identity, in: European Journal of Social Theory, Vol. 9 (2006), S. 501–523.

Kielmannsegg, Peter Graf, Integration und Demokratie, in: Markus Jachtenfuchs, Beate Kohler-Koch (Hrsg.), Europäische Integration, 2. Auflage, Opladen 2003, S. 49–83.

Knigge, Volkhard, Norbert Frei (Hrsg.), Verbrechen erinnern. Die Auseinandersetzung mit Holocaust und Völkermord, München 2002.

Kroh, Jens, Transnationale Erinnerung. Der Holocaust im Fokus geschichtspolitischer Initiativen, Frankfurt 2008.

Mazover, Mark, Der dunkle Kontinent. Europa im 20. Jahrhundert, Frankfurt 2002.

Meyer, Jan-Henrik, A European Public Sphere at the Summits of the Hague (1969) and Paris (1974)? Common Issues and Frames in British, French and German Newspapers, in: Jan van der Harst (Hrsg.), Beyond the Customs Union: The European Communitie's Quest for Deepening, Widening and Completion, 1969–1975, Paris, Baden-Baden 2007, S. 341–358.

Mokre, Monika, Gilbert Weiss, Rainer Bauböck (Hrsg.), Europas Identitäten. Mythen, Konflikte, Konstruktionen, Frankfurt 2003.

Müller-Härlin, Maximilian, Nation und Europa in Parlamentsdebatten zur Europäischen Integration. Identifikationsmuster in Deutschland, Frankreich und Großbritannien nach 1950, Baden-Baden 2008.

Muschg, Adolf, Was ist europäisch? Reden für einen gastlichen Erdteil, München 2005.

Nielsen-Sikora, Jürgen, Europa im Umbruch. Der Tindemans-Bericht von 1975, in: Historische Mitteilungen, Bd. 19 (2006), S. 277–296.

Peters, Bernhard, u.a. National and Transnational Public Spheres. The Case of the EU, in: Stefan Leibfried, Michael Zürn (Hrsg.), Transformations of the State, Cambridge 2005, S. 139-160.

Quenzel, Gudrun, Konstruktionen von Europa. Die Europäische Identität und die Kulturpolitik der Europäischen Union, Bielefeld 2005.

Rousso, Henry, Das Dilemma eines europäischen Gedächtnisses, in: Zeithistorische Forschungen, Bd. 1 (2004), S. 363-378.

Schmale, Wolfgang, Geschichte Europas, Wien, Köln, Weimar 2000.

Schmale, Wolfgang, Geschichte und Zukunft der Europäische Identität, Stuttgart 2008.

Schönhoven, Klaus, Europa als Erinnerungsgemeinschaft. Reihe Gesprächskreis Geschichte der Friedrich-Ebert-Stiftung, Heft 75, Bonn 2007.

Seibt, Ferdinand, Die Begründung Europas. Ein Zwischenbericht über die letzten tausend Jahre, Frankfurt 2002.

Seidendorf, Stefan, Europäisierung nationaler Identitätsdiskurse? Ein Vergleich französischer und deutscher Printmedien, Baden-Baden 2007.

Sifft, Stefanie, u.a. Segmented Europeanization: Exploring the Legitimacy of the European Union from a Public Discourse Perspective, in: Journal of Common Market Studies, Vol. 45 (2007), S. 127–155.

Stråth, Bo, (Hrsg.), Myth and Memory in the Construction of Community. Historical Patterns in Europe and Beyond, Bruxelles 2000.

Trunk, Achim, Europa, ein Ausweg. Politische Eliten und europäische Identität in den 1950er Jahren, München 2007.

Trunk, Achim, Eine europäische Identität zu Beginn der 1950er Jahre? Die Debatten in den europäischen Versammlungen 1949–1954, in: Wilfried Loth (Hrsg.), Das europäische Projekt zu Beginn des 21. Jahrhunderts, Opladen 2001, S. 49–80.

Vietta, Silvio, Europäische Kulturgeschichte. Eine Einführung, Paderborn 2007.

Wasserstein, Bernhard, Barbarism and Civilization. A History of Europe in our Time, Oxford 2007.

IV. Die Zukunft der Europäischen Integration

Wenn eine geschichtswissenschaftliche Darstellung sich der Zukunft zuwendet, dann ist Vorsicht geboten! Historiker sind immer nur rückwärtsgewandte Propheten – sie haben das Instrumentarium Ereignisse in der Vergangenheit zu verstehen und zu erklären, für Zukunftsprognosen jedoch taugt dieses Werkzeug nur sehr bedingt. Dennoch soll im Folgenden ein Ausblick auf die Zukunft der Europäischen Integration aus der Perspektive des Historikers unternommen werden. Hiervon können keine präzisen Beschreibungen über die institutionelle Ausgestaltung und staatsrechtliche Entwicklung der Europäischen Union erwartet werden. Gleichwohl lassen sich die in diesem Buch vorgestellten Motive und Antriebskräfte, die „Forces Profondes" der Europäischen Integration, auf ihre Bedeutung in der Zukunft hin untersuchen.

Beginnt man mit dem Friedensmotiv, so kann davon ausgegangen werden, dass dieses auch in Zukunft eine bedeutsame Rolle spielen wird, und zwar in dreifacher Hinsicht. Zum einen ist die friedliche Konfliktbeilegung ein gemeinsames Prinzip aller Europäer, das von kaum einer politischen Kraft in Europa in Frage gestellt wird. Ein Krieg zwischen zwei Mitgliedstaaten der EU ist heute nicht vorstellbar und das wird aller Voraussicht nach auch in absehbarer Zukunft so bleiben. Konflikte zwischen europäischen Staaten werden im Rahmen der politischen Institutionen der Gemeinschaft ausgetragen, insofern ist die EU ein sehr effizienter Ausgleichsmechanismus für zwischenstaatliche Konflikte. Dies mag für Belgier, Franzosen und Deutsche selbstverständlich sein, in Osteuropa ist es das nicht und schon gar nicht auf dem Balkan. Zum anderen gewinnt die Idee der Friedensstiftung und –erhaltung in den Außenbeziehungen der Europäischen Union an Bedeutung. Seit 2003 hat die EU unter dem Titel EUFOR (European Union Force) sechs bewaffnete Auslandseinsätze durchgeführt, die alle dem Ziel dienten, bewaffnete Konflikte zwischen zwei Parteien zu schlichten. Hierzu gehörte die Überwachung und Durchsetzung des Dayton-Abkommens zur Beendigung des Bürgerkrieges in Bosnien-Herzegowina (seit 2004) ebenso wie die Unterstützung der UNO-Friedensmission in der Demo-kratischen Republik Kongo (2003–2006). Und schließlich gehört das Friedensmotiv zu den wichtigsten Elementen des symbolpolitischen Repertoires der Europäischen Union. An den Gedenktagen der großen Schlachten der beiden Weltkriege, etwa in Verdun, in der Normandie oder am Gedenktag der Befreiung des Vernichtungslagers Auschwitz wird immer wieder die Bedeutung der europäischen Einigung für die Überwindung dieser Konflikte und Verbrechen betont. Es scheint gar, als würde diese Erinnerungspolitik mit dem wachsenden zeitlichen Abstand immer intensiver. Das Friedensmotiv für die Europäische Integration wird daher von Bedeutung bleiben.

Das gilt auch für das Deutschlandproblem. Dieses steht zwar gegenwärtig nicht auf der Tagesordnung europäischer Politik, bestimmt aber doch wesentlich die Außenbeziehungen der deutschen Nachbarstaaten. Die Bundesrepublik Deutschland ist hinsichtlich der Wirtschaftsleistung, der Demographie und auch der politischen Kraft, der mit Abstand stärkste europäische Staat. Sie beeinflusst daher, ob sie das will oder nicht, die Politik und die Wirtschaft der Nachbarstaaten. Diese sind allerdings nicht bereit, eine deutsche Hegemonie in Europa zu akzeptieren; dazu wiederum ist die Bundesrepublik zu schwach. Die Europäische Integration im Rahmen von EWG/EU, der NATO und der WEU hat sich aus dieser Perspektive als effizientes Instrument erwiesen, das deutsche Potenzial einzubinden und damit zu kontrollieren. Aus deutscher Perspektive gibt es kaum eine Alternative zur europäischen Integrationspolitik. Die Selbsteinbindung in Europa ist eine außenpolitische Tradition, in der die Bundesrepublik seit ihren Anfängen steht und die alle Bundesregierungen unabhängig von der parteipolitischen Zusammensetzung bis heute akzeptiert haben. Die Selbsteinbindung in Europa ist seit 1949 eine Existenzbedingung für den deutschen Staat und jeder Versuch, diese Bindung aufzulösen würde einer Selbstisolierung Deutschlands in Europa gleichkommen. Da sich auch an dieser Struktur in absehbarer Zukunft nichts ändern wird, wird auch die Deutsche Frage ein wesentlicher Motor Europäischer Integration bleiben.

Es wurde schon im Kontext des Friedensmotives angedeutet, dass auch die Idee der europäischen Selbstbehauptung in der Welt von Bedeutung bleiben wird. Das gilt vor allem für den wirtschaftspolitischen Bereich, in dem die EU durch die gemeinsame Außenhandelspolitik und auch die gemeinsame Währungspolitik als handlungs- und entscheidungsfähiger Akteur den USA, Russland und China gegenübersteht. Die in Brüssel getroffenen wettbewerbspolitischen Entscheidungen werden wegen der globalen Relevanz des gemeinsamen europäischen Marktes auch von global agierenden Großunternehmen wie beispielsweise Microsoft akzeptiert. Eine vergleichbare Bedeutung auf globaler Ebene hat keine der nationalen europäischen Volkswirtschaften, auch nicht die deutsche. Während die Gemeinschaft im wirtschaftlichen Sektor bereits ein „Global Player" ist, bestehen im politischen Bereich noch Defizite, auch wenn die außenpolitische Kompetenz von der Europäischen Kommission angestrebt wird. Mit dem Vertrag von Lissabon haben auch die Mitgliedstaaten diesem Wunsch zugestimmt. Die außen- und sicherheitspolitischen Kompetenzen der Union wurden gestärkt, auch wenn von einer gemeinsamen Außenpolitik noch nicht gesprochen werden kann. Ob dieser Trend sich aber fortsetzen wird und am Ende eine supranationale, gemeinsame Außen- und Sicherheitspolitik stehen wird, bleibt abzuwarten. Integrationsschritte in diesem Sektor wurden vor allem vor dem Hintergrund ernster internationaler Krisen gemacht. So wirkten die Krisen um Kosovo (1999) und Irak (2003), in denen sich die europäischen Staaten im Gegensatz zu den USA als handlungsunfähig erwiesen, als Katalysatoren für den außen- und sicherheitspolitischen Entscheidungsprozess. Hier wurde den nationalen Regierungen drastisch vor Augen geführt, dass sie im globalen Kontext allenfalls gemeinsam ihre Interessen einbringen können. Vergleichbare Krisen werden sich früher oder später entwickeln und es ist daher zu erwarten, dass sich dieses Integrationsmuster auch in Zukunft fortsetzen wird.

Eine Kontinuität ist für absehbare Zeit auch für das letzte politische Motiv für Europäische Integration zu erwarten, die nationale Selbstbehauptung. Die Mitgliedschaft in der EU ist nach wie vor sehr attraktiv für Staaten mit innen- und wirtschaftspolitischen Problemen, die sie selbst nicht, oder nur unter großen Anstrengungen lösen könnten. Das gilt für Staaten wie Kroatien oder auch Serbien, die nach wie vor unter den tiefen gesellschaftlichen Verwerfungen leiden, die der jugoslawi-

sche Bürgerkrieg hinterlassen hat. Auch die Türkei strebt die Mitgliedschaft in der EU an – hier vermischen sich ebenfalls innenpolitische
Gründe (Abwehr des Islamismus, Verteidigung der republikanischen
Verfassung) mit wirtschaftspolitischen Motiven. Ähnliches gilt für
Island, das am 17. Juli 2009 ein Beitrittsgesuch für die Europäische
Union in Brüssel gestellt hat. Hintergrund waren hier die katastropha-
len Folgen der Weltfinanzkrise, die das Land de facto in den Staats-
bankrott getrieben haben. Die isländische Regierung erhofft sich von
einer Mitgliedschaft in der EU nicht nur finanzielle und wirtschaftli-
che Unterstützung, sondern auch Schutz vor zukünftigen Wirtschafts-
krisen. Doch sind diesem Muster auch Grenzen gesetzt, denn das institutionelle Gefüge der Europäischen Union ist mit den gegenwärtig
27 Mitgliedstaaten schon an die Grenzen der Belastbarkeit gestoßen.
Hinzu kommt, dass auch die EU-Bevölkerung den Beitritt weiterer
Staaten nach der großen Osterweiterung (2004–2007) nicht akzeptiert.
Dies war ein wesentlicher Grund für die Ablehnung des Europäischen
Verfassungsvertrages in Frankreich und den Niederlanden (2005). Vor
diesem Hintergrund ist es fraglich, ob die Europäische Union weiterhin expandieren wird.

Nimmt man Wirtschaft und Gesellschaft hinsichtlich der Zukunft
der Europäischen Integration in den Blick, so ließen sich vereinfachend
drei verschiedene Antriebskräfte der Integration identifizieren: Zum
einen die Industrialisierung als Prozess, der seit dem frühen 19. Jahrhundert die wirtschaftliche und gesellschaftliche Homogenisierung
antreibt, zweitens die politischen Entscheidungen, insbesondere des
Machtzentrums in Brüssel, und drittens die mit dem Begriff „Europa"
verbundenen Wertvorstellungen und Ideologien. Alle drei, so kann
man prognostizieren, werden in der absehbaren Zukunft eine Rolle
spielen. Nach dem Zusammenbruch des sowjetischen Imperiums in
Osteuropa, der nochmaligen Verbesserung der europäischen Infrastrukturen (Eisenbahn-Hochgeschwindigkeitsverkehr, Liberalisierung
des Luftverkehrsmarktes) in den 1990er-Jahren, und der Kommuni-
kations-Revolution durch das Internet hat sich die gesellschaftliche
Verflechtung in Europa seit Beginn der 1990er-Jahre noch einmal
beschleunigt. Vieles spricht dafür, dass dieser Prozess andauern wird,

wenn auch nicht mehr mit der hohen Geschwindigkeit der Pionier-Jahre. Gewiss wäre es unhistorisch anzunehmen, dass dieser Prozess ad infinitum weiterginge. Er wird an sein Ende kommen und durch neue Welt- und Gesellschaftsbilder ersetzt werden. Wann das sein wird, ist allerdings gegenwärtig nicht abzusehen; nichts spricht dafür, dass dies in naher Zukunft der Fall sein wird. Denkbar sind zwei Szenarien: Einerseits könnte Liberalisierung der Märkte politisch unterbunden werden, wenn dies von den Mitgliedstaaten der EU und der Kommission gewünscht würde, andererseits könnten die Produzenten und Konsumenten sich – beispielsweise aus ökologischen Motiven – entschließen, nur noch nationale oder regionale Märkte zu bedienen. Aus dem gleichen Grund wäre denkbar, dass die europäischen Bürger ihre internationale Reisetätigkeit einschränken. Beide Szenarien erscheinen gegenwärtig als unrealistisch. Nicht ganz so unrealistisch ist es anzunehmen, dass das ordnungspolitische Paradigma des Wirtschaftsliberalismus in den internationalen Wirtschaftsbeziehungen und auch in der EU an Bedeutung verliert. Aber selbst unter diesen Bedingungen würden die oben beschriebenen wirtschaftlichen Integrationsprozesse in Europa bestehen bleiben.

Damit ist bereits der zweite Motor der wirtschafts- und gesellschaftlichen Integration angesprochen, die Europäische Kommission. Sie hat seit 1958 durch gezielte politische Maßnahmen die wirtschaftliche und gesellschaftliche Integration vorangetrieben. Hierbei standen der Kommission zwei Ziele vor Augen: Zum einen die Vorstellung eines freien, durch die Regeln des ungehinderten Wettbewerbs geprägten gemeinsamen Marktes für Güter, Kapital, Dienstleistungen und Personen sowie eine gezielte Sozial- und Strukturpolitik, mit der bestimmte Wirtschaftszweige (Landwirtschaft) und Regionen gefördert wurden, mit dem Ziel einer möglichst weitreichenden Homogenität innerhalb der EU. Nichts spricht dafür, dass sich in diesem Rahmen in absehbarer Zukunft ein anderes europapolitisches Leitbild etablieren könnte. Gemeinsam mit anderen europäischen Institutionen, vor allem dem Europäischen Parlament und dem Europäischen Gerichtshof, wird die Kommission den Integrationsprozess in diesem Sinne nach Kräften beschleunigen. Gewiss werden nationale Regierungen und Parlamente wie in der Vergangenheit bremsend in diese Aktivitäten eingreifen, dass aber die Integrationsbemührungen der EU-Institutionen zum Stillstand kommen, ist auch aus dieser Perspektive unwahrscheinlich. Gleiches gilt auch für die dritte Antriebskraft wirtschafts- und gesellschaftspolitischer Integration, das Ideal der Gleichheit der Menschen in rechtlicher, politischer und materieller Hinsicht. Dieses Leitbild hat sich stärker denn je als gemeinsame Grundlage aller europäischen Gesellschaften etabliert. Gewiss wird auch dieses von anderen Leitbildern irgendwann abgelöst werden, aber auch hier ist gegenwärtig keine seriöse Prognose möglich, wann das sein wird und welches wirtschafts- und gesellschaftspolitische Leitbild an seine Stelle treten könnte.

Fragt man schließlich nach den kulturellen Antriebskräften der Europäischen Integration, der Diskussion um die Identität Europas und die Debatte um die europäische Öffentlichkeit, dann ergibt sich ein ähnliches Bild. Gleich, ob man nun den essentialistischen oder den konstruktivistischen Identitätsentwurf bevorzugt, es scheint sicher, dass unter dem Begriff „Europa" auch in Zukunft ein System von Werten, Vorstellungen und Normen verstanden werden wird, mit dem sich eine Großgruppe von Menschen zusammenfasst und gegen andere abgrenzt. Auch hier muss offen bleiben, wie diese „europäischen" Werte definiert werden, entscheidend ist, dass sie unter dem Begriff „Europa" subsumiert werden. In diesem allgemeinen Sinne erscheint es als sicher, dass die Europäische Integration auch in Zukunft existieren wird. Ähnlich ist der Befund für die europäische Öffentlichkeit. Es wurde gezeigt, dass es seit 1990 signifikante Indikatoren für eine Intensivierung der europäischen Öffentlichkeit gibt. Auch dieser Trend scheint sich, trotz starker Widerstände, in der Zukunft fortzusetzen. Das heißt nicht, dass die bislang nationalen Öffentlichkeiten durch eine europäische ersetzt werden. Es scheint vielmehr, als deute es zu einer Erweiterung der nationalen Öffentlichkeit um eine europäische Dimension hin.

Fasst man die bisherigen Überlegungen zusammen und nimmt das hier zu Grunde liegende Konzept der „Forces Profondes" der Europäischen Integration ernst, so kann man nahezu sicher davon ausgehen, dass sich der beschriebene Prozess in absehbarer Zukunft fortsetzen wird. Gerade aus der hier angestrebten langfristigen Perspektive ist die

Europäische Integration eine historischen Epoche, die um die Wende vom 18. zum 19. Jahrhundert begann und durch die oben beschriebenen „Forces Profondes" gekennzeichnet ist. Diese seit Beginn des 19. Jahrhunderts bis heute andauernde Epoche besteht im Kern aus drei Elementen, die alle im Europäischen Integrationsprozess, wie oben beschrieben, eine Rolle spielen: Das erste Element sind demokratische, partizipative Formen der Herrschaft, das zweite die marktwirtschaftlich-kapitalistische Wirtschaftsform mit sozialpolitischer Absicherung und das dritte die auf der Vernunft basierende Erklärung der Welt durch die Wissenschaften. Diese drei Dimensionen prägten die europäische Geschichte seit dem frühen 19. Jahrhundert bis in die Gegenwart und führten zu einer zunehmenden Harmonisierung der europäischen Gesellschaften in politischer (Partizipation), ökonomischer (kapitalistische Wirtschaftsform) und kultureller (Rationalismus) Hinsicht. Die Epoche der Weltkriege zwischen 1914 und 1945 hat diese Entwicklung unterbrochen, sie wurde aber nach 1945 trotz veränderter Grundkonstellationen wieder aufgenommen. Der Ost-West-Konflikt hat diese bereits höchst dynamische Entwicklung noch einmal beschleunigt. Die Europäische Integration im eingangs definierten Sinne ist aus dieser Sicht ein Bestandteil der Moderne und die europäischen Organisationen, die europäische Gesellschaft und – nicht zuletzt – die europäische Kultur sind ihre konkreten Ausgestaltungen. Gerade aber wenn man die konkrete Ausgestaltung der Europäischen Integration betrachtet, rücken unmittelbar die handelnden Menschen als Individuen in den Blickpunkt. Die Weiterentwicklung der Europäischen Einigung wird innerhalb der großen sozio-ökonomischen, politischen und kulturellen Strukturen auch von Einzelpersönlichkeiten bestimmt werden.

Was bedeutet das für die Zukunft der Europäischen Union? Aus der Perspektive der Rechtswissenschaft ist diese kein Staatenbund mehr – über das Stadium einer Kooperation zwischen souveränen Nationalstaaten ist die EU in wesentlichen Bereichen hinausgewachsen und selbst in der Lage Recht zu setzen. Sie ist aber auch kein Bundesstaat, hierfür fehlen wesentliche Merkmale eines Staates auf der supranationalen Ebene. Das Bundesverfassungsgericht hat in seinem „Maastricht-Urteil" vom 12. Oktober 1993 aus diesem Grunde den Begriff des „Staatenverbundes" geprägt, um den Charakter der Europäischen Union zwischen Bundesstaat und Staatenbund zu kennzeichnen.[1] Im Urteil über den Vertrag von Lissabon vom 30. Juni 2009 wurde diese Interpretation bestätigt. Das sagt aber noch nichts über die Zukunft der Integration. In welche Richtung wird sich die Integration in institutioneller Hinsicht entwickeln? In der politikwissenschaftlichen Forschung werden in diesem Kontext drei Szenarien diskutiert.[2]

Die erste Variante nimmt das Modell des demokratisch verfassten Nationalstaates westlicher Prägung zum Ausgangspunkt. In diesem Kontext geht man davon aus, dass sich die Europäische Union zu einem Zwei-Kammer-System entwickeln wird mit dem direkt gewählten Europäischen Parlament als erster und dem weiterentwickelten Europäischen Rat/Ministerrat als zweiter Kammer.[3] Es gibt einige gute Argumente für diese These. Ihre Verfechter weisen vor allem auf die konstant steigende Bedeutung des Europäischen Parlamentes im Rechtssetzungsprozess der EU hin. In der Tat kann man in historischer Perspektive von einer langsamen und schrittweisen Parlamentarisierung der EWG/EU seit 1958 sprechen. Vieles spricht dafür, dass sich dieser Trend fortsetzen wird, zumal sowohl die nationalen Regierungen als auch die EU-Institutionen die Diskussion um das demokratische Defizit der EU ernst nehmen. Die Weiterentwicklung der EU zu einer föderalistischen, parlamentarischen Demokratie im oben angedeuteten Sinne könnte dieses Defizit beheben. Am Ende stünde dann ein europäischer Bundesstaat, wie er von deutscher, luxemburgischer und belgischer Seite verschiedentlich vorgeschlagen wurde. Allerdings stößt dieses Modell auf erheblichen Widerstand in anderen wichtigen Mitgliedstaaten, vor allem in Frankreich, Polen, der Tschechischen Republik und Großbritannien.

---

1   BVerGE 89, 155.
2   Daniel Göler, Mathias Jopp, Die europäische Verfassungskrise und die Strategie des langen Atems, in: Integration, Bd. 29 (2006), S. 91–105.
3   Joschka Fischer, Vom Staatenverbund zur Föderation. Gedanken über die Finalität der europäischen Integration, in: Hartmut Marhold (Hrsg.), Die neue Europadebatte. Leitbilder für das Europa der Zukunft, Bonn 2001, S. 41–54. Guy Verhofstadt, Die Vereinigten Staaten von Europa. Manifest für ein neues Europa, Eupen 2006.

Ein zweites, ebenfalls intensiv diskutiertes Modell für die Zukunft der Integration, ist die These vom Kerneuropa.[4] Der Begriff stammt von den deutschen Politikern Karl Lamers und Wolfgang Schäuble, die am 1. September 1994 vorschlugen, dass die Staaten der EU, die einen höheren Grad an Integration wünschen als andere, vorangehen könnten und einen europäischen Kern bilden. Vor allem in Frankreich, den Benelux-Staaten und der Bundesrepublik Deutschland wurde diese Idee immer wieder diskutiert, so auch 2003 im Vorschlag der Kommissare Pascal Lamy (Frankreich) und Günther Verheugen (Deutschland). Oft wird Kerneuropa als „Gravitationszentrum" (Joschka Fischer) oder als „Pioniergruppe" (Jacques Chirac) verstanden, wobei erwartet wird, dass weitere Mitglieder der EU von diesem Integrations-Kern angezogen werden und folgen. Auch für dieses Szenario lassen sich durchaus Argumente und Indizien finden. So ist etwa der Euro keineswegs das Zahlungsmittel in der EU, sondern nur in den Staaten, die diesen Schritt akzeptierten; Großbritannien, Schweden und Dänemark könnten der Währungsunion beitreten, haben sich aber aus verschiedenen Gründen dagegen entschieden. Ähnliches gilt für die Abschaffung der Grenzkontrollen im Rahmen des so genannten Schengen-Abkommens oder in der militärischen Zusammenarbeit. Die Gegner des Konzeptes fürchten um die Einheit der Gemeinschaft – sie würde, so die Befürchtung, zerbrechen, wenn die Unterschiede zwischen den Mitgliedstaaten zu groß würden. Vor allem in der Europäischen Kommission wird daher das Konzept vom Kerneuropa mit Skepsis gesehen. Eine etwas abgeschwächte und flexiblere Variante des Konzeptes von Kerneuropa firmiert unter den Begriffen „Europa der zwei Geschwindigkeiten" und „Europa à la Carte". Der erste Begriff bedeutet, dass Integrationsschritte zwar gemeinsam vollzogen werden können, aber nicht unbedingt gleichzeitig. Staaten, die noch nicht die Voraussetzungen für den nächsten Integrationsschritt erfüllen, könnten diesen etwas später vollziehen. „Europa à la Carte" bedeutet, dass die Regierungen nur die Integrati-

---

4   Heinrich Schneider, „Kerneuropa!" Ein aktuelles Schlagwort und seine Bedeutung, in: Journal für Rechtspolitik, Bd. 2 (2004), S. 136–161. Christian Deubner, Verstärkte Zusammenarbeit in der verfassten Europäischen Union, in: Mathias Jopp, Saskia Matl (Hrsg.), Der Vertrag über eine Verfassung für Europa, S. 254

onsschritte vollziehen, die sie für ihr Land als günstig empfinden. Es gibt dann keine Verpflichtung mehr zur gemeinsamen Integration. Die Flexibilität des Prozesses würde damit erhöht, aber auch die Einheit der EU gefährdet.[5]

Eine dritte Perspektive für die Zukunft des institutionellen Gefüges der Europäischen Union geht davon aus, dass diese als neue Form des Regierens jenseits des klassischen Nationalstaates angesehen werden muss. Das Modell der repräsentativen Demokratie sei daher nicht auf die EU übertragbar, weil diese ein komplexes Mehrebenensystem bilde, das mit dem Nationalstaat nicht vergleichbar sei.[6] In diesem Kontext werden neue Vorstellungen von politischer Partizipation diskutiert – insbesondere die Idee einer deliberativen Demokratie, wie sie Jürgen Habermas verschiedentlich vorgeschlagen hat, fand hier reges Interesse. Modelle dieser Art sind demokratietheoretisch zweifellos reizvoll, allerdings bleibt die Frage, wie diese institutionell und verfassungstechnisch umgesetzt werden sollen.

Weiterführende Literatur

Abromeit, Heidrun, Democracy in Europe. Legitimising Politics in a Non-State Polity, New York, Oxford 1998.

Bogdandy, Armin von (Hrsg.), Die Europäische Option. Eine interdisziplinäre Analyse über Herkunft, Stand und Perspektiven der europäischen Integration, Baden-Baden 1993.

Habermas, Jürgen, Faktizität und Geltung. Beiträge zur Diskurstheorie und des demokratischen Rechtsstaates, Frankfurt/M 1992.

Habermas, Jürgen, Ach Europa, Frankfurt/M 2008.

---

5   Udo Diedrichs, Wolfgang Wessels, Die Europäische Union in der Verfassungsfalle? Analysen, Entwicklungen und Optionen, in: Integration, Bd. 28 (2005), S. 287–306.

6   Emanuel Richter, Demokratietheorie und europäische Integration, in: Guido Thiemeyer, Hartmut Ullrich (Hrsg.), Europäische Perspektiven der Demokratie. Historische Prämisse und aktuelle Wandlungsprozesse in der EU und ausgewählten Nationalstaaten, Frankfurt 2005, S. 67–104. Heidrun Abromeit, Democracy in Europe. Legitimising Politics in a Non-State Polity, New York 1998. Michael Zürn, Über den Staat und die Demokratie im europäischen Mehrebenensystem, in: Politische Vierteljahresschrift, Bd. 37 (1996), S. 37

Hoffmann, Stanley, Reflections on the Nation State in Western Europe Today, in: Journal of Common Market Studies ½ (1982), S. 21–37.

Pernice, Ingolf, Zur Finalität Europas, in: Gunnar Folke Schuppert, Ingolf Pernice, Ulrich Haltern (Hrsg.), Europawissenschaft, Baden-Baden 2005, S. 743–792.

Richter, Emanuel, Demokratietheorie und europäische Integration, in: Guido Thiemeyer, Hartmut Ullrich (Hrsg.), Europäische Perspektiven der Demokratie, Frankfurt/M 2005, S. 67–104.

Rifkin, Jeremy, Der Europäische Traum. Die Vision einer leisen Supermacht, Frankfurt 2004.

Schneider, Heinrich, „Weiter so!" – oder ganz anders? Die Europapolitik nach dem irischen „Nein", in: Integration, Bd. 31 (2008), S. 319–325.

Stolleis, Michael, Was kommt nach dem souveränen Nationalstaat? Und was kann die Rechtsgeschichte dazu sagen? In: Adrienne Héritier, Michael Stolleis, Fritz W. Scharpf (Hrsg.), European and International Regulation after the Nation-State. Different Scopes and Multiple Levels, 2004, S. 17.

Thürer, Daniel, Föderalistische Verfassungsstrukturen für Europa – eine zweite Chance der Entfaltung, in: Integration Bd. 23 (2000), S. 89–104.

Register

Namenregister

Sachregister

böhlau

PAOLO MALANIMA
EUROPÄISCHE WIRTSCHAFTSGESCHICHTE
10.–19. JAHRHUNDERT

Thema des Buches ist die Entwicklung der europäischen Wirtschaft vom
10. Jahrhundert bis zum Beginn des modernen Wachstums im 19. Jahrhundert. Europa wird im globalen Kontext betrachtet, und die spezifisch
europäischen Merkmale werden analysiert. So bietet das Buch ein klares
Bild von Struktur und Organisation der vormodernen europäischen Wirtschaft
und bestimmt ihre Merkmale, Institutionen und Grenzen vor einem weltweiten
Hintergrund.

2010, 496 S. BR. ZAHLR. S/W-ABB. 150 X 215 MM.
ISBN 978-3-8252-3377-8

BÖHLAU VERLAG, WIESINGERSTRASSE 1, 1010 WIEN. T: +43(0)1 330 24 27-0
BOEHLAU@BOEHLAU.AT, WWW.BOEHLAU.AT | WIEN KÖLN WEIMAR

Das zweibändige Studienhandbuch Östliches Europa führt in die Geschichte
und Kultur der Länder, Staaten und Regionen in Ostmittel- und Südosteuropa
(Band 1) und in die Geschichte des Russischen Reiches und der Sowjetunion
(Band 2) ein. Wird im ersten Band der Ländervielfalt Ostmittel- und Südosteuropas durch überblickartige Regional- und Länderstudien Rechnung getragen, widmet sich der zweite Band der russischen und sowjetischen Geschichte
als Ganzes. Auswahlbibliographien am Ende aller Artikel, Übersichten zu For-
schungseinrichtungen, einschlägige Internetangebote, Karten, Register u.v.m.
runden beide Bände ab.

Mit dem Studienhandbuch Östliches Europa steht insbesondere den Studierenden und Lehrenden der einschlägigen Fachrichtungen ein aktuelles Nach-
schlagewerk zur Verfügung, das nicht nur umfassende Basisinformationen
vermittelt, sondern gleichzeitig zentrale Forschungsprobleme und innovative
Ansätze aufzeigt. Die www-Verzeichnisse der beiden Bände werden auf der
Plattform www.utb-mehr-wissen.de jährlich aktualisiert.

Diese gründlich überarbeiteten Neuauflagen sind auch einzeln erhältlich.

2., ÜBERARBEITETE UND AKTUALISIERTE AUFLAGE 2009.
BEIDE BÄNDE IM PAKET. BR. 150 X 215 MM.
ISBN 978-3-8252-3173-6

BÖHLAU VERLAG, URSULAPLATZ 1, 50668 KÖLN. T: +49(0)221 913 90-0
INFO@BOEHLAU.DE, WWW.BOEHLAU.DE | KÖLN WEIMAR WIEN